Europäische Union und Währungsunion
in der Dauerkrise I

T0343078

Dirk Meyer

Europäische Union und Währungsunion in der Dauerkrise I

Eine Bestandsaufnahme

2., erweiterte Auflage

Verantwortlich im Verlag:
Carina Reibold

Dirk Meyer
Hamburg, Deutschland

ISBN 978-3-658-35714-6   ISBN 978-3-658-35715-3 (eBook)
https://doi.org/10.1007/978-3-658-35715-3

Die Deutsche Nationalbibliothek verzeichnet diese Publikation in der Deutschen Nationalbibliografie; detaillierte bibliografische Daten sind im Internet über http://dnb.d-nb.de abrufbar.

Den Bürgerinnen und Bürgern Europas, die für ihre Visionen von einem Zusammenleben in Frieden und Wohlstand ein Fundament aus Rechtsstaat, Demokratie und Gewaltenteilung benötigen, dem eine stabile Gemeinschaftswährung zur Seite steht.

Indem wir aus der Geschichte von Währungsunionen und zentralistischer politischer Steuerung lernen, können wir zukünftige Generationen vor vermeidbaren Erblasten bewahren.

Vorwort und Danksagung

Das Projekt "Europa" ist ein Friedensprojekt, das auf den Erfahrungen vergangener Kriege und Konflikte gründet. Es beruht auf der Anerkennung der Vielfalt der Völker, der Toleranz unterschiedlicher nationaler Eigenheiten, der Subsidiarität und dem Willen, durch Kompromisse und den Verzicht, nationale Lösungen voranzustellen, ein "Gemeinsames Haus Europa" gestalten zu wollen. Gemeinhin wird dieser Vorgang mit "Integration" bezeichnet und dabei positiv bewertet. Der europäische Binnenmarkt ist in dieser Hinsicht eine gewaltige, über 70 Jahre gewachsene Integrationsleistung in vornehmlich wirtschaftlicher Hinsicht.

Die Einführung der Einheitswährung Euro sollte dieses Integrationsprojekt weiter voranbringen. Es kam seit 2010 allerdings zu verschiedenen schwerwiegenden Krisen in der Europäischen Union und der Europäischen Währungsunion. Letztere beruhten auf strukturell angelegten Disparitäten politischer und ökonomischer Natur. Es besteht der Versuch, diese Krisen durch EU-vertraglich fragwürdige fiskalische und monetäre Rettungshilfen, einen Umbau in Richtung einer Fiskalunion mit zentralistischer Steuerung, Haftungsvergemeinschaftung und Umverteilung zu heilen. Ein Mehr an Integration auf der Grundlage unzureichender Vorkehrungen kann jedoch zu einer Spaltung der Europäische Union führen. Entgegen der Meinung, nur eine vertiefende Integration kann Europa aus dieser Krise herausführen, wird hier eine – allerdings nur scheinbare – Des-Integration vorgeschlagen. Durch die Auflösung der jetzigen Form der Einheitswährung Euro und einer konzeptionellen Neugestaltung als Gemeinschaftswährung soll eine neue, gelingende Integration unterschiedlich entwickelter Wirtschaftsräume vorangebracht werden.

Meine ersten Euro-kritischen Überlegungen habe ich 1999 veröffentlicht. Nachdem es etwa zehn Jahre um den Euro ruhig blieb, habe ich die Arbeiten mit der Krise um Griechenland 2009 intensiv wieder aufgenommen. 2019 kam die Idee zu einer Art Kompendium zur Europäischen Währungsunion, die 2020 in einer ersten Auflage realisiert wurde. Schon bald zeigte sich, dass neuere Entwicklungen – forciert durch die ökonomischen Folgen der Corona-Pandemie – hin zu einer Fiskalunion, eine grundlegend überarbeitete Neuauflage notwendig machen würden. Auch um den Umfang einzugrenzen und die Thematik besser zu strukturieren, sind zwei Bände entstanden. Band I enthält eine Analyse und Bestandsaufnahme, Band II Reformoptionen und Konzepte für einen Neuanfang.

Mein herzlicher Dank gilt Frau Dr. Anja Behrendt und Herrn Dr. Arne Hansen, den Kollegen und Kolleginnen der Helmut-Schmidt-Universität Hamburg, insbesondere Wolf Schäfer, Christian Pierdzioch und Ulrich Hufeld sowie Roland Vaubel, die meine Arbeiten durch kritische Diskussionen begleitet haben und durch die ich viel gelernt habe. Die Drucklegung haben die Herren cand.rer.pol. Clemens Harnisch und Arwed Naß sehr hilfreich mit unterstützt. Ein ausdrücklicher Dank geht auch an die Begleitung durch den Springer-Verlag, insbesondere durch

Frau Carina Reibold (Programmleiterin) und Frau Monika Mülhausen (Projektleiterin). Für etwaig notwendige Abdruckrechte bedanke ich mich bei verschiedenen Verlagen wie Duncker & Humblot, Walter de Gruyter, Nomos, Verlagsgruppe Fritz Knapp, Springer Nature, Verlag Österreich, Finanzenverlag, dem ifo Institut und der Ludwig-Erhard-Stiftung.

Hamburg, Deutschland   Dirk Meyer
März 2022

Inhaltsverzeichnis

Teil II   Die Krisenpolitik und ihre Folgen

**Teil III Nationalisierte Geldpolitik: ANFA,
ELA, TARGET2, PSPP und PEPP – Euro-
Geldschöpfung durch die Mitgliedstaaten**

Über den Autor

Prof. Dr. Dirk Meyer hat nach dem Studium der Volkswirtschafts- und Betriebswirtschaftslehre an der Christian-Albrechts-Universität zu Kiel 1987 promoviert und 1992 habilitiert. Seit 1994 hat er an der Helmut-Schmidt-Universität Hamburg den Lehrstuhl für Ordnungsökonomik inne. Zu seinen Forschungsschwerpunkten zählen die Ordnungsökonomik, Wettbewerbstheorie und -politik, Sozialpolitik, Europäische Währungsunion, Technischer Fortschritt, Arbeitsmarkt, Gesundheitsökonomie, Non-Profit-Organisationen und die Sozialen Dienste. Er war 2010 an zwei Verfassungsklagen gegen die Griechenlandhilfe I und den Europäischen Stabilisierungsmechanismus EFSF beteiligt. Zusammen mit seinen Kollegen Thomas Mayer, Gunther Schnabl und Roland Vaubel verfasste er 2018 den Aufruf "Der

Euro darf nicht in die Haftungsunion
führen". 2021 unterstützte er die Ver-
fassungsklage des Bündnisses Bürger-
wille gegen die EU-Kreditfinanzierung
und Schuldenvergemeinschaftung zum
EU-Programm "Next Generation
EU".

Abkürzungsverzeichnis

ABSPP	Asset Backed Securities Purchase Programme (Programm der EZB zum Ankauf von Vermögenswerten)
AbwMechG	Abwicklungsmechanismusgesetz
AEUV	Vertrag über die Arbeitsweise der Europäischen Union
AMLC	Anti-Money Laundering Committee
ANFA	Agreement on Net Financial Assets
AO	Abgabenordnung
APP	Asset Purchase Programme (Programm der EZB zum Ankauf von Vermögenswerten)
BaFin	Bundesanstalt für Finanzdienstleistungsaufsicht
BBk	Deutsche Bundesbank
bAV	betriebliche Altersvorsorge
BetrAVG	Betriebsrentengesetz
BGB	Bürgerliches Gesetzbuch
BIP	Bruttoinlandsprodukt
BIZ	Bank für Internationalen Zahlungsausgleich
BMF	Bundesministerium der Finanzen
BRRD	Bank Recovery and Resolution Directive (Richtlinie zur Sanierung und Abwicklung von Finanzinstituten)

CAC	Collective Action Clause (Anleihen mit integriertem Gläubigerverzicht)
CBPP3	Covered Bond Purchase Programme (Programm zum Ankauf gedeckter Schuldverschreibungen)
CSPP	Corporate Sector Purchase Programme (Programm zum Ankauf von Investment-Grade-Anleihen von Unternehmen des Nicht-Finanzsektors)
DDR	Deutsche Demokratische Republik
ECU	European Currency Unit
EFSF	Europäische Finanzstabilisierungsfazilität (European Financial Stability Facility)
EIB	Europäische Investitionsbank
EJBies	European Junior Bonds
ELA	Emergency Liquidity Assistance (Notfall-Liquidität)
ELAV	Europäische Arbeitslosenversicherung
ESBies	European Safe Bonds
ESM	Europäischer Stabilitätsmechanismus (European Stability Mechanism)
ESRB	European Systemic Risk Board (Europäischer Ausschuss für Systemrisiken)
€STR	Euro Short-Term Rate
ESZB	Europäisches System der Zentralbanken
EU	Europäische Union
EuGH	Europäischer Gerichtshof
EWF	Europäische Währungsfonds
EWG	Europäische Wirtschaftsgemeinschaft
EWU	Europäische Währungsunion
EWWU	Europäische Wirtschafts- und Währungsunion
EZB	Europäische Zentralbank
FATF	Financial Action Task Force
FIU	Zentralstelle für Finanztransaktionsuntersuchungen
GEAS	Gemeinsames Europäisches Asylsystem
GFK	Genfer Flüchtlingskonvention

GSVP	Gemeinsame Sicherheits- und Verteidigungspolitik
GwG	Geldwäschegesetz
HGB	Handelsgesetzbuch
HVPI	Harmonisierter Verbraucherpreisindex
IFRS	International Financial Reporting Standards (internationale Rechnungslegungsvorschriften für Unternehmen)
IWF	Internationaler Währungsfond
Jhd.	Jahrhundert
KfW	Kreditanstalt für Wiederaufbau
KHE	Kapitalfundierter Hart Euro
LoLR	Lender of last Resort (Kreditgeber der letzter Instanz)
MOU	Memorandum of Unterstanding (konditioniertes Auflagenprogramm bei Kredithilfen des Rettungsschirms)
NCWO	No-Creditor-Worse-Off-Prinzip
ND	Neä Drachmä
NDM	Neue Deutsche Mark
NEZB	Nordeuropäische Zentralbank
NZB	Nationale Zentralbanke(n)
OMT	Outright Monetary Transaction-Programm (Programm des Eurosystems zum Ankauf von Staatsanleihen)
PEPP	Pandemic Emergency Purchase Programme (Pandemie-Notfallkaufprogramm)
PSPP	Public Sector Purchase Programme (Programm zum Ankauf von Staatsanleihen des Euroraumes)
PSV	Pensions-Sicherungs-Verein
Rent.M	Rentenmark
S&P	Standard&Poor's
SMP	Securities Markets Programm (Programm zum Ankauf von Staatsanleihen ausgewählter Staaten des Euroraumes)
SAG	Sanierungs- und Abwicklungsgesetz

SRB	Single Resolution Board (Einheitlicher Abwicklungsausschuss)
SRF	Single Resolution Fund (Einheitliche europäischer Abwicklungsmechanismus)
SRM	Single Resolution Mechanism (Einheitlicher Bankenabwicklungsmechanismus)
SSBS	Sovereign Bond-Backed Securities (strukturierte Wertpapiere)
SSM	Single Supervisory Mechanism
SWP	Stabilitäts- und Wachstumspakt
TARGET	Trans-European Automated Real-time Gross Settlement Express Transfer System
VAG	Versicherungsaufsichtsgesetz
VVaG	Versicherungsverein auf Gegenseitigkeit
WKM	Wechselkursmechanismus
WKN	Wertpapierkennnummer
WRW	Waren-Reserve-Währung
WVK	Wiener Übereinkommen über das Recht der Verträge
WWU	Wirtschafts- und Währungsunion

Abbildungsverzeichnis

1

Einführung

Am 1. Januar 2019 jährte sich die Einführung des Euro zum 20. Mal. Zum 1. Januar 1999 führten elf Mitgliedstaaten der Europäischen Union (EU) den Euro als Buchgeld (Giralgeld) ein, drei Jahre später folgte das Euro-Bargeld. Seither ist der Euroraum auf 19 Mitgliedstaaten angewachsen. Während die überschwänglichen Gründungsfeiern durch die Hoffnungen auf eine integrationsfördernde Einheitswährung getragen wurden, fielen die Feierlichkeiten zum 20-jährigen Bestehen sehr verhalten aus. Zu Recht, denn zeitgleich zum Jubiläumstermin stand der Haushaltsstreit der italienischen Regierung mit der EU-Kommission um die Einhaltung der Defizitregeln auf dem Höhepunkt. Zum ersten Mal wurde deutlich ausgesprochen, dass ein Mitgliedsstaat die gemeinsam beschlossenen Regeln zur Stabilitätssicherung der Währungsunion für seinen Haushalt nicht nur nicht einhalten könne, sondern – und das war neu – sie auch nicht einhalten wolle. Der Fortbestand der Währungsunion wurde von Italien als Euro-Schwergewicht infrage gestellt und der Konflikt zu-

© Der/die Autor(en), exklusiv lizenziert durch Springer Fachmedien
Wiesbaden GmbH, ein Teil von Springer Nature 2022
D. Meyer, *Europäische Union und Währungsunion in der Dauerkrise I*,
https://doi.org/10.1007/978-3-658-35715-3_1

nächst – wieder einmal – notdürftig durch einen Kompromiss befriedet.

Den meisten Beteiligten – Ökonomen, Juristen wie auch Politikern – war bereits vor der Einführung des Euro bewusst, dass eine Einheitswährung in einem nicht-optimalen, das heißt strukturell divergenten Währungsraum zu Problemen führen könnte. Im Vordergrund standen deshalb einfache institutionelle Vorkehrungen im EU-Vertrag. Klare Regeln, wie die Nicht-Beistandsklausel (no bail out), das Verbot der monetären Staatsfinanzierung sowie das Gebot der Unabhängigkeit der Europäischen Zentralbank (EZB), sollten den Rahmen einer gedeihlichen, verlässlichen Währungsunion bieten. Mit Umverteilungsinstrumenten wie dem Struktur- und Regionalfonds wurde deshalb bereits damals der Notwendigkeit von umverteilenden Hilfen Rechnung getragen.

Der Schein einer insbesondere im Süden prosperierenden Wirtschaft trog für ein ganzes Jahrzehnt. Eine private und staatliche Verschuldung in den mediterranen Staaten zu relativ niedrigen Risikoprämien war im Nachhinein das Indiz einer mangelnden Glaubwürdigkeit des Haftungsausschlusses anderer Mitgliedstaaten für private Banken und Staaten. Ein Doppeldefizit aus hoher Staatsverschuldung und Importüberschüssen wurde erst ab 2010 als Krisenzeichen einer mangelnden Wettbewerbsfähigkeit wahrgenommen. Bei Wegfall der Stoßdämpfer flexibler Wechselkurse geriet zunächst Griechenland in Liquiditätsnöte. Die Krise wurde 2009 von der griechischen Regierung mit der Offenbarung eines bislang in dieser Höhe verdeckten Staatsdefizits in Höhe von 12,7 % der Wirtschaftsleistung virulent, das bis dato lediglich mit 3,7 % angegeben worden war.

Fiskalische Rettungsschirme wurden als Notoperation abseits des EU-Vertrages für Griechenland, Irland und Portugal aufgespannt. Erst im Nachhinein wurde der EU-Vertrag entsprechend geändert, um den Hilfen eine hinreichende Rechtssicherheit zu geben. Zusätzlich wurden zweifelhafte Eingriffe hinsichtlich des Mandats der EZB für zypriotische, griechische und spanische Banken durchgeführt. Schließlich errichtete die EZB durch ihre Programme der Anleihekäufe monetäre Rettungsschirme für de facto überschuldete Staaten. Alle diese Krisenmechanismen haben das institutionelle Gefüge der Währungsunion in Richtung einer Haftungsvergemeinschaftung verändert.

Die wirtschaftlichen Folgen der Corona-Pandemie haben die Schieflagen dieser und weiterer Staaten noch einmal verschärft. Insbesondere ist für Griechenland und Italien die Staatsverschuldung weiterhin so hoch, dass mittelfristig (weitere) Schuldenerlasse wahrscheinlich sind. Die vermeintlichen Hilfen haben letztendlich notwendige Reformen in den Krisenstaaten verhindert und eine fortwährende wirtschaftliche Stagnation erzeugt. Eine hohe (Jugend-) Arbeitslosigkeit und die Auswanderung von Fachkräften haben das zukünftige Potenzial in diesen Ländern gemindert. Durch die seitens der EZB-Politik mit verursachten Niedrigzinsen werden auch Sparer im Norden zu Leidtragenden.

Die europäischen Integrationsanstrengungen stehen vor einem Scherbenhaufen. Eine verbreitete gesellschaftliche Unzufriedenheit mit den Folgen der Krisenpolitik bis hin zur Androhung eines Euro-Austritts der griechischen (2015) und der italienischen (2018) Regierung haben den Fortbestand der Währungsunion zeitweise infrage gestellt. Mit dem Brexit verließ ein ökonomisches und politisches Schwergewicht die EU. Die Europamüdigkeit hat teilweise in eine offene Europafeindlichkeit gemündet. Nationalistische und populistische Parteien erhalten Auftrieb und stellen das Erreichte und die EU als Friedensprojekt infrage. Dabei fungiert die Euro-Währungsunion in ihrer jetzigen

Verfassung eher als ein Des-Integrationsfaktor, denn als ein verbindendes Element.

Der vorliegende Band I "Europäische Union und Währungsunion in der Dauerkrise – Analysen und Bestandsaufnahme" zeigt Funktionsmängel der Euro-Währungsunion auf. Er liefert Hintergründe und Zusammenhänge zur Euro-Krise und zur Krisen-Reaktionspolitik, die in der Tagespolitik entweder gar nicht zum Tragen kamen oder schnell vergessen wurden. Wenngleich die wirtschaftliche Perspektive überwiegt, ist es für eine umfassende Betrachtung unumgänglich, sowohl die politischen Beweggründe der Akteure als auch die juristischen Grundlagen des europäischen Vertragswerkes mit in die Analyse einzubeziehen. Erklärende und vertiefende Hinweise wurden in den Fußnotenapparat geschoben, um den Lesefluss nicht zu stören. Der Band ist in drei Teile gegliedert, die jeweils in sich abgeschlossen sind. Insofern ist es durchaus möglich, einzelne Teile separat zu lesen und sich mit der Thematik auseinanderzusetzen, ohne dass für ein Verständnis das Vorwissen aus vorherigen Teilen notwendig wäre.

Teil I greift den Status quo der Euro-Alternativlosigkeit auf und analysiert diese Politik als nicht-fehlerfreundlich, indem sie in einer Sackgasse mit überaus hohen, nicht nur monetären Kosten enden könnte. Als weiterer politischer Konflikt in der EU wird die Flüchtlingspolitik der Euro-Rettungspolitik gegenübergestellt und dabei Gemeinsamkeiten und Unterschiede in der Handhabung herausgearbeitet. Teil II untersucht die Krisenpolitik und deren Folgen. Die Niedrigzinsen und das neue Geldwäschegesetz werden als Folge der "außergewöhnlichen" Maßnahmen der Geldpolitik dargestellt. Augenscheinlich enger mit dem Krisengeschehen verknüpft sind die EU-Abwicklungsrichtlinie, ein "italienischer Weg" der Bankenrettung und die Schuldenerleichterungen für Griechenland – teils im Nachhinein – in Höhe von insgesamt ca.

320 Mrd. Euro. Der Öffentlichkeit kaum bekannt ist das Akronym ANFA, das in Teil III eingeführt wird. Es geht hierbei um ein zunächst geheim gehaltenes Abkommen der Euro-Mitgliedstaaten, das den nationalen Notenbanken eine eigenständige Euro-Geldschöpfung ermöglicht. Diese Möglichkeit eines nationalen Zusatzgeldes erzeugt Gefahren, die bereits bei früheren Währungsunionen wie der Kronenzone 1918 zum Zerfall führte. Im Einzelnen werden die Notfall-Liquiditätshilfe (ELA) für Staaten in Liquiditätsklemmen und weitere ANFA-Geldschöpfungen der Nationalstaaten untersucht. Ein besonderes Augenmerk wird auf das TARGET2-Verrechnungssystem gelegt, das neben dem Zahlungsverkehr im Normalbetrieb zur Finanzierung von ungedeckten Importüberschüssen und Kapitalflucht genutzt werden kann. Die Divergenzen der TARGET-Salden zeugen von strukturellen Ungleichgewichten in der Währungsunion und sind Krisenindikator. Sodann werden die Anleihekäufe der Notenbanken des Eurosystems vor dem Hintergrund des Urteils des BVerfG zum PSPP-Anleihekaufprogramm analysiert und neu bewertet.

Der Folgeband II mit dem Untertitel "Reformoptionen/ Konzepte für einen Neuanfang" diskutiert verschiedene Wege einer Reform, die sowohl die Währungsunion im engeren Sinne wie auch die Europäische Union insgesamt betreffen.

Teil I

Scheitert die europäische Integration – trotz oder gerade wegen der Alternativlosigkeit?

Die europäische Integration als Friedensordnung und Keimzelle ökonomischen Wohlstandes ist Auftrag und Leitbild der supranationalen Nachkriegsordnung, die sich in der Europäischen Union und dem Vertrag von Lissabon manifestiert. Dies setzt bei den Mitgliedstaaten Vertragstreue und eine gemeinsame Zielvorstellung voraus. Wichtig bleibt auch der Wille zur Fortentwicklung institutioneller Regelungen, sollten diese sich den Zielen als nicht mehr angemessen herausstellen – oder sollten diese den sich wandelnden Zielen nicht mehr entsprechen. Die Politik der Alternativlosigkeit erscheint in diesem Licht als eine Sackgasse. Neben demBrexitsind die Flüchtlings- und Eurokrise zentrale europäische Konfliktfelder. Bei ganz unterschiedlicher politischer Handhabung stellen sie eine Gefahr für Rechtsstaat, Demokratie und Gewaltenteilung dar. Die weiteren Ausführungen gründen weitgehend auf Meyer (2012a).

2

Die Politik der Alternativlosigkeit: Wie es dazu kam und warum ein Wechsel angeraten ist

"Scheitert der Euro, dann scheitert Europa". Dieser Satz aus der Regierungserklärung Angela Merkels vom 19. März 2010 wurde zum Leitspruch für die "Euro-Rettung" von Beginn an. Doch nicht die Stabilität des Kreises der Mitglieder der Europäischen Währungsunion (EWU), sondern die Stabilität der Euro-Währung (Art. 127 Vertrag über die Arbeitsweise der Europäischen Union, AEUV) sowie das Verbot der monetären Staatsfinanzierung (Art. 123 AEUV) und das Bail-out-Verbot (Art. 125 AEUV) sind die vertragliche Grundlage. Das Paradigma der Alternativlosigkeit in der Merkelschen Regierungspolitik zeigte sich auch in ihrer "Wir-schaffen-das"-Pressekonferenz vom 31. August 2015, in der aufkommende Zweifel an der Richtigkeit einer Politik der offenen Grenzen und der Bewältigung der Flüchtlingszuwanderung unbeachtet blieben. Sowohl die restriktive Haltung der Visegrád-Staaten wie auch der zunehmende Widerstand in der deutschen Gesellschaft haben quasi von außen zu einem Politikwechsel geführt,

D. Meyer, *Europäische Union und Währungsunion in der Dauerkrise I*, https://doi.org/10.1007/978-3-658-35715-3_2

der auch in Deutschland die ungesteuerte Zuwanderung eindämmen will.

Die Geschichte gescheiterter Währungsunionen (Skandinavische Münzunion 1872; Kronenzone 1918) weist auf die Gefahren eines Misslingens und eines Zerfalls der politischen Union hin. Erhebliche Verwerfungen auf den Kapital- und Gütermarkten wären die Folge. Juristische Klärungen hinsichtlich bestehender Verträge wären notwendig. Haben bestehende Verträge weiterhin eine Geltung, wenn ja, in welcher Währung? Selbst die Errungenschaften des freien Binnenmarktes stünden durch Handelsbehinderungen infrage. Für Deutschland eine besonders wichtige Frage: Was geschieht mit den enormen TARGET-Forderungen. Und schließlich droht ein Zerfall des "Gemeinsamen Hauses Europa" mit politischen Konflikten ohne europäisch-institutionalisierte Wege ihrer Lösung.

Nichtsdestotrotz ist die Währungsunion gescheitert – jedenfalls in der Maastrichter Ausformung mit der Nicht-Beistandsklausel (no bail out) und dem Verbot der monetären Staatsfinanzierung. Vergleichbar einem Auto ohne die Stoßdämpfer flexibler Wechselkurse ist sie 1999 gestartet, wobei die Schlaglöcher mangels ökonomischer und fiskalischer Integration zunehmend tiefer geworden sind. Verschiedene Achsbrüche ließen die Reparaturdienste der Rettungsschirme entstehen. Änderungen und Hinzufügungen im institutionellen Arrangement wie der Fiskalpakt, weitere Maßnahmen zur – vermeintlichen – Schärfung des Stabilitätspaktes und die Pfeiler einer fortschreitenden Bankenunion haben die Komplexität gesteigert. Sie führten jedoch weiterhin zur Missachtung des Regelwerkes (Defizitregeln, Regeln einer Bankenabwicklung) oder gar zur Forderung nach Abschaffung zentraler Regeln, wie der Defizitregel, und einer gemeinschaftlichen Schuldenaufnahme. Die Vergemeinschaftung von Risiken gibt kontraproduktive Anreize. Ein langfristiges Dahinsiechen der Wirtschaftskräfte und ein aufkommender politischer Unfriede zwischen den Völkern Europas dürften die dauerhaften Folgen sein. Die Eingriffe in die Souveränitätsrechte der Mitgliedstaaten durch den Aufbau eines Europäischen Währungsfonds und die Rettungslasten der noch funktionsfähigen Volkswirtschaften werden die europäischen Bürger gegeneinander aufbringen (Meyer, 2012a, b).

2.1 Hohe Fehlerkosten durch Alternativlosigkeit

Dieser Weg der *verkündeten Alternativlosigkeit* ist gefährlich. Er blendet weitere Handlungsmöglichkeiten aus und sorgt für eine Entmutigung bei der Suche nach besseren Lösungen. Im Falle eines Scheiterns stehen keine Lösungsmöglichkeiten bereit. Das *Konzept "Fehlerfreundlichkeit"* (Meyer, 2007) verbindet hingegen Strukturen, die einerseits Irrtümer zulassen oder gar provozieren, andererseits eine Fehlerbegrenzung sicherstellen und die Produktivkräfte von Irrtümern durch ein Lernen und neu entwickelte Alternativen nutzbar machen. In diesem Sinne argumentieren Cannon u. Edmondson "that organizations should not only learn from failure – they should *learn to fail intelligently* as a deliberate strategy to promote innovation and improvement" (Cannon & Edmondson, 2005, S. 299 f.).

Das Fehlerrisiko ist erheblich, denn mit der Politik der Risikovergemeinschaftung sind *außergewöhnlich hohe Kosten* verbunden. Abgesehen von der fraglichen Wirksamkeit der getroffenen Maßnahmen entstehen den Euro-Staaten, dem EU-Haushalt, dem Internationalen Währungsfonds (IWF) und der Europäischen Zentralbank (EZB) hohe finanzielle Risiken, die die Handlungsfähigkeit der Staaten auf Dauer beeinträchtigen können. Die Lasten tragen die

Steuerzahler der unterstützenden Staaten bzw. über die Kredit-/Zinszahlungen zukünftige Generationen. Hinzu kommen langfristige Inflationsgefahren auf den Gütermärkten, die sich bis ins Jahr 2021 eher in Preissteigerungen auf den Vermögensmärkten realisiert haben. Die Inflationsgefahr resultiert aus einer krisengesteuerten Liquiditätsversorgung (EZB-Vollzuteilung von Liquidität zum Nullzins bei gleichzeitiger Absenkung der Anforderungen an die Kreditbesicherung; Anleiheankaufprogramme). Darüber hinaus besteht ein Entschuldungsinteresse der Regierungen an einer "Inflationssteuer" auf die Halter von Geldvermögen. Die Übernahme von Haftungsrisiken seitens der unterstützenden Staaten und die Entlastung von Finanzinvestoren und Schuldnerstaaten wirken darüber hinaus verhaltenssteuernd und erzeugen ein Moral-Hazard-Verhalten, welches keine Anreize bietet, das bisherige, krisenstiftende Verhalten zu ändern. Auch der *Fiskalpakt und die weiteren Defizitbegrenzungen* vermögen die Schuldensituation kurzfristig nicht zu heilen. Langfristig werden sie mangels Sanktionen weitestgehend unwirksam bleiben. Es fehlt eine *Euro-Ausschlussdrohung* ebenso wie die Durchsetzung von Sanktionen des auf völkervertragsrechtlicher Grundlage beruhenden reformierten Regelwerkes.

Mit der Politik der Alternativlosigkeit und der Euro-Rettung um (fast) jeden Preis geht außerdem ein Wandel des *Stabilitätsbegriffs der Währung* einher (Schäffler, 2011). Der auch in Art. 119 Abs. 2 sowie Art. 127 Abs. 1 AEUV vorzufindende *traditionelle Stabilitätsbegriff* bezieht sich im Kern auf die Preisniveaustabilität im Währungsgebiet (innere Stabilität). Hinzu könnte man die Konstanz des Euro-Außenwertes zu anderen Leitwährungen nehmen (äußere Stabilität), da über den Wechselkurs und die Importpreise Einfluss auf das inländische Preisniveau entsteht. Sowohl die EU-Kommission als auch die Euro-Staaten und die EZB rechtfertigen die Rettungshilfen hingegen mit dem Erhalt der Stabilität der Euro-Zone. Konkret meint dieser *neue Stabilitätsbegriff* einen unveränderten Kreis der Euro-Mitgliedstaaten. Er erfährt seine juristisch-formale Rechtfertigung, indem ein Ausscheiden aus dem Euro gemäß der dritten Stufe der Währungsunion rechtlich nicht vorgesehen ist und der Prozess der Euro-Einführung als verpflichtend und als unumkehrbar gilt (Art. 139 u. Art. 140 AEUV). Damit erhält der Stabilitätsbegriff in Abkehr von seinem ursprünglich funktionalen Inhalt einen *institutionell-organisatorischen Charakter.*

Faktisch führen die Instrumente der fiskalischen und der monetären Rettungsschirme beide Stabilitätsbegriffe in ein konträres Verhältnis, da mit den Hilfen langfristig hohe Inflationsgefahren verbunden bleiben. Unter der Prämisse, dass die Defizitbegrenzungen und die Aufsichtsmechanismen die Schuldensituation kurzfristig nicht zu ändern vermögen und langfristig mangels Euro-Ausschlussdrohung weitestgehend unwirksam bleiben werden, liegt ein Scheitern dieser Politik im Bereich des Wahrscheinlichen.

2.2 Demokratieverlust und Rechtsunsicherheiten

Nicht abzuschätzen bleiben die politischen Kosten in Gestalt eines *Demokratieverlustes,* den Baring (2012) mit der Feststellung belegt: "Wir sind auf dem Wege in eine quasi monarchistische, absolutistische Demokratur." Im Schnellverfahren und unter Informationsbarrieren der Bundesregierung verabschiedete der Deutsche Bundestag die Griechenlandhilfe I, den Vertrag zur EFSF (European Financial Stability Facility), und genehmigte die Hilfen für Irland und Portugal. Gegenüber der EFSF werden die Mitwirkungsrechte des deutschen Parlamentes beim Europäischen Stabilitätsmechanismus (ESM) durch ein Vetorecht zwar gestärkt. Faktisch dürfte jedoch der Gouverneursrat über die Gewährung von Stabilitätshilfen und über die konditionierten wirtschafts- und finanzpolitischen Auflagen der Nehmerländer mit der Mehrheit der Mitglieder erheblichen Druck auf die Parlamentsentscheidung ausüben. Weitere Souveränitätsverluste werden mit einer Errichtung eines Europäischen Währungsfonds einhergehen. Der institutionelle Ansatz wurde 2020/21 mit dem Wiederaufbaufonds "Next Generation EU" und der gemeinschaftlichen Kreditaufnahme gelegt. Beispielsweise dürften Kreditfreigaben des ESM im Rahmen des Backstops (Verstärkung, Letztsicherung) für den Bankenrettungsfonds infolge der Eilbedürftigkeit faktisch der Kontrolle durch den Bundestag entzogen sein, da eine hinreichende Information und Beratung in der Kürze der Zeit nicht möglich sein dürfte (Wissenschaftlicher Dienst des Deutschen Bundestages, 2021). Völlig außerhalb der parlamentarischen Kontrolle und des Haushaltsrechts des Bundestages geraten die neuen Instrumente der EZB. So führen die Ankäufe von Staatsanleihen liquiditätsgefährdeter Staaten, die Vergabe von Repo-Krediten an die liquiditätsarmen mediterranen Geschäftsbanken mit abgesenkten Sicherheitsanforderungen sowie die TARGET2-Kredite der Deutschen Bundesbank, die die Import(überschüss)e und die Kapitalflucht in den mediterranen Länder finanzieren, zu hohen und kaum mehr tragbaren finanziellen Risiken. Der Bundeshaushalt wird durch ausbleibende Notenbankgewinne und gegebenenfalls Kapitalnachschüsse für die EZB belastet. Alternativ droht ein Geldmengenüberhang mit inflationären Folgen (Meyer, 2010, 2011 sowie Hansen & Meyer, 2021).

Weitaus gewichtiger wiegen die politischen Kosten von *Rechtsunsicherheiten* in der Auslegung des Vertrages von Lissabon und des Vertrages über die Arbeitsweise der Europäischen Union (AEUV) hinsichtlich der "alternativlos" notwendigen Maßnahmen. Die VO(EU) Nr. 407/2010 "Zur Einführung eines europäischen Finanzstabilisierungsmechanismus" (Rettungsschirm) wurde auf der Basis von Art. 122 Abs. 2 AEUV begründet. Danach kann einem "Mitgliedstaat aufgrund von Naturkatastrophen oder außergewöhnlichen Ereignissen, die sich seiner Kontrolle entziehen" finanzieller Beistand der Union gewährt werden. Nach herrschender Rechtsmeinung fand hier ein Verstoß gegen das *fiskalische Bail-out-Verbot* (Art. 125 AEUV) statt (Kube & Reimer, 2010). Hingegen schließt Knopp (2010, S. 1780 f.) eine Notkompetenz des Art. 122 Abs. 2 AEUV nicht aus. Erst durch den Vertragszusatz von Art. 136 Abs. 3 AEUV konnte der Treue-Schwur der Eurostaaten in ein Handeln gemäß EU-Vertrag (EUV) geheilt werden (Hufeld, 2011). Darüber hinaus gerät die EZB mit ihrer Ankaufpolitik von nicht börsengängigen Staatsanleihen im Rahmen des SMP-Programms (Securities Markets Programme), ihrer auch fiskalisch unterstützend wirkenden Anleiheankaufprogramme PSPP (Public Sector Purchase Programme) und PEPP (Pandemic Emergency Purchase Programme) sowie des von den nationalen Notenbanken der mediterranen Mitgliedstaaten über den TARGET2-Zahlungsverkehr in großem Umfang autonom vergeben Notenbankkredite in Gefahr, das monetäre Bail-out-Verbot (Art. 123 sowie Art. 124 AEUV) zu missachten.[1] Das Unabhängigkeits-Postulat der EZB gerät in Konflikt mit

---

[1] Zur vertragsrechtlichen Problematik des Ankaufs nicht markt- und börsengängiger Staatsanleihen vgl. kritisch Seidel (2010). Anders hingegen Herrmann (2010, S. 646) sowie Gaitanides (2005, S. 111 f.). Zum Verhältnis von Art. 123 und Art. 125 AEUV aus juristischer Sicht vgl. Behrens (2010). Den Stand der europa- und verfassungsrechtlichen Beurteilung nach dem Urteil des Bundesverfassungsgerichts (BVerfG) v. 5. Mai 2020 zum PSPP-Programm zeichnen Hansen und Meyer (2020) nach. Zur ökonomischen Funktion und Beurteilung der TARGET2-Kredite vgl. Sinn und Wollmershäuser (2011).

einem demokratisch nicht legitimierten Handeln – gegebenenfalls abseits ihres Auftrages. Schließlich ist der Wiederaufbaufonds "Next Generation EU" und die damit verbundene neue Eigenmittel-VO rechtlich bedenklich (Meyer, 2021).

Gemäß dem Grundsatz, keine Blockade europäischer Initiativen und Bestrebungen der Mitgliedstaaten zu errichten, aber Leitplanken gegen einen offenen Vertragsbruch zu setzen, hat das oberste deutsche Gericht bereits fünf Urteile zur europäischen Integration gesprochen: das Lissabon-Urteil (2009), das Urteil zur Griechenland-Hilfe I und dem Euro-Rettungsschirm (2011), das Urteil zum Europäischer Stabilitätsmechanismus (ESM) (2014), das OMT(Outright Monetary Transactions-Programm)-Urteil (2016) sowie das Urteil zu den PSPP-Staatsanlehankäufen (2020). In vier Fällen mussten die deutschen Übernahmegesetze geändert werden, im letzten Fall wurde gar ein Ultra-vires-Verstoß ("jenseits der Gewalten") festgestellt, sprich: Es wurden jeweils Verfassungsmängel festgestellt. Drei Prüfkriterien legte das Bundesverfassungsgericht an: Wird das Demokratiegebot beachtet (Art. 38 Abs. 1 GG/ Art. 23 Abs. 1 GG)? Wurden entsprechende Kompetenzen auf die europäische Ebene abgetreten (Art. 79 Abs. 3 GG)? Umgekehrt: Eine Selbstermächtigung europäischer Institutionen durch die Übertragung der Kompetenz an den europäischen Staatenbund muss ausgeschlossen bleiben.

Der Verlust des Rechtsstaates droht, indem das Bundesverfassungsgericht Verfassungsklagen nicht folgt, die auf eine Weiterleitung an den Europäischen Gerichtshof (EuGH) dringen. Nicht nur die Abweichler disziplinierende Fraktionsdisziplin, auch das Kartell der deutschen "Volksparteien" macht in dieser Sache die Vertretung rechtsstaatlicher Bürgerinteressen im Bundestag unmöglich. Ein direktes Anrufen des EuGH bleibt den Bürgern verschlossen. Hinzu kommt eine teils überaus knappe und wenig tiefgründige Begründung des EuGH in seinen Entscheidungen. So äußerte der EuGH in seinem OMT-Urteil, zu dem das Bundesverfassungsgericht um Vorab-Klärung gebeten hatte, die EZB hätte die besseren Informationen und würde sich die Ziele selbst stecken – de facto ein Freibrief für autonomes, regelungebundenes Handeln.

Politische Projekte überleben ihr Scheitern, sofern ein starker Wille der Regierungen sowie Konkurrenzschutz vorhanden sind und eine Kostenabwälzung auf die Bürger (noch) akzeptiert wird. Nicht die *Gesinnungsethik* "Rettung des Euro um jeden Preis", sondern die *Verantwortungsethik* "Schadensbegrenzung und Wiederaufbau des Europäischen Hauses" sollte Leitlinie sein. Es müssen Alternativen her!

2.3 Zusammenfassung

Das Paradigma der Alternativlosigkeit in der Merkelschen Regierungspolitik zeigte sich sowohl in dem Ausspruch "Scheitert der Euro, dann scheitert Europa" wie auch in ihrer "Wir-schaffen-das"-Pressekonferenz zur Öffnung der Grenzen für Flüchtlinge. Die Durchsetzung dieser medienwirksam vorgetragenen Standpunkte war jedoch nur möglich, indem rechtsstaatliche Prinzipen zumindest infrage gestellt wurden. Zudem versperrte diese Vor-Festlegung auf einen Weg flexible Anpassungen und die Rückkehr auf rechtsstaatliche Grundsätze. Vielmehr musste der Rechtsrahmen speziell in der Euro-Krise ad hoc angepasst werden. Eine vernunftmäßig gebotene Suche nach Auswegen und Lösungen in einer breiten friedlich-gesellschaftlichen Diskussion konnte nicht stattfinden. Bei einem "Weiter so" droht ein Zerfall des "Gemeinsamen Hauses Europa" mit politischen Konflikten ohne europäisch-institutionalisierte Wege ihrer Lösung.

Literatur

Artikel und Monografien

Baring, A. (4. Mai 2012). Art. "Der Euro – eine Schnapsidee". *Handelsblatt,* 88.

Behrens, P. (2010). Ist ein Ausschluss aus der Euro-Zone ausgeschlossen? *Europäische Zeitschrift für Wirtschaftsrecht, 21*(4), 121.

Cannon, M. D., & Edmondson, A. C. (2005). Failing to learn and learning to fail (intelligently): How great organizations put failure to work to innovate und improve. *Long Range Planning, 38,* 299–319.

Gaitanides, C. (2005). *Das Recht der Europäischen Zentralbank.* Habilitationsschrift.

Hansen, A., & Meyer, D. (2020). Ein Schuldenerlass als Ende mit Schrecken? – Das ESZB als Kreditgeber der letzten Instanz für Staaten. *Zeitschrift für Wirtschaftspolitik, 69*(3), 277–307. https://doi.org/10.1515/zfwp-2020-2039

Hansen, A., & Meyer, D. (2021). *EZB-Schuldverschreibungen – Neue Verwendung für ein altes Instrument?* Unveröffentlichtes Manuskript.

Herrmann, C. (2010). EZB-Programm für die Kapitalmärkte verstößt nicht gegen die Verträge – Erwiderung auf Martin Seidel. *Europäische Zeitschrift für Wirtschaftsrecht, 21*(17), 645–646.

Hufeld, U. (2011). Zwischen Notrettung und Rütlischwur: Der Umbau der Wirtschafts- und Währungsunion in der Krise. *Integration, 2,* 117–131.

Knopp, L. (2010). Griechenland-Nothilfe auf dem verfassungsrechtlichen Prüfstand. *Neue Juristische Wochenschrift, 63*(25), 1777–1782.

Kube, H., & Reimer, E. (2010). Grenzen des Europäischen Stabilisierungsmechanismus. *Neue Juristische Wochenschrift, 63*(27), 1911–1916.

Meyer, D. (2007). Warum wir von den Ameisen lernen können – Ein Plädoyer für mehr Fehlerfreundlichkeit. *Uniforschung, 17,* 62–65.

Meyer, D. (2010). Stabilitätsgefahren für die EWU. *Wirtschaftsdienst, 90*(12), 805–813.

Meyer, D. (2011). Unabhängigkeit und Legitimität der EZB im Rahmen der Staatsschuldenkrise. *Zeitschrift für das gesamte Kreditwesen, 64*(3), 127–130.

Meyer, D. (2012a). Die Politik der Alternativlosigkeit – Wie es dazu kam und warum ein Wechsel angeraten ist. *Orientierungen zur Wirtschafts- und Gesellschaftspolitik, 132*(2), 47–52.

Meyer, D. (2012b). *Die EURO-Krise – Währungsdesintegration als Plan B.* LIT.

Meyer, D. (2021). Next Generation EU – Neues Eigenmittelsystem weist in eine Fiskalunion. *Europäische Zeitschrift für Wirtschaftsrecht (EuZW), 32*(1), 16–22.

Schäffler, F. (2011). Widersprüche im neuen Stabilitätsbegriff. *Orientierungen zur Wirtschafts- und Gesellschaftspolitik, 130*(4), 22–24.

Seidel, M. (2010). Der Ankauf nicht markt- und börsengängiger Staatsan-leihen, namentlich Griechenlands, durch die Europäische Zentralbank und durch nationale Zentralbanken – Rechtlich nur fragwürdig oder Rechtsverstoß? *Europäische Zeitschrift für Wirtschaftsrecht, 21*(14), 521–522.

Sinn, H.-W., & Wollmershäuser, T. (2011). *Target-Kredite, Leistungsbilanz-salden und Kapitalverkehr: Der Rettungsschirm der EZB* (ifo working paper no. 105). München.

Wissenschaftlicher Dienst des Deutschen Bundestages. (2021). *EU-Sachstand – Reform des Europäischen Stabilitätsmechanismus – Aus-gestaltung und innerstaatliche Umsetzung der Letztsicherung*, Stand: 27. Mai 2021.

Rechtsquellen

Gesetz zur Übernahme von Gewährleistungen. im Rahmen eines europä-ischen Stabilisierungsmechanismus (Stabilisierungsmechanismusgesetz – StabMechG) vom 22. Mai 2010 (BGBl. I S. 627), das zuletzt durch Arti-kel 1 des Gesetzes vom 23. Mai 2012 (BGBl. I S. 1166) geändert worden ist.

Grundgesetz für die Bundesrepublik Deutschland in der im Bundesgesetz-blatt Teil III, Gliederungsnummer 100-1, veröffentlichten bereinigten Fassung, zuletzt geändert durch Gesetz vom 29.09.2020 (BGBl. I S. 2048) m.W.v. 08.10.2020 bzw. 01.01.2021.

Vertrag über die Arbeitsweise der Europäischen Union (AEUV), Fassung aufgrund des am 1.12.2009 in Kraft getretenen Vertrages von Lissabon (Konsolidierte Fassung bekanntgemacht im ABl. EG Nr. C 115 vom 09.05.2008, S. 47), zuletzt geändert durch die Akte über die Bedingungen des Beitritts der Republik Kroatien und die Anpassungen des Vertrags über die Europäische Union, des Vertrags über die Arbeitsweise der Euro-päischen Union und des Vertrags zur Gründung der Europäischen Atom-gemeinschaft (ABl. EU L 112/21 vom 24.04.2012) m.W.v. 01.07.2013.

Vertrag über die Europäische Union (EUV), Fassung aufgrund des am 01.12.2009 in Kraft getretenen Vertrages von Lissabon (Konsolidierte Fassung bekanntgemacht im ABl. EG Nr. C 115 vom 09.05.2008, S. 13), zuletzt geändert durch die Akte über die Bedingungen des Beitritts der Republik Kroatien und die Anpassungen des Vertrags über die Europä-ische Union, des Vertrags über die Arbeitsweise der Europäischen Union und des Vertrags zur Gründung der Europäischen Atomgemeinschaft (ABl. EU L 112/21 vom 24.04.2012) m.W. v. 01.07.2013.

3

Die Flüchtlings- und Eurokrise: Gemeinsamkeiten und Unterschiede in der politischen Handhabung

"Die Europäische Union ist in keinem guten Zustand", so der ehemalige EU-Kommissionspräsident Jean-Claude Juncker. "Es fehlt an Europa, und es fehlt an Union" (o. V., 2015a). Mangelnde Solidarität und mangelnde Rechtsstaatlichkeit – beides waren zentrale Motive in Junckers Rede vom 9. September 2015 vor dem EU-Parlament zur Flüchtlingssituation. Auch zur Euro-Rettungspolitik könnten diese Wertedefizite passen. Was sind die Unterschiede, was die Gemeinsamkeiten im politischen Umgang mit beiden Krisen? Was sind die Gefahren für den Rechtsstaat, die Demokratie und die Gewaltenteilung? Gibt es strukturelle Ursachen, die ein Scheitern weiterer Integration nahelegen? Schließlich: Was wären Bedingungen einer gedeihlichen europäischen Integration? Die weiteren Ausführungen gründen weitgehend auf Meyer (2015, 2016).

D. Meyer, *Europäische Union und Währungsunion in der Dauerkrise I*, https://doi.org/10.1007/978-3-658-35715-3_3

3.1   Offensichtliche Gemeinsamkeiten

Die Flüchtlings- und die Euro-Rettungspolitik haben zunächst ganz offensichtliche Gemeinsamkeiten (Schimmelfennig, 2015). Beide *Krisenauslöser* liegen außerhalb der Europäischen Union (EU). Die Euro-Staatsschuldenkrise nahm mit der US-Hypothekenkrise, fokussiert durch den Zusammenbruch von Lehman Brothers, in den USA ihren Ausgang. Die Flüchtlingsströme sind das Ergebnis von Hunger, Verfolgung und Krieg in verschiedenen Staaten Nordafrikas sowie Vorderasiens, speziell in Syrien. In beiden Fällen stellten sich die institutionellen Gegebenheiten einer *Bereichsintegration* sowohl in Gestalt der *Euro-Währungsunion* wie auch des *Gemeinsamen Europäischen Asylsystems* (GEAS) als ungeeignet heraus, um den Belastungsanforderungen einer Krisensituation gerecht zu werden.[1] In der Währungsunion hatte man weder Regeln für einen Staatskonkurs, noch für einen Währungsaustritt mit Wiedereinführung einer nationalen Währung vorgesehen oder gar für ein fiskalisches Abstimmungs- und Auffangnetz gesorgt. In dem Flüchtlingsfall bestanden eine mangelnde Vorsorge für den Schutz der EU-Außengrenzen bei gleichzeitigem Wegfall der Grenzkontrollen an den Binnengrenzen. Absprachen für ein gemeinsames Vorgehen für den Krisenfall im Rahmen eines GEAS, beispielsweise Verteilungsquoten und zentrale Registrierungsstellen an den Außengrenzen, lagen nicht vor. Die Mitgliedstaaten gaben in beiden Bereichen nationale Kompetenzen ab, ohne dass die geschaffenen Integrationsinstrumente sie vor

---

[1] Die primärrechtlichen Regelungen für die Währungsunion wären der Dritte Teil Titel VIII mit den Art. 119–144 AEUV; für die Thematik Grenzkontrollen, Asyl und Einwanderung der Dritte Teil Titel V, hier speziell Kap. 2 mit den Art. 77–80 AEUV. Hinzu rechnen noch die weiteren Rechtsinstrumente wie die entsprechenden Protokolle und Richtlinien.

etwaigen zukünftigen Gefahren schützen konnten. Nationale Notwehrmaßnahmen wie Euro-Austrittsdrohungen und Zahlungseinstellungen einerseits bzw. Grenzschließungen andererseits sind deshalb systemlogische, aber einer Integration zuwiderlaufende, unrechtmäßige Reaktionen der betroffenen Mitgliedstaaten.

Mangels entsprechender Notfallvorkehrungen reagierte die EU *reaktiv* und eher im Sinne eines *"muddling through"* (Durchwursteln). Die Währungsunion wurde teils durch neues EU-Recht, teils systemfremd durch An- und Umbauten auf völkerrechtlicher Grundlage sowie durch bloße intergouvernementale Vereinbarungen auf die Notlage hin abgestimmt (Hufeld, 2011, 2021, Rn. 150 ff.). Auf einer intergouvernementalen Vereinbarung und einem privatrechtlichen Gesellschaftervertrag beruht der "Rettungsschirm" der Europäischen Finanzstabilisierungsfazilität (EFSF). Die EFSF ist eine Zweckgesellschaft in der Rechtsform einer Société Anonyme (Aktiengesellschaft) mit Sitz in Luxemburg (EFSF-Rahmenvertrag vom 7. Juni 2010). Der Euro-Plus-Pakt ist ebenfalls eine intergouvernementale Selbstverpflichtung mit eingeschränkten Bindungswirkungen. Demgegenüber hat der Europäische Stabilitätsmechanismus (ESM) als Nachfolgeinstitution des EFSF, ebenso wie der Fiskalpakt (VSKS), eine völkervertragliche Grundlage. Der Stabilitäts- und Wachstumspakt (SWP) konkretisiert im Protokoll Nr. 12 das in Art. 126 AEUV angelegte Verfahren bei übermäßigem Defizit als EU-Primärrecht. Seine Schärfung durch die Sixpack-Gesetzgebung wie auch durch die Twopack-Gesetzgebung zur Haushaltsüberwachung stellt wiederum supranationales Sekundärrecht auf der Basis von Verordnungen dar. Erst spät wurde die vertragliche Grundlage der Rettungshilfen durch die primärrechtliche Einfügung eines Krisen-Stabilitätsmechanismus in den Art. 136 Abs. 3 Vertrag über die Arbeitsweise der Europäischen Union (AEUV) geschaffen.

Die teils ungenauen, Spielräume eröffnenden, Formulierungen werden von den Mitgliedstaaten, gerade was die Einhaltung von Defizitgrenzen oder die Überprüfung der Haushaltsplanungen betrifft, durchaus in nationalem Sinne interpretiert und angewendet. Grundlegende Vereinbarungen in der notleidenden EU-Flüchtlingspolitik fehlen demgegenüber bislang immer noch. Mit Mehrheit beschlossene ad-hoc-Maßnahmen der Umverteilung eines Flüchtlingskontingents von 120.000 Personen wurden von den Visegrád-Staaten nicht akzeptiert und auch von anderen Staaten unvollständig umgesetzt. Des Weiteren wurden eine gemeinsame Anerkennung sicherer Herkunftsländer, die Einrichtung von Registrierungsstellen in Italien und Griechenland (hot spots) sowie das EU-Türkei-Abkommen beschlossen. Für eine vertiefte Integration, die mit einer verbindlichen Lasten-/Umverteilung und einer Kompetenzabgabe verbunden wäre, fehlt trotz verschiedener Versuche, gerade was die fiskalische Integration betrifft, die Einstimmigkeit und der Wille der Mitgliedstaaten.

3.2 Unterschiedliche Problemlösungsstrategien

Eine erste Divergenz besteht in den unterschiedlichen Entscheidungsebenen und deren Zentralität. In der Eurokrise wurde die sogenannte *Unionsmethode* praktiziert (Gutschker, 2015). Gemäß dem Prinzip, dass die Mitgliedstaaten die "Herren der Verträge" sind, fand hier die Abstimmung über das Vorgehen im EU-Rat bzw. auf der Ebene der Mitgliedstaaten der Eurozone statt. Die Entscheidungen fielen konsensual/einstimmig aus. Demgegenüber war in der Flüchtlingspolitik diese auch hier zunächst angestrebte Lösungsebene durch die Blockade der Visegrád-Gruppe nicht zielführend. Deshalb fand im Herbst 2015 ein Schwenk auf die *Gemeinschaftsmethode* statt. Hier dominieren die EU-Kommission und das EU-Parlament. Das Ergebnis war unter anderem der Mehrheitsbeschluss zur Flüchtlingsverteilung gegen die Stimmen Tschechiens, der Slowakei, Ungarns und Rumäniens. Verstärkt wird diese Zentralisierung, wenn – teilweise bedingt durch die kurze Amtszeit – der EU-Ratspräsident gegenüber dem Kommissionspräsidenten eine relativ schwache Stellung hat. Während der Kommissionspräsident für fünf Jahre gewählt wird, beträgt die Wahlperiode des Ratspräsidenten zweieinhalb Jahre (Art. 15, 17 EUV).

Mit Formulierungshilfen französischer Fachleute reichte *Griechenland* den Antrag zum dritten Hilfspaket (2015) unter Zustimmung und Druck der übrigen 18 Eurostaaten ein. Time-out-Hürden und bereits verschlossene Zwischenfinanzierungen über die EFSF waren kein Problem. Ein augenscheinlich *solidarisches Verhalten* allenthalben – vielleicht mit der Ausnahme der hilfenehmenden Hellenen selbst, die die Mitglieder der nationalen Regierungen sowie die Vertreter der europäischen Institutionen mit ihrem konfus-fordernden Verhalten vor bislang ungekannte Umgangsformen stellten. Schließlich stand auch das Eingeständnis einer über Jahre hin praktizierten und letztlich dann doch fehlgeschlagenen Rettungspolitik im Fall Griechenland auf dem Spiel. 86 Mrd. EUR umfasste das drei Jahre laufende dritte Hilfsprogramm, ohne dass die deutsche Forderung nach einer Beteiligung des Internationalen Währungsfonds (IWF) erfüllt wurde und wohl auch ohne eine realistische Prognose einer vollständigen Rückzahlung der Kredite. Im Ergebnis rangen die Mitgliedstaaten um eine Konsensstrategie, die – bislang – zu einem für alle Beteiligten tragfähigen Kompromiss führte.

Kontrovers wird hingegen die *Flüchtlingskrise* von den 28 bzw. nach dem Brexit 27 EU-Mitgliedstaaten von Beginn an gehandhabt: "Willkommenskultur" hier, Strafandrohung bei Grenzüberschreitung dort. Mit EU-Recht unvereinbare Transitströme bewegten sich von südöstlichen und südlichen Mitgliedstaaten in Richtung Norden. Je nach Quotenmaßstab ist die Verteilung der Flüchtlinge stark ungleichgewichtig. Greift man den vom Sachverständigenrat deutscher Stiftungen für Integration und Migration (Schneider & Angenendt, 2015) vorgeschlagenen Verteilungsschlüssel nach Wirtschaftskraft (40 %), Einwohnerzahl (40 %), Fläche (10 %) und Arbeitslosenquote (10 %) auf, so nahmen beispielsweise Deutschland, Griechenland und Schweden weit mehr Flüchtlinge auf als hiernach vorgesehen. Hingegen hätten Spanien, Frankreich und Großbritannien wesentlich mehr Menschen aufnehmen müssen. Die unterschiedliche Solidarität der Staaten mit den Flüchtlingen spiegelt sich in der (mangelnden) Solidarität der Staaten in der Lastenverteilung untereinander wider. Die Grenzschließungen entlang der Balkanroute sowie die Grenzkontrollen bleiben nicht abgesprochene, nationalstaatliche Aktionen der Mitgliedstaaten. Ihr Handeln ist Ausdruck einer *Konfliktstrategie.*

Die Grundlage für eine unionsweit koordinierte Flüchtlingspolitik im Rahmen des GEAS (Europäische Kommission, 2014) bietet die umfassende Kompetenzermächtigung gemäß Art. 78 Abs. 1 AEUV, nach der die EU "eine gemeinsame Politik im Bereich Asyl" entwickelt. Anwendung fände das ordentliche Gesetzgebungsverfahren (Art. 294 AEUV), bei dem der Rat mit qualifizierter Mehrheit beschließen kann.[2] Lediglich auf einen Notfallplan, finanziert

---

[2] Eine qualifizierte Mehrheit – auch als Prinzip der doppelten Mehrheit bezeichnet – liegt vor, wenn "eine Mehrheit von mindestens 55 % der Mitglieder des Rates, gebildet aus mindestens 15 Mitgliedern, sofern die von diesen vertretenen Mitgliedstaaten zusammen mindestens 65 % der Bevölkerung der

aus vorhandenen EU-Mitteln und nur unvollständig umgesetzt, konnte man sich gemäß dem Juncker-Vorschlag
einigen (o. V., 2015b; Beschluss des Rats für Justiz und In-
neres vom 22.09.2015).

Ergänzend ist die *Terrorismusbekämpfung* im Rahmen
der *Gemeinsamen Sicherheits- und Verteidigungspolitik*
(GSVP) als eine dritte Bereichsintegration anzuführen.
Nach den Anschlägen von Paris am 13.11.2015 rief Frankreich erstmalig den europäischen Bündnisfall gemäß der
Beistandsklausel (Art. 42 Abs. 7 Vertrag über die Europäische Union, EUV) aus. Die Zustimmung durch die damalige EU-Vertreterin für die Außen- und Sicherheitspolitik,
Frau Mogherini, sowie durch einen einstimmigen Beschluss
des EU-Rats zeugen von spontaner Solidarität. Alternativ
hätte Frankreich den Nato-Bündnisfall (Art. 5 Nato-
Vertrag) wählen können, wie ihn die USA nach dem An-
schlag vom 11. September vornahm. Schließlich bietet
auch die Solidaritätsklausel (Art. 222 Abs. 1 AEUV) die
Möglichkeit einer koordinierten Terrorismusbekämpfung
(Hummer, 2015). Relativierend ist anzufügen, dass zum
einen mit der Terrorismusbekämpfung der Notfall vertraglich bereits thematisiert wird, zum anderen die *Solidarität*
mit der Thematik immanent verknüpft ist. Von daher ist
eine eher unproblematische europäische Koordination vom
Gegenstand her angelegt.

Union ausmachen.", existiert. Danach könnten die "quotenunwilligen" Mitgliedstaaten mehrheitlich überstimmt und zu einer entsprechenden Verteilungs-
regel gezwungen werden. Da die Thematik im Dritten Teil Titel V des AEUV
"Der Raum der Freiheit, der Sicherheit und des Rechts" angesiedelt und deshalb
besonders souveränitätssensibel ist, wäre jedoch ein einstimmig beschlossener
Konsens auch EU-politisch erstrebenswert. Vor dem Vertrag von Lissabon war
dieser Titel zudem lediglich intergouvernemental zu erschließen.

3.3   Erklärungsansätze für eine unterschiedliche Handhabung

Wie sind diese unterschiedlichen Krisenreaktionen zu erklären? Zentral dürften die Art des Gegenstandes, die Möglichkeit einer Kostenverschiebung sowie die Kostenverteilung eine Rolle spielen. Erstens ist die *Art des Krisengegenstandes* völlig unterschiedlich. Während die Hilfen zur griechischen Staatsschuldenkrise weitgehend *geldlich-abstrakt* bleiben, sind die Lasten der Migranten für die Aufnahmeländer und deren Bevölkerung *real-konkret.* Die *Merklichkeit der Kosten* zeigt sich nicht nur in den rund 13 bis 15 Tsd. EUR, die pro Flüchtling pro Jahr an Unterbringung, Kleidung, Verpflegung, Taschengeld, Sprachkurse, Betreuung, Schulversorgung und Verwaltung aufzubringen sind (Battisti et al., 2015, S. 43 f.; Weingartner & Plickert, 2015a, b). Die Unterbringung eines unbegleiteten Minderjährigen in der stationären Jugendhilfe-Betreuung kostet etwa 48 Tsd. EUR p. a., die den Kommunen nicht vollständig erstattet werden. Insgesamt hat Deutschland 2017 über 20 Mrd. EUR aufgewendet. Allein der Bund veranschlagte für 2017 20,71 Mrd. EUR für die Flüchtlingspolitik, wobei 6,75 Mrd. EUR für die Fluchtursachenbekämpfung ausgegeben wurde (Frühauf, 2018). Andere Berechnungen gehen mittel- bis langfristig von jährlichen fiskalischen Zusatzlasten von 17 bis 55 Mrd. EUR aus (Lücke, 2015; Raffelhüschen & Moog, 2015; Stiftung Marktwirtschaft, 2015). Die Unterschiede ergeben sich aufgrund unterschiedlicher Annahmen hinsichtlich der Flüchtlingszahlen, der Bleibequote, dem Qualifikationsniveau und der Integration in den Arbeitsmarkt. Realistischerweise erhöht sich die mit zukünftigen Rentenlasten in Verbindung stehende Nachhaltigkeitslücke um über 30 %. Entgegen vielfacher Annahmen verschlechtert die Zuwanderung damit die demografische Bilanz durch niedrige Löhne und eine verzögerte Arbeitsaufnahme erheblich. Letztlich wird auch der Wohnraummangel im unteren Mietensegment verschärft sowie in manchen Kommunen bzw. Stadtteilen die Schulsituation durch bislang nicht integrierte und der deutschen Sprache mächtigen Zuwandererkinder erschwert.

Dieses Geld bzw. die dafür aufgewandten Ressourcen und Arbeitskräfte werden sichtbar für andere Leistungen fehlen. Zudem veränderten Ersteinrichtungen das Stadtteilbild, Turnhallen wurden belegt und Migrantenkinder stellen eine besondere Herausforderung in der Unterrichtsversorgung dar. Die Konkurrenz am Arbeitsplatz trifft mittelfristig vorrangig die heimischen Unqualifizierten, die sich bei Mindestlohn eventuell gegen Migranten durchsetzen müssen und einen Lohndruck nach unten verspüren. Auch bleibt zumindest potenziell die Angst vor Überfremdung, insbesondere, wenn Probleme das tägliche Miteinander belasten. Umgekehrt kann die *Augenscheinlichkeit der Probleme* durch die bewusste Weckung empathischer Gefühle für Hilfen nutzbar gemacht werden, wie der tragische Tod des syrischen Jungen Aylan gezeigt hat. Ohne seinen medienwirksam verbreiteten Tod wäre die Bereitschaft verschiedener Mitgliedstaaten, so auch Großbritannien, zur freiwilligen Aufnahme von 40 Tsd. Flüchtlingen kaum denkbar gewesen.

Der Unterschied in der Akzeptanz einer kostenträchtigen Krisenlösung resultiert zweitens durch den Aspekt einer *zeitlichen Kostenverlagerung.* Die erste Rate der Kredite für das erste Hilfspaket (2010) musste Griechenland erst 2020 leisten, die Tilgung für das zweite beginnt 2032. Die Tilgung endet 2041 bzw. 2066. Nimmt man die geringe Verzinsung der Hilfskredite von durchschnittlich 1,5 % p. a. hinzu, dann wird das Problem bereits heute durch einen

permanenten indirekten Schuldenschnitt bei subventionierte Konditionen und Inflation zulasten der
Gläubigerstaaten weitgehend unmerklich sozialisiert. Demgegenüber lässt die Thematik der Flüchtlinge keine zeitliche
Kostenverschiebung zu. Die Ausgaben und der damit
finanzierte Ressourcenverzehr finden heute statt. Die
Opportunitätskosten zeigen sich der heimischen Bevölkerung in geringeren oder schlechteren staatlichen
Dienstleistungen, Wohnraumknappheit etc. Geringe positive konjunkturelle Effekte können durch die konsumtiven
Ausgaben der Flüchtlinge entstehen, die eine Sparquote
von nahe Null haben dürften.

Einen dritten Unterschied markiert die *Lastenverteilung*
zwischen den Mitgliedstaaten. Die Schließung der Grenzen
sowie alternativ die Durchleitung nach Deutschland und in
die skandinavischen Länder schien für einige Staaten die
kostengünstigere und einfachere Lösung zu sein: Das Problem lässt sich im Gegensatz zu den potenziellen An-
steckungsgefahren für andere Länder im Fall der Staatsschuldenkrise hier scheinbar fern des eigenen Landes halten.
Der Verteilungsschlüssel zur Griechenlandhilfe ist durch
den ESM-Vertrag bzw. den Kapitalanteil an der Europäischen Zentralbank (EZB) sowie an dem IWF unverhandel-
bar vorgegeben. Demgegenüber ist die EU-weite Kostenverteilung bei den Hilfen für Flüchtlinge völlig offen und
zudem national beeinflussbar. Werden Quoten für die Aufnahme von Flüchtlingen beabsichtigt, sind die quantifizier-
baren Kriterien festzulegen. Je nachdem, ob und mit welcher Gewichtung die Wirtschaftskraft, die Bevölkerungszahl,
die Größe des Landes oder weitere Faktoren wie die Arbeits-
losenrate berücksichtigt werden, ändert dies die Aufteilung.
Darüber hinaus sind die Standards der Unterbringung und
Versorgung der Flüchtlinge national weitgehend frei ge-
staltbar – mit entsprechenden Auswirkungen auf die

Anreize für den Ort einer Asylbeantragung. Schließlich verbessert die Schaffung von Tatsachen die eigene Position, sei es durch unrechtmäßige Grenzschließungen oder durch Transitgewährung.

Einen weiteren Einflussfaktor stellt die vermeintliche *Kompetenz der Bevölkerung* hinsichtlich der Problematik dar. Die Folgen einer Eurokrise, verbunden mit einem Austritt eines Mitglieds wie Griechenland oder gar Italien, sind selbst unter Fachleuten höchst umstritten. Darüber hinaus sind die Mechanismen der Krisenverursachung sowie die möglichen Handlungsalternativen in der breiten Bevölkerung völlig intransparent und einer Bewertung nicht zugänglich. Die politische Führung – fremd beraten und selbst nur begrenzt problemkompetent – agiert scheinbar risikoaversiv, indem sie im Rahmen einer Pfadabhängigkeit den einmal eingeschlagenen Weg der "Euro-Rettung" nicht verlässt (Meyer, 2012). Damit gewinnt die Regierung weitgehend freie Hand für das weitere Vorgehen. Demgegenüber ist die politische Führung bei der Flüchtlingsproblematik wesentlich enger an ein (manipulierbares) Votum der Bevölkerung gebunden, da das Krisenphänomen gut vermittelbar ist und mit den alternativen Lösungen der Politik vielfach eine kommunale, persönliche Betroffenheit verbunden ist.

Außerdem trennen beide Fälle die anfallenden *Kosten und Nutzen*. Kredithilfen nach dem ESM beruhen auf einem Programmvertrag zwischen dem Krisenstaat und den übrigen Eurostaaten. Die Hilfen sind an ein sogenanntes Memorandum of Understanding (MoU) geknüpft. Mithilfe dieser Konditionierung soll der Programmstaat haushaltsmäßig und ökonomisch wieder gesunden und die Eurozone stabilisiert werden – eine klassische *win-win-Situation*. Darüber hinaus scheinen allen Beteiligten die Opportunitätskosten gegenüber einem Austritt bzw. einer

Staatsinsolvenz mit der Gefahr für die Stabilität der Währungsunion als geringer. Demgegenüber hat die humanitäre Aufnahme von Flüchtlingen den Charakter eines einseitigen Geschäfts, einer Wohltat, bei der die eine Seite ausschließlich den Nutzen hat, die andere zumindest kurzfristig und ohne die Berücksichtigung intrinsischer Motive ausschließlich die Kosten trägt – eine eher unübliche *win-loss-Situation*. Staaten, die sich dieser Aufgabe nicht stellen wollen, haben automatisch ein konträres Interesse zu Staaten, die sich in einer humanitären Verpflichtung sehen. Das schützenswerte *Klubgut* "Stabilität der Eurozone" scheint für die Flüchtlingskrise nicht so offensichtlich. Eine Einigung im Sinne der humanitären Sache erscheint deshalb als schwierig. Hinzu kommt ein relativ kurzer Zeithorizont in dieser Sache. Langfristig mögen die Staaten gerade bei einer demografisch schwierigen Struktur und akutem Fachkräftemangel wie in der Bundesrepublik aus der Zuwanderung einen gewissen Nutzen ziehen. Voraussetzungen wären eine gelingende Integration und eine zügige Ausbildungs- bzw. Arbeitsaufnahme der Flüchtlinge. Deshalb ließe sich auch eine größere Last dieser Staaten gegenüber Mitgliedstaaten mit einer jüngeren Bevölkerungsstruktur und höherer Arbeitslosigkeit durchaus rechtfertigen. Die bisherigen Vorschläge zur Quotenregelung berücksichtigen die potenzielle gesellschaftliche Nutzenstiftung entweder nicht oder nur ungenügend.

3.4 De facto Bruch des EU-Rechts in beiden Fällen

"Not kennt kein Gebot". Gemäß diesem vermeintlichen Grundsatz ist beiden Krisen der *offenkundige Rechtsbruch* bzw. *Bruch rechtsstaatlicher Grundsätze* gemein. Die ersten

Euro-Rettungshilfen fanden im rechtsfreien Raum statt und verstießen zumindest gegen den Geist des Vertrages von Lissabon, konkret gegen das finanzielle Beistandsverbot (Art. 125 AEUV). Erst nachträglich wurden sie durch einen neu eingefügten Notfall-Stabilitätsmechanismus (Art. 136 Abs. 3 AEUV) legalisiert. Auch wird die Krisenpolitik der EZB mit dem Ankauf von Staatsanleihen aus den Krisenstaaten (SMP) sowie die Handhabung der Notfallliquidität nicht nur im Falle Griechenlands im Sommer 2015 hinsichtlich des Verbots der monetären Staatsfinanzierung (Art. 123 AEUV) verschiedentlich als grenzwertig beurteilt. Deutlich sollte an dieser Stelle hervorgehoben werden, dass die verschiedenen Klagen vor dem Bundesverfassungsgericht (BVerfG) und dem Europäischen Gerichtshof (EuGH) in keinem Fall zu einem Gerichtsurteil geführt haben, welches das Handeln der Bundesregierung bzw. der Mitgliedstaaten als Verstoß gegen das Grundgesetz bzw. das EU-Primärrecht beurteilt hätte. Vielmehr zogen gerade die Urteile des BVerfG zukünftige Grenzen gegen eine ausufernde und rechtsstaatlich bedenkliche Rettungspolitik.

Nach ähnlichem Muster verstoßen die EU-Staaten in der Flüchtlingsfrage mehrfach gegen geltendes Verfassungsrecht (Schachtschneider, 2015). Der Schengener Grenzkodex gründet auf dem Grundsatz: Schutz der EU-Außengrenzen gegen Verzicht auf Grenzkontrollen an den Binnengrenzen. Nur in diesem Zweiklang kann die Personenfreizügigkeit funktionieren. Mangels EU-Unterstützung und wegen einhergehender Überforderung entfällt derzeit ein wirksamer Schutz der Außengrenzen in Italien und Griechenland. Die u. a. an der Grenze zu Österreich zeitweise eingeführten deutschen Grenzkontrollen sind deshalb eine logische Folge und Notwehrmaßnahme, im Schengener Abkommen aber so nicht vorgesehen. Allerdings ist dort für den Fall einer "schwerwiegenden

Bedrohung der öffentlichen Ordnung oder der inneren Sicherheit" (§ 23 Abs. 1 Schengener Grenzkodex) die Wiedereinführung befristeter Kontrollen erlaubt. Vorgesehen sind Grenzkontrollen "für einen begrenzten Zeitraum von höchstens 30 Tagen oder für die vorhersehbare Dauer der schwerwiegenden Bedrohung, wenn ihre Dauer den Zeitraum von 30 Tagen überschreitet" (Art. 23 Abs. 1 Schengener Grenzkodex). Eine Verlängerung für jeweils 30 Tage ist möglich. In einem Gutachten im Auftrag des Freistaates Bayern stellt Di Fabio (2016, S. 116 ff.) fest, dass der Bund weiterhin für die Grenzsicherung auch bei einer Übertragung von Hoheitsrechten im Rahmen des Schengener Grenzkodexes verantwortlich sei. Im Falle eines EU-Versagens müsste der Bund deshalb entsprechend Art. 30 i. V. m. Art. 28 Abs. 1 Grundgesetz (GG) eine Ersatzvornahme leisten, bis der Mangel seitens der EU behoben sei. Ob eine EU-Grenzschutzbehörde die Akzeptanz aller Mitgliedstaaten findet und sich in der Praxis als effektiv erweisen wird, steht infrage.

Mit Art. 78 Abs. 1 AEUV (Asyl) erkennen die Mitgliedstaaten indirekt die Genfer Flüchtlingskonvention (GFK) von 1951 mit dem zugehörigen Protokoll von 1967 an.[3] Hiernach wird Straffreiheit bei illegaler Einreise gewährt, sofern der Flüchtling sich umgehend bei den Behörden meldet (Art. 31 Abs. 1 GFK). Zugleich besteht ein Schutz vor Ausweisung (Art. 33 GFK). Ganz offensichtlich verstößt Ungarn gegen diese Rechtsgrundsätze, gerade auch mit den im September 2015 in Kraft getretenen Gesetzesänderungen. Allerdings dürfte hier eine gewisse

---

[3] Siehe das Abkommen über die Rechtsstellung der Flüchtlinge (Genfer Flüchtlingskonvention, GFK) sowie das Protokoll über die Rechtsstellung der Flüchtlinge. Beide Verträge sind durch Art. 18 Charta der Grundrechte der Europäischen Union (GRC) sowie durch den Verweis in Art. 78 Abs. 1 AEUV in das europäische Primärrecht übergegangen. Siehe auch die Konkretisierung im Sekundärrecht durch die Asylverfahrensrichtlinie sowie durch die Qualifikations-/Anerkennungsrichtlinie.

Doppelmoral der Kritiker bestehen. Gemäß dem Schengener Grenzkodex, der durch das Protokoll Nr. 19 in den EUV aufgenommen wurde, verpflichten sich die Staaten zum Schutz der Außengrenzen, um dadurch die Möglichkeit zu eröffnen, innerhalb der EU auf Grenzkontrollen verzichten zu können. Im Gegensatz zu Griechenland und Italien gewährleistet Ungarn – rechtlich allerdings angreifbar – diesen Außenschutz.

Sodann ist entsprechend Art. 13 Dublin-III-Verordnung derjenige Mitgliedstaat für das Asylverfahren zuständig, über den der Flüchtling die EU erstmals betritt. Insbesondere findet hier die Registrierung statt. Eine Durchleitung von Flüchtlingen aus Italien und über die Balkanstaaten steht dem Vertrag von Lissabon entgegen. Deshalb stellen auch die Flüchtlingszüge nach Österreich, Deutschland und Dänemark, die Fähren von Deutschland nach Schweden sowie der unkontrollierte Transit durch Italien und Griechenland ohne Registrierung einen Verstoß gegen das Dublin-III-Abkommen der EU dar (Fastenrath, 2015). Allerdings wären angesichts der offensichtlichen Überforderung insbesondere Griechenlands EU-Hilfen angezeigt.

Schließlich kann gemäß Art. 16a Abs. 2 GG Asylschutz nicht beanspruchen, "wer aus einem Mitgliedstaat der Europäischen Gemeinschaften ... einreist". Vielmehr ist der unerlaubt eingereiste Ausländer zurückzuschieben (§ 57 Abs. 2 Aufenthaltsgesetz, AufenthG). Dem steht auch die Ermessensklausel des Art. 17 Abs. 1 Dublin-III-Verordnung nicht entgegen, nach der "jeder Mitgliedstaat beschließen [kann], einen bei ihm von einem Drittstaatsangehörigen oder Staatenlosen gestellten Antrag auf internationalen Schutz zu prüfen, auch wenn er nach den in dieser Verordnung festgelegten Kriterien nicht für die Prüfung zuständig ist." Damit diese Klausel greifen kann, muss die

Einreise stattgefunden haben. Bei wieder eingerichteten Grenzkontrollen kommen hierfür nur illegal Eingereiste infrage. Die Einrichtung von nationalen Transitzonen gewinnt gerade unter diesem Gesichtspunkt eine besondere Bedeutung. Bei Nichtanerkennung der Flüchtlingseigenschaft kann die Zurückschiebung in den sicheren Drittstaat (bspw. Österreich) zügig unternommen werden. Deutschland hätte einen praktikablen Kompromiss zwischen dem rechtlich gebotenen Einreiseverbot und humanitären Überlegungen gefunden. Zugleich würde der Verhandlungsdruck durch den Rückstrom der Flüchtlinge ohne Flüchtlingseigenschaft (Art. 1 GFK) für ein EU-weites, gemeinsames Vorgehen gesteigert. Die Deutschland fordernden, zukünftig gegebenenfalls überfordernden Flüchtlingsströme können damit als Ergebnis eines illegalen Zusammenspiels verschiedener europäischer Mitgliedstaaten und der deutschen Regierung gesehen werden.

In erster Linie liegt hier ein Versagen der EU-Kommission vor, die als *Hüterin der Verträge* grundsätzlich verpflichtet ist, gegen objektive Verletzungen des EU-Rechts durch die Mitgliedstaaten einzuschreiten. Jedoch wird gerade in der Flüchtlingsfrage auch deutlich, dass die einzelnen Staaten ihre Selbstbindung an geltendes EU-Recht ganz offensichtlich und bewusst missachten. Darüber hinaus wird das Dublin-Verfahren beispielsweise in Italien seit Jahren auch mangels geeigneter Infrastruktur nicht umgesetzt. In diesem Fall wäre entweder das Verfahren zu überprüfen und gegebenenfalls zu ändern oder aber seitens der EU Unterstützung zu gewähren.

Eine Abkehr von einem regelgebundenen Handeln auf rechtsstaatlicher Grundlage bedarf der besonderen *Rechtfertigung* einer nicht abwendbaren Notlage, die mit den bestehenden Regeln nicht beherrschbar bzw. lösbar ist. Die Gefährdung der Stabilität der Eurozone sowie die aktuelle humanitäre Krise mögen als Begründungen dienen.

Allerdings sind mehrere *Grundsätze* bei einer Abkehr vom rechtssicheren Normalfall zu beachten: Erstens muss sie die Ausnahme bleiben oder wiederum einer rechtsstaatlich neu geschaffenen Regelung folgen; zweitens muss der eingeschlagene Weg zielführend, angemessen und verhältnismäßig sein; schließlich sollte im Rahmen der EU eine konsensuale Abstimmung und ein koordiniertes Vorgehen erfolgen.

In der Euro-Rettungspolitik hat man die Ausnahme über die Einfügung des Stabilitätsmechanismus (Art. 136 Abs. 3 AEUV) in den Vertrag von Lissabon rechtlich abgesichert, sodass der Krisenfall jetzt regelgebunden abgewickelt werden kann. Eindeutig vorteilhaft ist die damit verbundene Rechtssicherheit; nachteilig gegebenenfalls die Pfadabhängigkeit, die eine Pfadabkehr und die Suche nach innovativen Alternativen wie beispielsweise die Einführung von nationalen Währungen parallel zum Euro oder gar einen Austritt aus der Währungsunion behindert. Durch die Kopplung der Hilfen an strikte Auflagen wurde zumindest formal auch dem zweiten Grundsatz Rechnung getragen. Dass die Praxis wie im Fall des dritten Hilfspakets für Griechenland erhebliche Spielräume für die Umsetzung der Auflagen zulässt, steht außer Frage und liegt in der Verantwortung der Regierungen. Über die Abstimmungsregeln des Art. 4 Abs. 2 ESM-Vertrag wurde zudem eine Konsensregel etabliert.

Anders sieht es in der Handhabung der Flüchtlingskrise durch die EU aus. Ein Ende der Ausnahmesituation ist langfristig nicht abzusehen und es wird derzeit kein regelgebundener EU-weiter Notfallmechanismus angewandt. So schlagen Dörig und Langenfeld (2016) eine Vollharmonisierung des Flüchtlingsrechts sowie der Durchführung der Anerkennungsverfahren in Hot Spots vor. Hierfür bietet das GEAS gemäß Art. 78 Abs. 2 AEUV die Grundlage, auf der sowohl die EU-Qualifikations-/

Anerkennungsrichtlinie als auch die EU-Asylver-
fahrensrichtlinie über eine Verordnung in das Primärrecht
überführt werden müssten. Zudem wäre die Dublin-III-
Verordnung anzupassen.[4] Die Durchführung würde eine
neu zu gründende EU-Behörde übernehmen und die gerichtliche Überprüfung erstinstanzlich durch ein EU-Ge-
richt erfolgen. Nach einem Entscheid würde der Flüchtling
hiernach entweder sogleich über die Hot Spots abgeschoben
oder aber gemäß dem im September 2015 beschlossenen
Verteilungsschlüssel auf die EU-Mitgliedstaaten verteilt
werden. Die Finanzierung bis zum Abschluss des Verfahrens
würde mit Mitteln aus dem Asyl-, Migrations- und
Integrationsfonds vorgenommen werden können. Die
Politikziele sind in den Staaten jedoch unterschiedlich und
eher diffus formuliert. Während die ablehnenden Staaten
das relativ klare Ziel der Abschottung und der Nichtauf-
nahme verfolgen, stehen bei den aufnehmenden Ländern
der humanitäre Schutz der Flüchtlinge, deren Erstver-
sorgung, ihre gesellschaftliche Integration sowie die Aufnahme in den Arbeitsmarkt mit national und kommunal
ganz unterschiedlichen Maßnahmen auf der Agenda. Ein
EU-weites einheitliches bzw. abgestimmtes Verhalten steht
in weiter Ferne.

Schließlich sind die *Anreize* durch die praktizierten Ausnahmen für die *Mitgliedstaaten* zu beachten. Im Grunde genommen geht es um Belohnungen und Bestrafungen,
wobei jeder nicht sanktionierte Regelverstoß einer Be-
lohnung gleichkommt. Die Aufnahme als Programmland
unter die Kredithilfen des ESM und des IWF haben auf die
dortigen Regierungen und Bürger eine eher abschreckende
Wirkung, da die Reform- und Sparauflagen nicht nur den

---

[4] 2016 legte die EU-Kommission die Neufassung einer Dublin-IV-Verordnung
vor. Im Herbst 2017 fand sie die Zustimmung des Europäischen Parlaments.
Die notwendige Zustimmung des Ministerrats kam bislang nicht zustande.

finanziellen Spielraum der Länder einengen, sondern über die Verpflichtungen hinaus die nationale Souveränität de facto einschränken. Der Verzicht Irlands 2013 auf die vorsorgliche Kreditlinie des ESM, die Entsagungen Spaniens im gleichen Jahr auf weitere Rettungshilfen sowie Portugals 2014 auf Übergangshilfen zeigen dies deutlich. Demgegenüber bleiben der Umgang Ungarns mit den Flüchtlingen sowie der ehemals ungehinderte Transit durch manche südeuropäische Staaten, aber auch durch Deutschland, ebenso wie die nachfolgenden Grenzschließungen bislang ohne Sanktionen. Generell mangelt es insbesondere den osteuropäischen Staaten an Solidarität in dieser Angelegenheit. Allerdings hat sich spätestens mit der Schließung der sogenannten Balkanroute die Wertung innerhalb der EU gewandelt, die in der Befürwortung des damaligen Präsidenten des EU-Rates Tusk gipfelte. Welche Möglichkeiten einer Sanktionierung beständen?

- *Umlenkung von EU-Haushaltsmitteln:* Wenngleich dem Beschluss über den EU-Haushalt ein komplexer und zeitaufwendiger Prozess gemäß Art. 314 AEUV vorangeht, könnten die aufnehmenden Staaten versuchen, entsprechende Haushaltsmittel zur Kostendeckung für die Zukunft einzuplanen oder Mittel aus den verschiedenen EU-Fonds zeitnah umzuwidmen. Kurzfristig wäre auch eine Umverteilung von nicht abgerufenen Mitteln des EU-Struktur-/Kohäsionsfonds denkbar. Mittelfristig könnte der EU-Flüchtlingsfonds besser dotiert werden.
- *Vertragsverletzungsverfahren:* Als Hüterin der Verträge hat die EU-Kommission eine Aufsichtsklage (Art. 258 AEUV) gegen mehrere Staaten, unter anderem die Bundesrepublik wegen einer unzureichenden Abschiebepraxis, beim EuGH eingereicht. Alternativ können die Mitgliedstaaten eine Staatenklage (Art. 259 AEUV) er-

heben, wie im Falle der Slowakischen Republik und Ungarn geschehen. Nicht nur eine langwierige gerichtliche Befassung, sondern auch ein langes Vorverfahren mit Mahnschreiben und begründeter Stellungnahme durch die Kommission sowie die Anhörung des betroffenen Staates machen diesen Weg sehr zeitaufwendig.

• Als Ultima Ratio könnte die EU gemäß Art. 7 EUV eine Verletzung der grundlegenden Werte der Union (Art. 2 EUV) feststellen. Die Sanktionen können bis hin zur *Aussetzung von Rechten* für das Land gehen. Allerdings dürften hiermit Rückwirkungen auf den politischen Frieden in der EU sowie auf das Ansehen der Union gegenüber Drittstaaten verbunden sein, sodass auf dieses Mittel wohl verzichtet würde.

Nicht zuletzt gehen Anreize von der Politik dieser Staaten auf das *Verhalten der Flüchtlinge* aus. Hierzu rechnete unter anderem die durch eine Transitgewähr ermöglichte, quasifreie Wahl des Aufnahmestaates durch die Migranten. Das Asylrecht hat sich durch diese Praxis zu einem Asylbewerberrecht gewandelt (Hailbronner, 2015). Nimmt man gerade in Deutschland die völlig unzureichend durchgeführte Abschiebepraxis hinzu, so erklärt sich auch der hohe anteilige Zustrom von sogenannten Wirtschaftsflüchtlingen: Einmal die deutsche Grenze überwunden, scheint die Duldung bis zum Daueraufenthalt als wahrscheinlich (Wehner, 2015). So wurden in Bayern und Hessen etwa 50 % der ausreisepflichtigen Ausländer geduldet. Höhere Anteile bestanden in Nordrhein-Westfalen (77 %), Thüringen (83 %) sowie Bremen (88 %). Außerdem mag der – zunehmend infrage gestellte – Begriff der "Willkommenskultur"[5] nicht nur für ein (neues?) Selbst-

---

[5] Ex-Vizekanzler Gabriel (2015) äußerte am 8. September 2015 im ZDF: "Ich glaube, dass wir mit einer Größenordnung von einer halben Million für einige

verständnis in Deutschland im Umgang mit Migranten und als Motivator für zahlreichen bürgerschaftlich engagierten Helfer und Helferinnen gelten: Auf jeden Fall erzeugt die vielfach überaus positive Aufnahme von Flüchtlingen auch langfristig-dynamische Verhaltensänderungen in den Heimatstaaten der Flüchtlinge. Der lange, vielfach gefährliche Weg nach "Germany" gewinnt an Attraktivität. Dies könnte beispielsweise auch für syrische Flüchtlinge gelten, die bislang in schlecht versorgten jordanischen und libanesischen Flüchtlingscamps ausharren. Problematisch würde die Situation allerdings dann, wenn ein wieder anwachsender Zustrom auf eine sinkende Hilfsbereitschaft stößt oder die Integration der Flüchtlinge langfristig schwerer wird als anfänglich gedacht. Fukushima und die Energiewende sollten den politisch Verantwortlichen zumindest in Deutschland als mahnende Beispiele für eine emotional-schnelle, aber schlecht durchdachte und teure Politikreaktion dienen. Auch sollte eine offene Diskussion über Belastungsgrenzen ergebnisorientiert in der EU wie auch in den einzelnen Mitgliedstaaten geführt werden.

3.5 Rechtsstaat, Demokratie und Gewaltenteilung

Die Koordination der Terrorismusbekämpfung im Rahmen der Solidaritätsklausel (Art. 222 Abs. 1 AEUV) oder der Beistandsklausel der GSVP (Art. 42 Abs. 7 EUV) ist bereits auf den Notfall ausgerichtet. Demgegenüber sind in den beiden

---

Jahre sicherlich klarkämen" und "Ich habe da keine Zweifel – vielleicht auch mehr." Ein weiterer Ausdruck war der zeitgleiche Slogan "refugees welcome", mit dem beispielsweise die Landesregierung in Schleswig-Holstein, Kommunen (Stadt Kiel), Fußballvereine (FC St. Pauli und Borussia Dortmund) sowie eine Vielzahl von Bürgern warben.

Bereichsintegrationen Währungsunion sowie GEAS die institutionellen Regelungen für einen *Notfallmodus* entweder anfangs nicht vorgesehen (Währungsunion) oder völlig unzureichend (GEAS). Die Übertragung nationaler Kompetenzen auf die Union durch eine ausschließliche Zuständigkeit im Bereich der Euro-Währungspolitik (Art. 3 AEUV) sowie eine geteilte Zuständigkeit im Bereich Grenzkontrollen, Asyl, Einwanderung (Art. 2 Abs. 1 AEUV) kann in Verbindung mit diesen mangelhaften Vorkehrungen die ökonomische und gesellschaftliche Stabilität der Mitgliedstaaten gefährden. Die seitens der EU sowie der Mitgliedstaaten ergriffenen Maßnahmen zur Gefahrenabwehr haben drei, für die Grundsätze der politischen Verfassung (Art. 2 EUV; Art. 20 GG), wesentliche Folgen (Harbarth, 2015; Huber, 2015):

3.5.1 Rechtsstaatlichkeit

Wesensmerkmal des Rechtsstaates ist die Bindung der staatlichen Organe durch das Recht. In diesem Sinne ist die EU als Rechtsgemeinschaft in Gefahr. Da eine Krisenreaktion im Rahmen der bestehenden rechtlich-institutionellen Vorgaben entweder nicht möglich oder nicht wirksam war bzw. zu unerwünschten Folgen hätte führen können, wurden/werden rechtlich irreguläre Maßnahmen ergriffen. Wenn zudem ein regulärer Notfallmechanismus nicht zeitnah neu in das Rechtssystem eingefügt wird, handeln die staatlichen Organe ganz offensichtlich rechtswidrig. Die außervertragliche/ungesetzliche Notrettung würde zu einer *"haltlosen Notpolitik"* geraten (Hufeld, 2011, S. 120 ff.). Die fiskalischen Rettungsschirme werden durch den neu errichteten Stabilitätsmechanismus (Art. 136 Abs. 3 AEUV) legitimiert. Demgegenüber sind die monetären Rettungsschirme der "besonderen Politiken" der EZB so nicht vorgesehen. Gerade ihre Rechtfertigung mit der Unabhängigkeitsposition der Zentralbank steht die fehlende demokratische

Legitimation entgegen. Auch in der Flüchtlingspolitik scheint eine Rückkehr zur Rechtsstaatlichkeit in absehbarer Zeit nicht möglich zu sein.

Generell gilt: Wo eine Rechtsordnung besteht, da sind *Rechtsverstöße* durchaus beobachtbar. Problematisch wird die Situation jedoch dann, wenn Rechtsverstöße in großer Zahl auftreten, sie sanktionslos bleiben oder gar belohnt werden. Im Fall Griechenland wurde gegen vereinbarte Auflagen vielfach verstoßen. Dies wurde in keinem Fall bestraft. Im Gegenteil: Es wurden die Auflagen teilweise gelockert, Kreditzinsen nachträglich gesenkt und Laufzeiten verlängert. Zudem wurde in der Anwendung der neu geschaffenen Instrumente der Haushaltsaufsicht sowie des geschärften Stabilitätspaktes de facto eine Praxis installiert, die zu erhöhter Komplexität und letztendlich Unwirksamkeit der institutionellen Reformen geführt hat. Kommissionsvorsitzender Juncker rechtfertigte den Verlust einer regelorientierten Anwendung des EU-Stabilitätspaktes damit, dass die Aufsicht politisch geführt werden müsse (Mussler, 2015). Hierzu gehört auch die um den Haushaltsstreit mit der EU-Kommission von Italien reklamierte Aussage Junckers v. 31. Mai 2016 zur Defizitüberschreitung Frankreichs "Weil es Frankreich ist." Anders ausgedrückt: Der EUV wird unter der Opportunität kurzfristiger Problemlösungen flexibel ausgelegt und angewendet. Die Ende 2021 aufgrund der Diskussion um die Pandemie-bedingte Aussetzung des Fiskalpaktes angestoßene Diskussion um eine generelle Neuregelung der Defizitgrenzen gipfelte in dem Vorschlag von Wirtschafts- und Währungskommissar Gentilonie, zukünftig mit den Eurostaaten einen jeweils angepassten Schuldenabbau zu vereinbaren. Damit würde die Regellosigkeit zum Programm und der Kommission ein quasi willkürliches Handeln eröffnet.

Eine *Überprüfung durch den EuGH* ist bei verfassungsrechtlichen Regelungen, die die Allgemeinheit betreffen (objektives europäisches Verfassungsrecht), durch

Private nicht möglich. Nur Organe der EU oder der Mitgliedstaaten haben gerichtlichen Zugang bzw. ein Klagerecht. Die politische Interessenlage der Euroländer machte Klagen bislang unmöglich. Anders hingegen in der Flüchtlingskrise: Die Slowakische Republik sowie Ungarn haben eine Klage gegen den Mehrheitsbeschluss des EU-Rates vom 22. September 2015 zur Quotenregelung eingereicht. Nach dem Beschluss sollte die Slowakei 802 Flüchtlinge sofort und bei Bedarf weitere 656 aufnehmen. Privaten bleibt hingegen nur die Anrufung nationaler Gerichte, um ein Vorabentscheidungsersuchen zu erlangen. Damit fällt nationalen Verfassungsgerichten die Aufgabe zu, die Wahrung des Unionsrechts über die Mitgliedstaaten zu sichern. Allerdings wird eine Klage von Bürgern nur dann zugelassen, wenn diese eine persönliche Betroffenheit nachweisen (Art. 19 Abs. 4 GG). Diese ist, wie die Verfassungsbeschwerden gegen die Rettungshilfen gezeigt haben, häufig schwer zu belegen.

3.5.2 Demokratie

Den Staat im völkerrechtlichen Sinne kennzeichnen drei Merkmale: das gesicherte Staatsgebiet, staatliche Souveränität sowie ein dauerhaft verbundenes Staatsvolk (Hummer, 2015, S. 3). Demokratische Staatlichkeit bedingt zudem ein demokratisch legitimiertes staatliches Handeln auf der Grundlage der Zustimmung des Staatsvolkes. Dies gilt im Besonderen für die Öffnung der Grenzen und einen unkontrollierten, planlosen Massenzuzug Gebietsfremder. "Zu den Grundzügen politischen Denkens gehört die Unterscheidung von innen und außen ... Die Entscheidung darüber, wer dazugehört und wer nicht, ist genuin demokratischer Natur und kann menschenrechtlich nicht einfach beiseitegeschoben werden" (Nettelsheim, 2015). Ein zentrales Merkmal demokratisch-legislativer Strukturen besteht zudem im Haushaltsrecht des Parlaments: keine Ausgabe(verpflichtung) ohne Zustimmung des Parlaments. Mit dem fiskalisch motivierten Ankauf von Staatsschuldtiteln der Krisenländer (SMP-Programm) ist die EZB Ausfallrisiken in Form einer Selbstermächtigung eingegangen. Gleiches gilt für die Staatsanleihekäufe der Notenbanken des Euroraumes (PSPP- und PEPP-Programm) und für die Notfallliquidität zur Stützung quasi-bankrotter griechischer Geschäftsbanken im Sommer 2015. Bei Zahlungsausfall sind der Notenbankgewinn und indirekt durch ausfallende Überweisungen die nationalen Haushalte betroffen. Ausgehend von einem unrechtmäßigen Handeln der deutschen Regierung bei der Aufnahme von Flüchtlingen 2015 sowie der ungenügenden Abschiebepraxis abgelehnter Asylbewerber wurden die damit verbundenen Kosten über einen (Nachtrags-)Haushalt ex post gebilligt. Das Parlament gerät unter Zugzwang für Ausgabebewilligungen, deren Verursachung die Regierung ohne rechtliche Grundlage im Vorhinein geschaffen hat.

3.5.3 Verschiebung in der Gewaltenteilung

Die irregulären Notfallmaßnahmen wurden von der Exekutive der Mitgliedstaaten, der Kommission und des EU-Rates unter Zeitdruck beschlossen und ausgeführt. Die Parlamente können häufig nur nachträglich das bereits vollzogene Handeln rechtlich einhegen und finanziell alimentieren. Einher geht eine faktische Entmachtung der Legislative. Das ihr eigene Initiativrecht, das eine gestaltende Funktion ermöglichen soll, wird von der Exekutive übernommen. Im Ergebnis kommt es zu einer Machtverschiebung hin zur Exekutive (Gutschker, 2015). Zudem bedeutet der Wechsel von der vom EU-Rat dominier ten Unionsmethode zur Gemeinschaftsmethode mit dominanter Stellung von EU-Kommission und EU-Parlament eine Zentralisierung der Entscheidungen.

3.6   Verlust der Irrtumsfähigkeit

Sowohl die Eurokrise wie auch die Flüchtlingskrise stellen die EU vor eine Notsituation. Da das EU-Recht keine oder nur ungenügende Regelungen für diese Fälle vorsieht, können die Kommission und die Mitgliedstaaten nur reaktiv und durch ein von Zeitdruck geprägtes "Durchwursteln" handeln. Während im ersten Fall eine Konsensstrategie vorherrscht, wird die Flüchtlingsthematik bislang konfliktär ausgetragen. Erklärungen liefern Unterschiede hinsichtlich der Merklichkeit der Kosten, einer zeitlichen Kostenverlagerung, des Kostenverteilungsschlüssels, der Problemkompetenz der Bevölkerung sowie der Kosten-Nutzen-Verteilung zwischen den helfenden und hilfenehmenden Parteien. Beide Krisen verbinden rechtsstaatliche Gratwanderungen bis hin zu einem offensichtlichen Bruch des EU-Rechts. Die humanitäre Nothilfe und die Gefährdung der Stabilität der Eurozone mögen die vielfältigen Rechtsbrüche rechtfertigen – eine handlungsgestaltende europäische Werte- und Rechtsgemeinschaft sieht jedoch anders aus. Vorläufiges Ergebnis: Es drohen ein Scheitern des Euro und der Bewältigung der Flüchtlingskrise, das die Zukunft der europäischen Integration infrage stellt.

Abschließend soll als strukturelle Ursache dieser existenzgefährdenden Krisen die *These vom Verlust der Irrtumsfähigkeit* diskutiert werden. Was heißt Irrtumsfähigkeit? Ausgangspunkt bildet das *Recht auf Irrtum*. Es ist die Freiheit, Fehler machen zu dürfen in Verbindung mit Anreizen, diese Chancen nur in verantwortungsvoller Weise zu nutzen. Das Recht auf Irrtum begründet zugleich das *Recht auf Kritik*. Hierbei sind zwei Varianten zu unterscheiden. In seiner statischen Ausprägung beinhaltet dieses Recht die Möglichkeit, einen vorliegenden Sachverhalt zu benennen und als Fehler zu beanstanden. In dynamischer Sicht stellt jede Neuerung eine Kritik am Status quo dar, da das neue Bessere das bestehende Alte obsolet werden lässt und es letztendlich verdrängt.

Ein Grenzpunkt liegt in der *Verantwortbarkeit*, konkret in einer räumlich-zeitlichen Begrenzung der Risiken, in der Isolierbarkeit von Fehlern und Irrtümern und in der Forderung nach ihrer (kollektiven) Überlebbarkeit. Die Vermeidung von Fehlerkatastrophen, die durch eine Häufung von schwerwiegenden Fehlern gekennzeichnet ist, setzt prinzipiell die Umkehrbarkeit unerwünschter Entwicklungen voraus. Umgekehrt ist ein Lernen – allgemein der Fortschritt – ohne den überlebbaren Irrtum undenkbar. Genau diese Eigenschaften erfüllt das Experiment als Methode von Versuch, Irrtum und Lernen. In dem Bewusstsein, nichts Genaues zu wissen, aber eine (richtige) Frage gestellt zu haben, ist bei einem Versuch ein unvorhergesehener, überraschender Irrtum gar nicht möglich. Nicht blind sein, sondern sich blind stellen, hält die (Ent-)Täuschungskosten gering und macht das Experiment zu einem enttäuschungsfesten Vorhaben. Die bewusste und planvolle Nutzung einer möglichen Irrtumssituation gestattet ein Lernen ohne hohe Schadenkosten.

Was folgt hieraus für die Währungsunion und die Flüchtlingspolitik? *Erstens* führen die Krisenreaktionen durch die Abkehr vom bestehenden Regelwerk zu einer *Entgrenzung* und zu einer *Vergemeinschaftung durch Kostenabwälzung*. Diese haben einen *Kontrollverlust* zu Folge. Rechtliche Festungen des Haftungsausschlusses für andere Euroländer und das Verbot der monetären Staatsfinanzierung werden geschliffen. Eine Sozialisierung der Haftung für nationales Politikhandeln findet über die Rettungsfonds, die Anleihekäufe der EZB, den Banken- und Einlagensicherungsfonds, über verkappte oder neuerdings reguläre (SURE, Next Generation EU) Eurobonds statt. Fehlhandeln wird nicht bestraft, sondern durch Kostenübernahme belohnt. In der Flüchtlingspolitik entsteht die Entgrenzung durch den mangelnden Schutz der Außengrenzen. Das Schengener Abkommen sowie Regelungen für die Asylaufnahme und die Abschiebung sind de facto außer Kraft gesetzt. Die Umdeutung des Asylrechts zu einem tatsächlichen Bleiberecht des Flüchtlings in dem Land seiner Wahl führt in Verbindung mit der Ablehnung von Obergrenzen für die Aufnahme zu einem Kontrollverlust mit ungewissem Ausgang.

Zweitens werden *begrenzte Experimente* zwecks Gewinnung von Erfahrungen abgelehnt. Das Eurosystem beruht auf einer *Zwangsmitgliedschaft,* die lediglich die Erweiterung um neue Mitglieder zulässt, nicht aber Austritte oder nationale Parallelwährungen. In der Flüchtlingspolitik wurden weder ein Zuwanderungsstopp, noch Transitzonen (letztere erst spät) gemäß dem Flughafenverfahren als neue Möglichkeit der Handhabung erprobt. Auch bei einer neuen Qualität des Andrangs von Flüchtlingen wird eine Suspendierung des Asylrechts bzw. der Genfer Flüchtlingskonvention als nicht möglich erachtet. Eine Feststellung des "Staatsnotstandes" für eine entsprechende Abkehr wurde bislang nicht öffentlich diskutiert.[6] Mit der Festschreibung einer

---

[6] Vgl. das Gutachten des Bundestages von 1992, das auf Schranken des Asylrechts verweist und die Möglichkeit eines "Staatsnotstandes" an drei Bedingungen knüpft: 1) Gefahr für die Sicherheit des Staates; 2) Gefahr für die öffentliche Sicherheit/Sicherheit der Bevölkerung; 3) eine nicht mehr zu bewältigende Zahl an Asylbewerber hinsichtlich Unterbringung und fiskalische Lasten. Vgl. Hienstorfer (1992, S. 14 ff.), der entsprechende Urteile des Bundesverfassungsgerichtes anführt. Vgl. aktuell zur Thematik einer unbegrenzten Aufnahme von Flüchtlingen, von Obergrenzen sowie des Staatsnotstandes Murswiek (2016) sowie Ritgen (2016).

Flüchtlingsobergrenze und dem de facto Aufnahmestopp durch einen Parlamentsbeschluss im April 2016 hat Österreich diesen Staatsnotstand indirekt als vorliegend erachtet.

Wie könnte eine Handlungsanweisung zur Wiedererlangung der Irrtumsfähigkeit mit der Option einer gedeihlichen europäischen Integration lauten? Definiert man Macht als *Freiheit vom Zwang zum Lernen,* so folgt aus dieser Feststellung die Forderung nach einer Kontrolle von Macht. Zunächst ist eine Rückkehr der EU zu einer Rechtsgemeinschaft ganz wesentlich, um die Willkürherrschaft von EU-Rat, EU-Kommission und nationalen Regierungen gegenüber ihren Bürgern zu beenden. Sodann müssen Alternativen zulässig sein, die ein Lernen aus Flops, aber auch und insbesondere zum Besseren bei begrenzten Kosten möglich machen. Europäisch gedacht heißt dies: Aushandlung eines reformierten EU-Vertrag auf der Basis des Binnenmarktes bei eingeschränkter Personenfreizügigkeit, der eine gemeinsame Fortentwicklung von "Klubs" einzelner Mitgliedstaaten bei gemeinsamen Interessen und Potenzialen vermehrt möglich macht. So könnten sich beispielsweise einzelne Staaten zusammenfinden, um eine Euro-Währungsunion und eine gemeinsame Flüchtlingspolitik zu gestalten. Die "Ins and Outs" wären national legitimiert und keiner Zwangsmitgliedschaft unterworfen – eine gute Voraussetzung für einen Integrationskern, dem sich bei Bewährung weitere Mitgliedstaaten anschließen können.

3.7 Zusammenfassung

Neben dem Brexit sind die Flüchtlings- und Eurokrise zentrale europäische Konfliktfelder. Eine wesentliche Gemeinsamkeit dieser Krisensituationen war der Mangel an entsprechenden Notfallvorkehrungen. Die EU reagierte reaktiv und eher im Sinne eines "muddling through" (Durchwursteln), teilweise ohne eine weitblickende Konzeption und häufig am Rande rechtsstaatlicher Vorgaben. Unterschiede bestehen in den Lösungsansätzen. In der Eurokrise überwiegt die sogenannte Unionsmethode. Eine Abstimmung über das Vorgehen findet im EU-Rat bzw. auf der Ebene der Mitgliedstaaten statt. Die Entscheidungen fallen überwiegend konsensual/einstimmig. Demgegenüber ist in der Flüchtlingspolitik diese Methode infolge einer Blockade der Visegrád-Gruppe nicht zielführend. In der daraufhin praktizierten Gemeinschaftsmethode dominieren die EU-Kommission und das EU-Parlament. Solidarisches Verhalten in der einen Angelegenheit und eine Konfliktstrategie im anderen Zusammenhang sind die Ergebnisse. Trotz unterschiedlicher politischer Handhabung stellt der de facto Bruch des EU-Rechts in beiden Fällen langfristig Gefahren für Rechtsstaat, Demokratie und Gewaltenteilung dar. Eine sachgerechte Lösung ist in beiden Fällen nicht in Sichtweite.

Literatur

Artikel und Monografien

Battisti, M., Felbermayr, G., & Poutvaara, P. (2015). Einwanderung: Welchen Nutzen hat die einheimische Bevölkerung? *IFO-Schnelldienst, 18*, 42–51.

Di Fabio, U. (2016). *Migrationskrise als föderales Verfassungsproblem*. Gutachten im Auftrag des Freistaates Bayern.

Dörig, H., & Langenfeld, C. (2016). Vollharmonisierung des Flüchtlingsrechts in Europa – Massenzustrom erfordert EU-Zuständigkeit für Asylverfahren. *Neue Juristische Wochenschrift, 1*, 1–8.

Europäische Kommission. (2014). Das Gemeinsame Europäische Asylsystem. https://ec.europa.eu/home-affairs/sites/homeaffairs/files/e-library/docs/ceas-fact-sheets/ceas_factsheet_de.pdf. Zugegriffen am 21.09.2015.

Fastenrath, U. (29. Oktober 2015). So nicht – Aber wie? *Frankfurter Allgemeine Zeitung,* 8.

Frühauf, M. (19. Mai 2018). Ausgaben für Flüchtlinge von rund 20 Milliarden Euro im Jahr. *Frankfurter Allgemeine Zeitung, 22.*

Gabriel, S. (2015). Tagesschau-Interview v. 08.09.2015. http://www.tagesschau.de/inland/fluechtlinge-833.html. Zugegriffen am 09.09.2015.

Gutschker, T. (1. November 2015). Machtverschiebung. *Frankfurter Allgemeine Sonntagszeitung, 8.*

Hailbronner, K. (12. Oktober 2015). Asyl in Europa – Wenn, wie, wann, wo? *Frankfurter Allgemeine Zeitung, 6.*

Harbarth, S. (12. November 2015). Eine Bankrotterklärung für Europa. *Frankfurter Allgemeine Zeitung, 7.*

Hienstorfer, E. (22. Oktober 1992). Zum Wesensgehalt des Grundrechts auf Asyl. Ausarbeitung der Wissenschaftlichen Dienste des Deutschen Bundestages, WF III – 183/92.

Huber, P. M. (1. Oktober 2015). In der Sinnkrise. *Frankfurter Allgemeine Zeitung, 7.*

Hufeld, U. (2011). Zwischen Notrettung und Rütlischwur: Der Umbau der Wirtschafts- und Währungsunion in der Krise. *Integration, 2,* 117–131.

Hufeld, U. (2021). Das Recht der Europäischen Wirtschaftsunion (§ 24). In A. Hatje & P.-C. Müller-Graff (Hrsg.), *Europäisches Binnenmarkt- und Wirtschaftsordnungsrecht, Enzyklopädie Europarecht* (2. Aufl., Bd. 4, S. 1513–1617). Nomos.

Hummer, W. (2015). Terrorismusbekämpfung mit unerlaubten Mitteln? Warum bemüht Frankreich das Szenario der "Beistandsklausel" und nicht das der "Solidaritätsklausel"? *ÖGfE Policy Brief.* https://oegfe.at/2015/11/terrorismusbekaempfung-mit-unerlaubten-mitteln/.

Lücke, M. (2015). Simulation von Flüchtlingskosten bis 2022: Langfristig bis zu 55 Mrd. € jährlich. Medieninformation vom 11. Dezember 2015. https://www.ifw-kiel.de/de/publikationen/medieninformationen/2015/simulation-von-fluechtlingskosten-bis-2022-langfristig-bis-zu-55-mrd-eur-jaehrlich/. Zugegriffen am 15.12.2015.

Meyer, D. (2012). Die Politik der Alternativlosigkeit – Wie es dazu kam und warum ein Wechsel angeraten ist. *Orientierungen zur Wirtschafts- und Gesellschaftspolitik, 2,* 47–52.

Meyer, D. (2015). Flüchtlingskrise versus Eurokrise – Ein Vergleich der politischen Handhabung. ifo-schnelldienst, 68(21), 18–26. http://www.cesifo-group.de/de/ifoHome/publications/docbase/DocBase_Content/ZS/ZS-ifo_Schnelldienst/zs-sd-2015/zs-sd-2015-21/11012015021003.html.

Meyer, D. (2016). Scheitert die europäische Integration? – Die Flüchtlings- und Eurokrise als Gefahr für Rechtsstaat. *Demokratie und Gewaltenteilung. List Forum, 41*(4), 411–430. https://doi.org/10.1007/s41025-016-0026-6.

Murswiek, D. (2016). Nationalstaatlichkeit, Staatsvolk und Einwanderung. In O. Depenheuer & C. Grabenwarter (Hrsg.), *Der Staat in der Flüchtlingskrise* (S. 123–139). Schöningh.

Mussler, W. (1. November 2015). Der Krisengewinner. *Frankfurter Allgemeine Sonntagszeitung, 32.*

Nettelsheim, M. (29. Oktober 2015). Ein Vakuum darf nicht hingenommen werden. *Frankfurter Allgemeine Zeitung*, 8.

o. V. (2015a). Juncker zum Umgang mit Flüchtlingen: 'Die Europäische Union ist in keinem guten Zustand'. *Spiegel-online*. http://www.spiegel.de/politik/ausland/junckers-rede-zur-lage-der-eu-a-1052048.html. Zugegriffen am 09.09.2015.

o. V. (2015b). Junckers Plan: So will Brüssel die Flüchtlingskrise bewältigen. *Die Presse*. http://diepresse.com/home/politik/aussenpolitik/4817250/Junckers-Plan_So-will-Brussel-die-Fluchtlingskrise-bewaeltigen. Zugegriffen am 10.09.2015.

Raffelhüschen, B., & Moog, S. (2015). Eine fiskalische Bilanz der Flüchtlingskrise auf Basis der Generationenbilanz für Deutschland. Stiftung Marktwirtschaft und Forschungszentrum Generationenverträge der Albert-Ludwigs-Universität Freiburg, Pressegespräch v. 24.11.2015.

Ritgen, K. (2016). Völker-, unions- und verfassungsrechtliche Möglichkeiten einer Begrenzung der Zuwanderung von Flüchtlingen und Asylsuchenden. *Deutsches Verwaltungsblatt, 131*(3), 137–148.

Schachtschneider, K. A. (2015). Verfassungswidrige Einwanderung von Flüchtlingen nach Deutschland. http://www.wissensmanufaktur.net/verfassungswidrige-einwanderung. Zugegriffen am 15.12.2015.

Schimmelfennig, F. (2015). Von Krise zu Krise: Versagt die EU in der Flüchtlingspolitik? *Wirtschaftsdienst, 10*, 650–651.

Schneider, J., & Angenendt, S. (2015). Krise der europäischen Asylpolitik: Kollektive Aufnahmeverfahren mit fairen Quoten einrichten. Kurzinformation des Sachverständigenrats deutscher Stiftungen für Integration und Migration, SVR-Forschungsbereichs 2015-1, Berlin.

Stiftung Marktwirtschaft. (2015). Planlose Zuwanderung kostet dauerhaft 17 Mrd. Euro pro Jahr. Pressemitteilung v. 24.11.2015. http://www.stiftung-marktwirtschaft.de/fileadmin/user_upload/Pressemitteilungen/2015/PM_Generationenbilanz_Fluechtlinge_24-11-2015.pdf. Zugegriffen am 15.12.2015.

Wehner, M. (11. Oktober 2015). Wie Abschiebung durchgesetzt werden soll. *Frankfurter Allgemeine Sonntagszeitung*, 3.

Weingartner, M., & Plickert, P. (27. Juli 2015a). Kosten für Flüchtlinge verdoppeln sich. *Frankfurter Allgemeine Zeitung*, 15.

Weingartner, M., & Plickert, P. (20. August 2015b). Asylbewerber kosten bis zu 10 Milliarden Euro. *Frankfurter Allgemeine Zeitung*, 17.

Rechtsquellen

Abkommen über die Rechtsstellung der Flüchtlinge (Genfer Flüchtlingskonvention, GFK) vom 28. Juli 1951 sowie das Protokoll über die Rechtsstellung der Flüchtlinge vom 31. Januar 1967.

Charta der Grundrechte der Europäischen Union, ABl. C 326 vom 26.10.2012 (GRC).

EFSF-Rahmenvertrag vom 7. Juni 2010.

Euro-Plus-Pakt vom 25.03.2011 – Stärkere Koordinierung der Wirtschaftspolitik im Hinblick auf Wettbewerbsfähigkeit und Konvergenz, EUCO 10/11.

Gesetz zur Übernahme von Gewährleistungen. im Rahmen eines europäischen Stabilisierungsmechanismus (Stabilisierungsmechanismusgesetz – StabMechG) vom 22. Mai 2010 (BGBl. I S. 627), das zuletzt durch Artikel 1 des Gesetzes vom 23. Mai 2012 (BGBl. I S. 1166) geändert worden ist.

Grundgesetz für die Bundesrepublik Deutschland in der im Bundesgesetzblatt Teil III, Gliederungsnummer 100–1, veröffentlichten bereinigten Fassung, zuletzt geändert durch Gesetz vom 29.09.2020 (BGBl. I S. 2048) m. W. v. 08.10.2020 bzw. 01.01.2021.

Nordatlantikvetrag vom 4. April 1949, geändert durch Protokoll vom 17. Oktober 1951 (BGBl. 1955 II. S. 293) Beschluss des Nordatlantikrates vom 16. Januar 1963 (Nato-Vertrag).

Protokoll. (Nr. 12) über das Verfahren bei einem übermäßigen Defizit.

Protokoll. (Nr. 19) über den in den Rahmen der Europäischen Union einbezogenen Schengen-Besitzstand.

Richtlinie 2013/32/EU des europäischen Parlaments und des Rates vom 26. Juni 2013 zu gemeinsamen Verfahren für die Zuerkennung und Aberkennung des internationalen Schutzes (Asylverfahrensrichtlinie).

Richtlinie. 2001/55/EG des Rates vom 20. Juli 2001 über Mindestnormen für die Gewährung vorübergehenden Schutzes im Falle eines Massenzustroms von Vertriebenen und Maßnahmen zur Förderung einer ausgewogenen Verteilung der Belastungen, die mit der Aufnahme dieser Personen und den Folgen dieser Aufnahme verbunden sind, auf die Mitgliedstaaten.

Richtlinie. 2011/95/EU des europäischen Parlaments und des Rates vom 13. Dezember 2011 über Normen für die Anerkennung von Drittstaatsangehörigen oder Staatenlosen als Personen mit Anspruch auf internationalen Schutz, für einen einheitlichen Status für Flüchtlinge oder für Personen mit Anrecht auf subsidiären Schutz und für den Inhalt des zu gewährenden Schutzes (Qualifikations-/Anerkennungsrichtlinie).

Verordnung. (EU) Nr. 604/2013 des Europäischen Parlaments und des Rates vom 26. Juni 2013 zur Festlegung der Kriterien und Verfahren zur Bestimmung des Mitgliedstaats, der für die Prüfung eines von einem Drittstaatsangehörigen oder Staatenlosen in einem Mitgliedstaat gestellten Antrags auf internationalen Schutz zuständig ist (Dublin-III-Verordnung).

Verordnung (EG) Nr. 562/2006 des Europäischen Parlaments und des Rates vom 15. März 2006 über einen Gemeinschaftskodex für das Überschreiten der Grenzen durch Personen (Schengener Grenzkodex).

Vertrag über die Arbeitsweise der Europäischen Union (AEUV), Fassung aufgrund des am 01.12.2009 in Kraft getretenen Vertrages von Lissabon (Konsolidierte Fassung bekanntgemacht im ABl. EG Nr. C 115 vom 09.05.2008, S. 47), zuletzt geändert durch die Akte über die Bedingungen des Beitritts der Republik Kroatien und die Anpassungen des Vertrags über die Europäische Union, des Vertrags über die Arbeitsweise der Europäischen Union und des Vertrags zur Gründung der Europäischen Atomgemeinschaft (ABl. EU L 112/21 vom 24.04.2012) m. W. v. 01.07.2013.

Vertrag über die Europäische Union (EUV), Fassung aufgrund des am 01.12.2009 in Kraft getretenen Vertrages von Lissabon (Konsolidierte Fassung bekanntgemacht im ABl. EG Nr. C 115 vom 09.05.2008, S. 13), zuletzt geändert durch die Akte über die Bedingungen des Beitritts der Republik Kroatien und die Anpassungen des Vertrags über die Europäische Union, des Vertrags über die Arbeitsweise der Europäischen Union und des Vertrags zur Gründung der Europäischen Atomgemeinschaft (ABl. EU L 112/21 vom 24.04.2012) m. W. v. 01.07.2013.

Vertrag über Stabilität, Koordinierung und Steuerung in der Wirtschafts- und Währungsunion (VSKS) vom 2. März 2012.

Vertrag zur Einrichtung des Europäischen. Stabilitätsmechanismus (ESM) vom 2. Februar 2012, T/ESM 2012/de.

VO(EU) Nr. 407/2010 zur Einführung eines europäischen Finanzstabilisierungsmechanismus (ECOFIN 263 UEM 177 v. 10. Mai 2010).

Teil II

Die Krisenpolitik und ihre Folgen

Die teils hastige Errichtung von fiskalischen Rettungs-schirmen war die offensichtliche Reaktion der EU und ihrer Mitgliedstaaten auf akut drohende Staatsinsolvenzen der Eurokrise 2010. Allerdings zeigte sich schnell, dass diese EU-vertraglich nicht vorgesehenen Hilfen weder aus-reichten noch ohne Nebenwirkungen waren. Sie machten weitereRettungshilfenund Vorkehrungen notwendig – es folgte eine klassischeInterventionsspirale(v. Mises 1976): Niedrig-/Negativzinsen; der Vorschlag für eine Währungs-reform "light", die Euro-Bargeldgegenüber Euro-Buchgeld bei Negativzinsen entwertet; eine geordnete und den Steuerzahler möglichst nicht belastende Rettung illiquider Banken sowie Folgerettungspakete und Konditionen-erleichterungen der "Programmstaaten". Die sehr unter-schiedlichen Maßnahmen scheint bei oberflächlicher Be-trachtung nur wenig miteinander zu verbinden – es eint sie die Krisenreaktionspolitik.

4

Niedrigzinsen: Folgen und Gefahren

Die "außergewöhnlichen Maßnahmen" der expansiven Geldpolitik der Europäischen Zentralbank (EZB) haben u. a. zu Niedrig-, Negativ- und Strafzinsen geführt. Unter Berücksichtigung der Inflationsrate und des Zinsabschlages ergeben sich für Spareinlagen und Bundesanleihen seit Jahren negative Renditen, sprich Substanzverluste. Der Beitrag stellt diese Entwicklung in einen historischen Zusammenhang. Als zentrale Forschungsfrage stehen die Folgen des Niedrigzinses im Mittelpunkt, insbesondere die Konsequenzen für gesellschaftlich nachhaltiges Handeln im Sinne von Zukunftsvorsorge. Abschließend wird die aktuelle Diskussion um die Ursachen des niedrigen Realzinses aufgenommen, um daraus politische Handlungsvorgaben abzuleiten. Die weiteren Ausführungen gründen gedanklich auf Meyer (2014).

© Der/die Autor(en), exklusiv lizenziert durch Springer Fachmedien Wiesbaden GmbH, ein Teil von Springer Nature 2022
D. Meyer, *Europäische Union und Währungsunion in der Dauerkrise I*,
https://doi.org/10.1007/978-3-658-35715-3_4

4.1   Die Faktenlage: negativer Realzins

Der Zins als Preis für die zeitliche Kapitalüberlassung differiert nach Fristigkeit und Risiko des Zahlungsausfalls. Welches ist der hier zugrunde gelegte relevante Zins (Schrooten, 2014, S. 624 f.)? Der Leitzins bietet eine wichtige Orientierung, da er die *Refinanzierungskosten* der Geschäftsbanken mitbestimmt. Die *Einlagenverzinsung* für die Guthaben der Haushalte und Unternehmen ist ein weiterer Zins, von dem die Refinanzierung der Geldinstitute abhängt. Auf der Finanzierungsseite bilden die *Kreditzinsen* den Rahmen für die an Unternehmen und Konsumenten vergebenen Ausleihungen. Für *Anlageentscheidungen* haben wiederum der Spareckzins und die Rendite von Staatspapieren einen wichtigen Bezugswert (Benchmark), da diese Anlagen allgemein als risikolos gelten. Alternativ stehen die Dividendenrendite sowie die Rendite vermieteter Immobilien im Fokus der Anleger.

Rückläufig ist die Realrendite von Finanzanlagen bereits seit Ende der 80er-Jahre des vergangenen Jahrhunderts (vgl. Abb. 4.1). Bei einer Rücknahme des Hauptrefinanzierungssatzes von 1,5 % (07.07.2011) auf 0,00 % (zum 10.03.2016) und einer im gleichen Zeitraum rückläufigen Inflationsrate für Deutschland von 2,9 % auf minus 0,3 % (Januar 2015) sank die reale Rendite einer Bundesanleihe mit Restlaufzeit 10 Jahren von 0,7 auf etwa 0 % (Deutsche Bundesbank). Zeitweise fiel die Rendite sogar ins Negative; für einjährige Staatspapiere gilt dies durchgängig ab 2010. Erst ab 2017 pendelte die Inflationsrate wieder zwischen 1 und 2 %, während die Kapitalmarktzinsen weiter sanken. Zugleich führten verschiedene Banken auch für Privatkunden ab 2020 vermehrt "Verwahrgebühren" für Einlagen ein. Erst

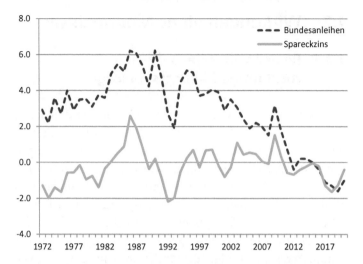

Abb. 4.1 Realzinsen für Spareinlagen[1] und Bundesanleihen[2] 1972–2020
[1]Spareinlagen mit dreimonatiger Kündigungsfrist, bis 2002 gemäß Bundesbank-Zinsstatistik (BBK01.SU0022), ab 2003 gemäß harmonisierter Zinsstatistik der Monetären Finanzinstitute (BBK01.SUD105); Quelle: Deutsche Bundesbank, eigene Darstellung
[2]Aus der Zinsstruktur abgeleitete Renditen für Bundeswertpapiere mit jährl. Kuponzahlungen und RLZ 10 Jahre (BBSIS.D.I.ZAR.ZI.EUR.S1311.B.A604.R10XX.R.A.A._Z._Z.A), ab September 1972; Quelle: Deutsche Bundesbank, eigene Darstellung

mit Beginn der Corona-Pandemie Anfang 2020 kam es wieder zu einem Rückgang der Inflation bis auf minus 0,3 % (Nov./Dez. 2020). Mit den Lockerungen ab Frühjahr 2021 kam es aufgrund von Sonderfaktoren (MwSt-Anhebung, CO_2-Steuer), dem zurückgestauten Konsum, Lieferengpässen und der günen Energiewende zu einem relativ starken Anstieg in Deutschland und der EU. Keinesfalls ungewöhnlich sind negative Realzinsen für Spareinlagen. Seit 1972 finden sich mehrjährige Phasen, in denen Anleger reale Einbußen hinnehmen mussten.

4.2   Wirkungen eines Niedrigzinses

4.2.1 Realer Vermögensabbau – rückläufige Zukunftsvorsorge

Der Niedrigzins bzw. Negativzins führt in verschiedenen Fällen zu einem *realen Vermögensabbau*. Das folgende Beispiel beruht auf einem Haushalt mit einem Geldvermögen von 150.000 EUR. Eine Anlage von 100.000 EUR in einer 10-jährigen Bundesanleihe (minus 0,2 %) sowie von 50.000 EUR als Spareinlage (Verwahrgebühr minus 0,5 %) führt zu negativen Zinserträgen von jährlich 450 EUR. Zu dem Netto-Kapitalverlust kommt ein angenommener Kaufkraftverlust infolge der Inflation von 2,5 % (Mai 2021) hinzu, so dass ein Vermögensverlust von zusammen 4200 EUR entsteht. Damit beträgt die (Negativ-)Rendite minus 2,8 %.

Die sog. Verwahrgebühr erkennt das Finanzamt nicht als negative Kapitaleinkünfte an. Steuerrechtlich gäbe es drei Möglichkeiten der Berücksichtigung. Erstens: "Zinsen sind … Vergütungen für den Gebrauch eines auf Zeit überlassenen Kapitals" (BFH-Urteil vom 13. Oktober 1987). Danach ist der Zins das Entgelt für eine wirtschaftliche Leistung, nämlich für den zeitlichen Verzicht des Gläubigers auf die eigene Nutzung der Liquidität. Bei Negativzinsen wird der Leistungsgedanke als wirtschaftliches Nutzungsentgelt für die Überlassung von Kapital ins Gegenteil verkehrt: Der Kreditnehmer erbringt die Leistung der Entgegennahme und der Verwahrung der Einlage. Deshalb ist der Umkehrschluss, eine Zinsverbindlichkeit des Gläubigers könne ertragsteuerlich als steuermindernder Zinsaufwand geltend gemacht werden, nicht durch das Steuerrecht abgedeckt (§ 20 Abs. 1 Nr. 7 Einkommensteuergesetz, EStG). Zweitens könnte eine Behandlung ähnlich den so genannten Stückzinsen beim Kauf eines festverzinslichen Wertpapiers erfolgen. Hier zahlt der Erwerber – versteckt im Kaufpreis der Anleihe – an den Veräußerer Zinsen, die auf die Zeit vom letzten Zinstermin bis zum Tag der Veräußerung entfallen. Was der Verkäufer entsprechend als Zinsertrag angeben muss, mindert beim Käufer die Steuerschuld als negativer Zinsertrag. Eine Saldierung von Zinseinkünften findet beim Negativzins jedoch nicht statt. Vielmehr ist er vorher vereinbart und für die Dauer der Einlage an den Schuldner zu entrichten. Es bleibt drittens die Behandlung des Negativzinses als eine Art Gebühr. Entsprechend hat das Finanzministerium (Erlass v. 27.05.2015) entschieden: "Wirtschaftlich gesehen handelt es sich vielmehr um eine Art Verwahr- oder Einlagegebühr, die bei den Einkünften aus Kapitalvermögen als Werbungskosten vom Sparer-Pauschbetrag gemäß § 20 Absatz 9 Satz 1 EStG erfasst sind." Für viele Haushalte dürfte der Pauschbetrag von 801 Euro/1602 Euro pro Jahr bei Zusammenveranlagung ausreichen. Sollte allerdings zusammen mit den Depotgebühren und anderen Werbungskosten diese Grenze überschritten werden, wären keine weiteren Abzüge möglich. Ein Vorschlag: Den Werbungskostenabzug ohne Begrenzung zulassen.

Ein zweites Beispiel beruht auf positiven Nominalzinsen, von einem Strafzins wird Abstand genommen. Es handelt sich um einen alleinstehenden Selbstständigen (konfessionsgebunden) mit einem gleichen Geldvermögen von 150.000 EUR und gleichem Anlageverhalten. Die Anlage von 100.000 EUR in einer 10-jährigen Bundesanleihe (1,0 %) sowie von 50.000 EUR als Spareinlage (0,15 %) führt zu Zinserträgen von jährlich 1075 EUR. Nach Abzug des Freibetrages von 801 EUR fallen auf den steuerbaren Kapitalertrag von 274 EUR Zinsabschlagsteuer sowie Kirchensteuer (9 % der ESt) von 27,25 % entsprechend von insgesamt 74,67 EUR an. Dem Netto-Kapitalertrag von 1000,33 EUR steht bei einem angenommenen Kaufkraftverlust von 2,0 % ein inflationsbedingter Vermögensverlust von 3000 EUR entgegen. Der Substanzverlust beträgt mithin 1999,67 EUR bei einer (Negativ-)Rendite von minus 1,33 %.

Da diese Verluste auch noch ertragswirksam besteuert werden, verstößt dieser Tatbestand im wirtschaftlichen Sinne gegen die Eigentumsgarantie des Art. 14 Grundgesetz bzw. Art. 17 Charta der Grundrechte der EU. Das Bundesverfassungsgericht hält jedoch nach einer Entscheidung aus dem Jahr 1978 zur Besteuerung der Zinsen aus Einlagen bei Kreditinstituten am sogenannten Nominalwertprinzip fest (Bundesverfassungsgericht, 1978). Hiernach gilt das Nominalwertprinzip als ein wesentliches Ordnungsprinzip in der geltenden Rechts- und Wirtschaftsordnung. Maßgeblich ist der nominelle Wert der Geldeinheit (Euro = Euro) und nicht seine reale Kaufkraft. Deshalb wäre der Gesetzgeber gefordert, eine entsprechende Änderung zur Aussetzung der Besteuerung von Kapitaleinkünften zu formulieren, die auf Inflationseffekten beruhen.

Betroffen ist insbesondere die Mittelschicht, die außer Immobilien mit derzeit geringer Rendite wenige Möglichkeiten zu Realinvestitionen oder Geldanlagen im Ausland hat. Klassische Anlageformen wie Sicht- und Sparguthaben sowie festverzinsliche Wertpapiere dominieren mit etwa 40 % des bundesdeutschen Geldvermögens. Bei einem Bruttogeldvermögen von 6053 Mrd. EUR (30.09.2018) und einem Rückgang des Kapitalmarktzinses von drei Prozentpunkten gegenüber 2007 beträgt der kalkulierte *jährliche Einkommensverlust der Sparer* an nominal entgangenen Zinserträgen etwa 182 Mrd. EUR. Auf der Basis der Nettogeldvermögen (Forderungen abzüglich Verbindlichkeiten) hat die DZ Bank einen Verlust zwischen 2010 bis 2018 von knapp 300 Mrd. EUR für die privaten Haushalte in Deutschland errechnet (Plickert, 2019).

Diese Entwicklung hat Konsequenzen für die *Ersparnisbildung*. Mit dem Rückgang der Zinsen sank die Sparquote privater Haushalte, also der gesparte Anteil am Einkommen, von 12,6 % (1991) auf 10,3 % (2018) (Deutsche Bundesbank). Nur die Corona-Notlage führte zeitweise zu einer Sparquote von bis zu 23,2 % (1. Quartal 2021). Dieser Rekordwert ist in Verbindung mit einer gestiegenen Unsicherheit (Sparen aus Vorsicht) und der Unmöglichkeit der Verausgabung für Reisen, Kultur und Gastronomie zu sehen. Generell lohnt Sparen, d. h. auch freiwillige Zukunftsvorsorge, nicht mehr im gewohnten Umfang. Dies führt für die Berufsgruppe der Selbstständigen und Freiberufler zu Problemen, die eine *kapitalgedeckte Altersvorsorge* vornehmen müssen. Über die Betriebsrenten und die Zusatzaltersvorsorge des Riester-Sparens sind jedoch auch weitere Bevölkerungsgruppen betroffen.

4.2.2 Steuerlicher Vollzugszins 6 %

Unter Ökonomen wird über das Bon Mot, die Besteuerung sei staatlich legalisierter Diebstahl, gerne geschmunzelt. Wohl weißlich übersehend, dass der Gesetzgeber als demokratisch legitimierter Souverän des Volkes die Steuerhoheit innehat. Allerdings gelten gewisse *Grundsätze der Steuergerechtigkeit, der Gleichheit und der Billigkeit* der Steuererhebung, auch um die Akzeptanz der Besteuerung sicher zu stellen. In der Öffentlichkeit kaum diskutiert und dem einzelnen Bürger wenig bekannt ist der Steuerzins oder korrekter die *Vollzugsverzinsung* gemäß § 233a Abgabenordnung (AO). Hiernach sind sowohl Steuernachforderungen wie auch Steuererstattungen zu verzinsen. Der

Zinslauf beginnt 15 Monate nach Ablauf des Kalenderjahres, in dem die Steuer entstanden ist (Karenzzeit) und endet mit der Festsetzung durch den Steuerbescheid. Trotz der EZB-Nullzins-Geldpolitik und Negativzinsen bei Anleihen beträgt dieser Zinssatz seit Jahren monatlich 0,5 %, entsprechend 6 % p. a. Für eine Steuernachforderung von 1000 Euro aus dem Jahr 2019, die zum 1. April 2022 zugeht, wird demnach zusätzlich eine Verzinsung von 60 Euro fällig. Dieser Tatbestand ist nicht nur ärgerlich. Man könnte gar meinen, er sei sittenwidrig, denn ein "Rechtsgeschäft, das gegen die guten Sitten verstößt, ist nichtig" (§ 138 Bürgerliches Gesetzbuch). Doch bürgerliches Recht gilt im Verhältnis von Bürger und Staat nicht – wo wieder die *Macht des Leviathan* deutlich wird.

Besonders misslich ist allerdings die Praxis der Finanzbehörden, die dieses Zinsrisiko auf den Bürger abwälzen: In streitigen Steuerfällen wird die Aussetzung des Vollzuges großzügig gewährt; die Festsetzung steuerlicher Vorauszahlungen wird abgelehnt oder knapp bemessen; eine verzögerte Fallbearbeitung bis hin zur Verschleppung wird mit Zinszahlungen belohnt; die Zurückhaltung von Steuerbescheiden bei großen Summen treibt den Steuerschuldner in die Verzinsung. Außerdem kommt es zu erheblichen Zinslasten bei Steuernachzahlungen aufgrund einer Betriebsprüfung, die gerade bei kleinen und mittleren Unternehmen in unregelmäßigem Turnus stattfinden. Eine Betriebsprüfung in 2021 für die Jahre 2017 bis 2019 würde etwa 15 bis 20 % Vollzugszinsen für die Nachforderungen ergeben. Zu guter Letzt besteht auch noch eine Ungleichmäßigkeit der steuerlichen Berücksichtigung des Steuerzinses. Während Vollzugszinsen bei Steuererstattungen als Kapitalerträge zu versteuern sind, gelten Nachzahlungszinsen bei Privatpersonen hingegen als Kosten der privaten Lebensführung (BFH-Urteil vom 12.11.2013 – VIII R

36/10). Die Brisanz hierbei: Zuvor hatte das oberste Finanzgericht (BFH-Urteil vom 15.06.2010 – VIII R 33/07) diese Praxis aufgehoben. Da das Urteil aber nie veröffentlicht wurde, musste es von der Finanzverwaltung auch nicht beachtet werden. Der Verzicht auf Vollverzinsung würde den Staat netto etwa 1 Mrd. EUR pro Jahr kosten, denn die Einnahmen aus den Nachzahlungszinsen lagen zwischen 2010 und 2018 immer höher als die Zinsen, die auf Erstattungen entfielen.

Mit Urteil vom 8. Juli 2021 hat das Bundesverfassungsgericht (BVerfG) (1 BvR 2237/14, 1 BvR 2422/17) zunächst selbst einmal das Heft des Handelns in die Hand genommen. Es entschied, dass die Verzinsung von Steuernachforderungen und Steuererstattungen in § 233a in Verbindung mit § 238 Abs. 1 Satz 1 AO verfassungswidrig ist. "Fur in das Jahr 2014 fallende Verzinsungszeitraume ist [der Vollzugszins] in dieser Hohe evident realitatsfern und daher von der Einschätzungsprärogative des Gesetzgebers nicht mehr gedeckt" (Rn. 199). Damit sind Zinsberechnung für Verzinsungszeiträume ab dem 1. Januar 2014, für die ein Zinssatz von monatlich 0,5 % zugrunde gelegt wurde, generell zu beanstanden. Die Begründung: "Steuerschuldner wurden je nach dem, wann ihre Steuern festgesetzt wurden, unterschiedlich behandelt. Diese Ungleichbehandlung sei nicht gerechtfertigt" (Rn. 39). Dies beträfe insbesondere Steuerschuldner, deren Steuer erst nach Ablauf der Karenzzeit festgesetzt wird, und denjenigen, deren Steuer bereits innerhalb der Karenzzeit endgültig festgesetzt wird. Damit erkennt das BVerfG einen Verstoß gegen den allgemeinen Gleichheitssatz aus Art. 3 Abs. 1 Grundgesetz (GG). Insbesondere ab 2014 sei die Abweichung des Nachforderungszinssatzes vom Marktzins erheblich gewesen. De facto trifft eine Neuregelung jedoch nur offene Steuerfälle (nicht bestandskräftige Hoheitsakte) ab 2014 und abgeschlossene Verfahren ab 2019. Bis Ende Juli 2022 muss der Gesetzgeber eine Neuregelung treffen. Wie diese aussehen soll, lässt das BVerfG offen. Denkbar wäre ein fester Zinssatz, bspw. 3 % p. a., oder ein variabler Zinssatz. So wäre eine Kopplung an den Refinanzierungszins der EZB – derzeit der Nullzins – überlegenswert.

4.2.3 Anlagenotstand

In akute Schwierigkeiten geraten die Anbieter von Vorsorgeprodukten. *Geldinstitute,* die langlaufende, teilweise mit steigernden Zinssätzen versehene Sparverträge erfüllen müssen, können ihre Zinsversprechen nicht mehr ohne Weiteres bedienen. Außerdem ist ihre Zinsspanne bei Fristentransformation als vormals wichtige Ertragsquelle stark reduziert. *Bausparkassen* kündigen deshalb Altverträge. Auch *Lebensversicherer,* die für ihre Altverträge bis zum Jahr 2000 noch einen Garantiezins von 4 % gewährleisten müssen, können nicht mehr die erforderlichen Renditen erzielen. Der Garantiezins sank von 4 % (2000) auf 3,25 % (2000–2004), 2,75 % (2004–2006), 2,25 % (2007–2012), 1,75 % (2012–2014) und 1,25 (2015–2016). Trotzdem der Garantiezins auf 0,9 % (seit 2017) reduziert wurde, liegt diese Zusicherung über alle Verträge gerechnet immer noch bei 3,2 %. Von 2022 an ist eine weitere Reduktion auf 0,25 % in Kraft. Aufsichtsrechtliche Vorgaben und Auszahlungsverpflichtungen machen die Anlage zu hohen Anteilen in deckungsstockfähige, erstklassige Zinstitel (AAA) hinsichtlich Bonität, Rentabilität und Liquidität notwendig (§ 54b Versicherungsaufsichtsgesetz [VAG]). Bei Renditen von 0 bis 1 % in dieser Anlagenklasse laufen die Versicherer Gefahr, ihre Zusagen nicht dauerhaft halten zu können.

Deshalb fordert die Bafin seit 2011 von den Lebensversicherern Einstellungen in eine *Zinszusatzreserve*. Auf der Grundlage eines Referenzzinses, der sich als 10-Jahres-Mittel berechnet, müssen Sicherungsrückstellungen zulasten des Gewinns gebildet werden. Ist dieser Referenzzins geringer als der Garantiezins der Verträge, muss diese "Vorsorgekasse" entsprechend gefüllt werden, damit die Leistungsverpflichtungen gegenüber den Versicherten auch in der Zukunft erfüllt werden können. Aufgrund der sinkenden Marktverzinsung der Anlagen stiegen diese Rückstellungen von 1,5 Mrd. EUR (2011) über 31,6 Mrd. EUR (2015) auf 87,0 Mrd. EUR (2020) an (Gesamtverband der Deutschen Versicherungswirtschaft e.V., 2020a). Dies entspricht einer Aufstockung der bis dato notwendigen Vorsorge um etwa 50 % (Krohn, 2014a). Entsprechend mindert sie nach dem europäischen Aufsichtsrecht Solvency I das Eigenkapital.

Bereits jetzt hat das Bundesaufsichtsamt Anträge von mehreren Versicherungen vorliegen, die eine zeitweise Aussetzung von Ausschüttungspflichten/Gewinngutschriften an Kunden verlangen. Die gesetzliche Neuregelung der Umverteilung der Überschussbeteiligung von Neuverträgen hin zu Altverträgen kommt einem enteignungsgleichen Eingriff gleich. Durch das ab 2016 geltende Solvency II sind weitere Eigenkapitalanforderungen auf die Branche hinzu gekommen. Nach einer Untersuchung der Bafin fehlen den Unternehmen hierfür ca. 15 Mrd. EUR (Bünder & Lembke, 2014). Zur Umsetzung haben die Unternehmen allerdings bis 2032 Zeit. Seit einiger Zeit erleichtert die europäische Versicherungsaufsicht Eiopa auch deshalb die Anlage in Hochzins-"Schrottpapiere": eine Entlastung auf Kosten von Sicherheit (Krohn, 2014b).

4.2.4 Schuldenfalle des Niedrigzinses

Seitens der Kreditnehmer kommt es zu einer *Schuldenfalle* aufgrund niedriger Zinsen (Bank für Internationalen Zahlungsausgleich, 2014, S. 73 ff.). Ein niedriger Zins gibt Anreize zu einer vermehrten Verschuldung, eine Bilanzbereinigung um faule Kredite bei Banken unterbleibt und für Unternehmen rechnen sich Investitionen bereits bei geringer Profitabilität. Eine Haushaltskonsolidierung wird nicht so dringlich, da relativ niedrige Zinslasten Spielräume für eine Nettoneuverschuldung eröffnen. So ist die durchschnittliche Verzinsung deutscher Staatsschulden von 4,2 % (2007) und 1,9 % (2018) auf ca. 0,5 % (2020) gesunken. Nach Berechnungen der Bundesbank sparten Bund, Länder und Gemeinden im Zeitraum 2007 bis 2018 hierdurch ca. 370 Mrd. EUR (Plickert, 2019). Die *Risiken öffentlicher Haushalte* (Boysen-Hogrefe & Jannsen, 2014, S. 616 f.) spiegeln sich in der Schuldenstandsquote als Quotient von Staatsschulden/Bruttoinlandsprodukt (BIP) wider. Diese bleibt nur dann konstant, wenn das BIP mit der gleichen Rate wie die Staatsschulden wächst. Bei einer Nettoneuverschuldung von Null wird dies erreicht, wenn der durchschnittliche Zinssatz der Staatsschuld mit der Wachstumsrate des BIP übereinstimmt. Bei im langfristen Trend eher sinkenden Wachstumsraten und wieder ansteigenden Zinssätzen käme es deshalb zu einem Anstieg der Schuldenstandsquote. Neben den Vorgaben des reformierten Stabilitäts- und Wachstumspaktes (Six Pack) auf EU-Ebene zieht die nationale Schuldenbremse (Art. 109; 115 GG) besonders hart. Hiernach gelten Zinsausgaben als strukturell. Sind die Verschuldungsspielräume bereits jetzt ausgeschöpft, würde ein Zinsanstieg einen erheblichen Konsolidierungsdruck erzeugen, der nur über einen Primärüberschuss zu lösen ist. Dieser bezeichnet die Differenz aus

den Einnahmen des Staates abzüglich Vermögensver-
äußerungen und den Ausgaben ohne den Zinsendienst.
Überlegenswert wäre es, die Finanzplanung mit kalkula-
torischen (höheren, durchschnittlichen) Zinsen vorzunehmen, um für einen Zinsanstieg vorbereitet zu sein. Die
Corona-bedingte zeitweise Außerkraftsetzung des Fiskalpaktes und der Schuldenbremse haben die zukünftigen Anforderungen verschärft, sollten diese Fiskalrestriktionen
nicht ganz 'geschliffen' werden.

4.2.5 Gefahren für die Finanzmarktstabilität

Der Anlagennotstand führt zur Inkaufnahme von risikobe-
hafteteren Anlagen, um die Renditeversprechen und
gesteckten Renditeziele dennoch erreichen zu können.
Fremdwährungsanleihen, Unternehmensanleihen und
Schwellenländeranleihen gewinnen an Attraktivität. Mit
diesen stark ausfallgefährdeten Hochzinsanleihen der Bonität CCC lassen sich noch Renditen von etwa 5 % (2021)
erwirtschaften. Seit 2007 ist dieses Segment um 300 % gestiegen und umfasst etwa 10 % des gesamten Kreditmarktes
(Institut der deutschen Wirtschaft, 2014). Ebenfalls wächst
der Markt für riskante Bankanleihen (Coco-Bonds), da die
Banken im Rahmen der EZB-Prüfungen ihr Kernkapital
verstärken. Die im Liquidationsfall nachrangigen Tier-1-
Pflichtwandelanleihen, die als langfristige Schuldverschreibungen zum Kernkapital rechnen, rentieren im
Regelfall 2 bis 3 Prozentpkte. niedriger als die Hochziuns-
anleihen.

Der Anlagennotstand, eine höhere Risikoneigung und
die Schuldenfalle sind Faktoren, die zu *Risiken für die
Finanzmarktstabilität* führen (Boysen-Hogrefe & Jannsen,
2014, S. 617 f.). Zugleich sinkt die Risikowahrnehmung

der Kreditgeber. Liquiditätsgetriebene, steigende Vermögenspreise auf den Immobilien- und Aktienmärkten führen zu einer Überbewertung von Kreditsicherheiten. Gleichzeitig werden bei vermeintlich positiven Wachstumsaussichten Beleihungsgrenzen und Vergabestandards gesenkt. Der Anteil spekulativ motivierter Kredite für den Erwerb von Vermögensanlagen wächst.

Die Gefahren für die Finanzmarktstabilität werden bei einem *Umschwenken der Geldpolitik* offenbar, weshalb die Notenbank eine Zinswende hinauszögert. Aufgrund der langen Wirkungsverzögerung der Geldpolitik ist dies zugleich problematisch. Im Blickpunkt der EZB dürften die kurzfristigen Belastungen stehen. Nach einer langen Niedrigzinsphase sind die Zinssenkungen auch "am langen Ende" angekommen und die Akteure haben sich entsprechend angepasst. Steigende Zinsen lassen die Vermögenswerte abrupt sinken; Wertberichtigungen in hohem Umfang wären kurzfristig die Folge. Die Aktivseite der Bilanzen schrumpft. Insbesondere Versicherer und Banken, aber auch spekulativ motivierte Anleger wären hiervon betroffen. Langfristig nicht Ertrag bringende Investitionen erweisen sich im Nachhinein als eine Fehlallokation von Kapital. Einer Prolongation von Unternehmenskrediten zu steigenden Zinsen fehlt die Annuität aus produktiver Wertschöpfung. Überschuldungen insbesondere im *Unternehmenssektor,* dürften vermehrt auftreten und Zeichen realwirtschaftlicher Verwerfungen geben. Darüber hinaus zeigt der Transmissionsmechanismus bei einem Wechsel hin zu einer kontraktiven Geldpolitik zunächst Wirkungen "am kurzen Ende". Aufgrund der Fristentransformation bei Banken – kurzfristige Anlagegelder werden langfristig ausgeliehen – kommt es hier zu besonderen Problemen einer inversen Zinsstruktur. Die Refinanzierungskosten steigen bei gleichbleibenden Erträgen auf der Forderungsseite. Totalausfälle bei Unternehmens- und Hauskrediten aufgrund von Insolvenzen dürften zusätzlich das Eigenkapital des *Geschäftsbankensektors* belasten. Die Neigung zu Kapitalerhöhungen wird unter diesen Bedingungen seitens der Aktionäre gering ausfallen. Eine erneute Bankenkrise wäre unter diesen Voraussetzungen nicht ausgeschlossen.

4.2.6 Sozialisierung der EZB-Verluste

Auch die *EZB* wäre von ihrem Politikwechsel negativ betroffen. Die im Rahmen der Anleiheankaufprogramme angekauften Papiere sowie die entgegengenommenen Pfänder aus Repo-Geschäfte verlieren an Wert. Aus dem Ankauf von Staatspapieren, Kreditverbriefungen und Unternehmensanleihen niedriger Bonität drohen bilanzielle Verluste. Die vielfach schon heute diagnostizierte Abhängigkeit der EZB durch diese sogenannten außergewöhnlichen Politiken wäre offenbar. Der Sozialisierung von Verlusten im Rahmen der "Rettungspolitik" wäre ein weiteres Tor geöffnet.

4.2.7 Unsicherheiten bei den Betriebsrenten

Aufsichtsbehörden neigen in unruhigen Zeiten zu beruhigenden Worten. Wenn anlässlich der Jahrespressekonferenz der Bundesanstalt für Finanzdienstleistungsaufsicht (BaFin) im Mai 2018 von "erheblichen Sorgen" und einer "ernsten Lage" gesprochen wurde, sollte das eine erhöhte Aufmerksamkeit hervorrufen. Galt doch die *kapitalgedeckte Alterssicherung* in Zeiten hoher Zinsen bei sicherer Anlage und schrumpfender (Arbeits-)Bevölkerung gegenüber einem auch politisch unsicheren Umlageverfahren als besonders aussichtsreich. Darüber hinaus machte eine Entlastung bei Steuern und Sozialbeiträgen die betriebliche Vorsorge attraktiv. Die Unsicherheit der Staatsrente ist geblieben, jedoch sind die Zinsen stark gesunken und die Anleiherisiken nehmen bei erneut aufflammender Eurokrise und steigenden Zinsen zu. Eine höhere Lebenserwartung und nicht mehr erfüllbare Garantiezinsen machen die Kalkulationen der Vergangenheit obsolet. Zudem wurde die staatliche Förderung teils stark reduziert. Ergebnis: Lebensversicherungen und Pensionskassen stecken in der Krise. Für die Versicherten und betroffenen Arbeitnehmer stellt sich nicht nur das Problem der Einhaltung von Zusagen, sondern zunehmend auch die Frage des Insolvenzschutzes ihrer Vorsorge.

Die Frage eines *Ausfallschutzes* wird deshalb zunehmend wichtiger. Alle gesetzlich unverfallbare Anwartschaften und laufende Leistungen müssen nach § 14 Betriebsrentengesetz (BetrAVG) über den PSV ausfallgeschützt werden. Dieser Versicherungsverein auf Gegenseitigkeit (VVaG) wurde 1974 von den Industrieverbänden und der Versicherungswirtschaft gegründet. Er umfasst ca. 73 Tsd. Unternehmen, die für 10 Mio. Beschäftigte Ansprüche in Höhe von 277 Mrd. EUR abgesichert haben. Der Arbeitgeber zahlt Beiträge in den Sicherungsverein, deren Höhe sich jährlich ändert und nach den Insolvenzen richtet. Im Schadenfall muss der PSV die abgesicherten Rentenzusagen mit einer Einmalzahlung bei einer Lebensversicherung versichern. Zudem kann er bei Großschäden eine Sonderumlage von seinen Mitgliedsunternehmen erheben. Dieser Fall könnte beispielsweise für die Betriebsrenten von Arcandor eintreten, sollten die Ansprüche von ca. zwei Mrd. EUR nicht gedeckt sein und die derzeitigen Reserven des PSV von rund 700 Mio. EUR nicht ausreichen. Für Pensionskassen in der Rechtsform eines Versicherungsvereins auf Gegenseitigkeit (VVaG) und Direktversicherungen mit unwiderruflichem Bezugsrecht gibt es eine Ausnahme von der Pflichtmitgliedschaft im PSV, da hier ein Ausfallschutz anderweitig gewährleistet ist.

4.2.8 Niedrigzinsen schwächen Versicherungen

Die Niedrigzinsphase trifft die Versicherungsbranche mit voller Wucht (siehe im folgenden Meyer, 2021). Drei Indikatoren zeigen die Auswirkungen. Der *Garantiezins (genau: Höchstrechnungszins)*, der den Neuversicherten das gegebene Leistungsversprechen der Anbieter absichern soll, sank – wie oben beschrieben – von 4,0 % (bis 2000) auf 0,25 % (ab 2022). Gleichfalls sank der *Rohüberschuss* der Lebensversicherer (Krohn, 2021). Dieser gibt den Überschuss der Erträge über die Aufwendungen – also den "Gewinn" an. Die der Sicherheit dienenden und deshalb erheblichen Rückstellungen für Beitragsrückerstattungen an die Versicherten sind im Rohüberschuss allerdings noch nicht abgezogen. Der Betrag wird somit überhöht ausgewiesen. Während dieser Überschuss im Fünfjahreszeitraum 2009–2014 noch durchschnittlich 15,7 % der Prämieneinnahmen ausmachte, sank er von 2015–2019 auf 12,2 %. Da bei grober Schätzung im Mittel ca. 80 % der Lebensversicherungsverträge mit Garantiezinsen von 2,25 % und mehr ausgestattet sind, wurden die Versicherer zum Schutz der Altkunden – und zulasten der Neukunden – 2011 zum Aufbau einer jährlich neu zu berechnenden sog. *Zinszusatzreserve* verpflichtet.

In einer bislang unveröffentlichten Studie hat die Deutsche Aktuarvereinigung e.V. (DAV) die *Kosten der Niedrigzinspolitik* der EZB für die Versicherungswirtschaft im

Zeitraum 2015–2019 einmal detailliert berechnet (Aden et al., 2020). Angenommen wird ein Zinssenkungseffekt durch die EZB-Anleihekaufprogramme von 1,0 Prozentpunkt. Dieser ist realistisch, denn verschiedene Studien weisen eine Bandbreite der Absenkung von 0,4 bis 1,3 Prozentpunkten nach. Aus den jährlichen Neuanlagen der Versicherer ab 2015 stehen bei einer Laufzeit von 10 Jahren deshalb bereits jetzt konkrete Verluste fest. Je nach Sparte betragen sie für die Lebensversicherer 61,5 Mrd. EUR, die privaten Krankenversicherungsunternehmen 12,9 Mrd. EUR, die Pensionskassen, Pensionsfonds, Versorgungswerke und Zusatzversorgungskassen der betrieblichen Altersversorgung 24 Mrd. EUR. Insgesamt entstanden so zwischen 2015 bis 2019 *Zinsmindereinnahmen* in Höhe von knapp 100 Mrd. EUR – und ein Ende ist nicht abzusehen. Zugleich hat die EZB-Politik des "kostenlosen Kredits" Auswirkungen auf die *Zinszusatzreserve*, denn ein reduzierter Referenzzins macht bei gleichbleibenden vertraglichen Leistungszusagen eine höhere Sicherheitszuführung notwendig. Die DAV ermittelt als Differenz der für 2019 getätigten Zuführung von 75,6 Mrd. EUR und dem ohne den EZB-Zinseffekt sich ergebenden Betrag von lediglich 55,6 Mrd. EUR Zusatzbelastungen von 20 Mrd. EUR. Die Niedrigzinspolitik der EZB führte demnach im Zeitraum 2015–2019 insgesamt zu Zusatzkosten für die Versicherungswirtschaft von 120 Mrd. EUR.

Diese Niedrigzinskosten zahlen langfristig die Kunden, deren Vorsorge bzw. Versorgung im Alter teils erheblich teurer wird. Da die kalkulierten Versicherungsprämien konstant bleiben sollen, die Leistungen bspw. der Krankenversicherung oder einer Risikolebensversicherung mit dem Alter aber steigen, müssen Altersrückstellungen aus dem Prämienaufkommen gebildet werden, die am Kapitalmarkt angelegt werden. Durch die nur geringe Verzinsung der Anlagen muss die Basis dieser Altersrückstellung entsprechend hoch ausfallen, was ein höheres Prämienniveau zur Folge hat. Gemäß der DAV-Studie beträgt der *Prämienanstieg* eines Dreißigjährigen für eine Krankenvollversicherung ca. 8 %, für eine Risikolebensversicherung bis Alter 67 Jahre ca. 9, für eine Berufs- und Erwerbsunfähigkeitsversicherung bis Alter 67 Jahre ca. 12 und für eine Pflegeversicherung ca. 34 %. Dieser Prämienanstieg ist quasi leistungslos, denn ihm steht kein Zusatznutzen gegenüber.

Neben Beitragssteigerungen reagieren die Versicherer mit einem *Anstieg des risikobehafteten Anlagebestandes* an Wertpapieren, um die Renditefähigkeit ihrer Deckungsstöcke aufrechtzuerhalten. Lag zur Jahrtausendwende der risikolose Zins einer 10-jährigen Bundesanleihe noch bei 5,5 % p. a., so lag er im August 2021 bei −0,4 %. Beitragsgarantien von 100 % sind mit dieser Anlageform nicht mehr möglich. Entsprechend müssen die Versicherer das Garantieniveau absenken und den Negativzins sicherer Anleihen durch risikoreichere Anlagen wie Immobilien, Infrastruktur und Finanzierungen für private institutionelle Investoren ausgleichen, um eine positive Rendite für den Versicherungsnehmer zu erzielen. So bestanden die Kapitalanlagen der Lebensversicherungen 2019 zu 82,9 % aus Rentenpapieren, zu 11,8 % aus Aktien und Beteiligungen und zu 3,6 % aus Immobilien (Gesamtverband der Deutschen Versicherungswirtschaft e.V., 2020b, Tab. 15 u. 43). Trotzdem sank die *Nettoverzinsung* von 4,5 % (2015) auf 3,9 % (2019). Die Ausstattung der Versicherer mit Eigenmitteln (Solvabilität) sinkt infolge, was die Finanzstabilität negativ beeinflusst.

Sinkende Anlageerträge der Versicherungen, die Notwendigkeit höherer Rückstellungen für Altverträge zulasten der Neukunden, riskantere Kapitalanlagen und eine abnehmende Solvabilität der Versicherer einerseits, höhere

Prämien bzw. geringere Leistungszusagen an die Versicherten andererseits machen die Eigenvorsorge zunehmend unattraktiv, gefährden die Vorsorge und die Finanzstabilität der Unternehmen.

4.3   Handlungsbedarf?

Die Feststellung eines möglichen Handlungsbedarfes hängt von den *Erklärungsansätzen* eines Niedrigzinses ab. Die *monetäre Zinstheorie* sieht die Geldpolitik der Zentralbank als wesentlichen Einflussfaktor. Eine Geldmengenerhöhung sowie die Senkung des Leitzinses wirken sich über den Transmissionsmechanismus auf die verschiedenen Märkte (Geldmarkt, Unternehmenskredite, Immobilienfinanzierung) zinssenkend aus. Der Realzins kann so offensichtlich zumindest kurzfristig beeinflusst werden. Die *reale Zinstheorie* hebt auf den Realzins ab. Dieser hängt einerseits von der positiven Zeitpräferenz (Gegenwartsliebe) der Wirtschaftssubjekte ab; Sparen als heutiger Konsumverzicht muss entlohnt werden. Andererseits hängt die Kreditnachfrage vom sogenannten natürlichen (Real-)Zins ab, der sich aus der Grenzproduktivität des Kapitals, den Güterpreisen und der Gewinnbesteuerung ergibt. Wicksell (1968, S. 93 ff.) spricht vom natürlichen Kapitalzins. Der Notenbank fällt hiernach die Aufgabe zu, den Leitzins entsprechend dem natürlichen Zins so anzupassen, sodass die Inflation gering bleibt. Die Geldpolitik übernimmt langfristig keine aktive Rolle.

Aufgrund der Vorsorge einer alternden Gesellschaft ist das Angebot an Sparkapital sehr groß. Für Deutschland kommt der "sichere Eurohafen" hinzu, der für risikoaverse Kapitalanleger aus anderen Eurostaaten interessant ist. Diese *Kapitalschwemme* trifft auf eine eher geringe Nachfrage an Kapital. Ursache ist die (Teil-)Konsolidierung der Staatshaushalte einiger Länder in der Vor-Corona-Zeit vor 2020. Hinzu tritt eine relativ geringe Kreditnachfrage der Unternehmen. Aufgrund hoher Wertberichtigungen im privaten Sektor infolge der Finanzmarktkrise haben manche Unternehmen eine reduzierte Schuldentragfähigkeit. Die von der Zentralbank angebotene Liquidität muss deshalb ungenutzt bleiben. Koo (2011) verwendet den Begriff der Bilanzrezession. Darüber hinaus verhindern *Reformblockaden* insbesondere in den südeuropäischen Ländern und wieder zunehmende Regulierungen in Deutschland (Mindestlohn, Energiesektor, Immobilien) rentable Investitionen.

Die genannten Gründe rechtfertigen die Prognose eines dauerhaft niedrigen Kredit- und Geldmarktzinses. Da die Geldpolitik hiernach zumindest langfristig ohne Einfluss ist, ein staatliches Ausgabenprogramm ordnungspolitisch bedenklich und hinsichtlich der Schuldengrenze kaum durchsetzbar ist, bleibt der bekannte Aufruf zum Abbau von Reformblockaden.

4.4 Zusammenfassung

Die expansive Geldpolitik hat bei einem Leitzins von Null zu Niedrigzinsen geführt. Der Realzins nach Inflation und Steuern ist vielfach negativ, sodass es zu einem realen Vermögensabbau kommt. Die offensichtlichen Folgen: Eine rückläufige Ersparnisbildung und ein Anlagennotstand bei Lebensversicherern, der ein Ausweichen in risikoreichere Anlagen zur Folge hat. Die kapitalgedeckte Altersvorsorge steckt in der Krise. Für die Versicherten stellt sich nicht nur das Problem der Einhaltung von Zusagen, sondern zunehmend auch die Frage des Insolvenzschutzes ihrer Vorsorge. Staaten, Banken und Unternehmen stecken in einer Schuldenfalle. Ein Zinsanstieg würde die Zinslast der Staaten dramatisch erhöhen, bei Fristeninkongruenz der Finanzierung droht den Banken Illiquidität und Unternehmen bricht die Rentabilität weg. Die Gefahren für die Finanzstabilität sind immens. In die Prüfung der Verhältnismäßigkeit der EZB-Anleihekaufprogramme haben die EZB selbst, der EuGH, das Bundesverfassungsgericht, die Bundesregierung und der Bundestag diese volkswirtschaftlich überaus wichtigen 'Nebenwirkungen' scheinbar übersehen.

Literatur

Artikel und Monografien

Aden, H., et al. (2020). *Studie: Auswirkungen des PSPP-Programms auf Versicherte und Versicherungsunternehmen*. Deutsche Aktuarvereinigung e.V. Stand: 27.10.2020.

Bank für Internationalen Zahlungsausgleich. (2014). *84. Jahresbericht 2013–2014*. Basel: Bank für Internationalen Zahlungsausgleich.

Boysen-Hogrefe, J., & Jannsen, N. (2014). Wo liegen die Gefahren niedriger Zinsen? *Wirtschaftsdienst, 94*(9), 615–619.

Bünder, H. Lembke, J. (13. November 2014). Lebensversicherern fehlen 15 Mrd. Euro. *Frankfurter Allgemeine Zeitung, 27*.

Bundesverfassungsgericht. (1978). Besteuerung der Zinsen aus Einlagen bei Kreditinstituten, BVerfG, 19.12.1978–1 BvR 335/76; 1 BvR 427/76; 1 BvR 811/76.

Deutsche Bundesbank. Statistiken. https://www.bundesbank.de/de/statistiken. Zugegriffen am 06.06.2021.

Gesamtverband der Deutschen Versicherungswirtschaft e.V. (2020a). Zinszusatzreserve bringt zusätzliche Sicherheit, 26.11.2020, https://www.gdv.de/de/themen/news/zinszusatzreserve-bringt-zusaetzliche-sicherheit-63788. Zugegriffen am 21.07.2021.

Gesamtverband der Deutschen Versicherungswirtschaft e.V. (2020b). Statistisches Taschenbuch der Versicherungswirtschaft 2020, Berlin 2020, https://www.gdv.de/resource/blob/62142/ac6287aeb67a3a336342e33f55992ffb/statistisches-tb-2020-download-data.pdf. Zugegriffen am 22.07.2021.

Institut der deutschen Wirtschaft (Hrsg.). (31. Juli 2014). Jäger des verlorenen Zinses. *iwd-Informationen, 31*, 7.

Koo, R. C. (2011). The world in balance sheet recession: Causes, cure, and politics. *Real-World Economics Review, 58*, 19–37.

Krohn, P. (11. November 2014a). Lebensversicherer müssen noch größere Reserven bilden. *Frankfurter Allgemeine Zeitung*, 25.

Krohn, P. (22. November 2014b). Schrottpapiere für die Altersvorsorge. *Frankfurter Allgemeine Zeitung*, 31.

Krohn, Ph. (30. Juni 2021). Erträge für Policen schmelzen. *Frankfurter Allgemeine Zeitung*, 27.

Meyer, D. (2014). Niedrigzinsen – Folgen und Gefahren. *Orientierungen zur Wirtschafts- und Gesellschaftspolitik, 140*(2), 41–48.

Meyer, D. (2021). Versicherungen – Fatale Folgen der EZB-Politik. *Zeitschrift für das gesamte Kreditwesen, 74*(16), 812–813.

Plickert, P. (9. Januar 2019). Deutscher Staat spart Milliarden durch Niedrigzinsen. *Frankfurter Allgemeine Zeitung*, 17.

Schrooten, M. (2014). Niedrige Leitzinsen – Kein Allheilmittel. *Wirtschaftsdienst, 94*(9), 623–626.

Wicksell, J. G. K. (1968). Geldzins und Güterpreise – Eine Studie über die den Tauschwert des Geldes bestimmenden Ursachen, Stuttgart 1968, berichtigter Neudruck der Ausgabe Jena 1898.

Rechtsquellenverzeichnis

Bundesverfassungsgericht, Beschluss des Ersten Senats vom 08. Juli 2021, 1 BvR 2237/14 –, Rn. 1–264, http://www.bverfg.de/e/rs20210708_1bvr223714.html. Zugegriffen am 19.08.2021.

Gesetz über den Versicherungsvertrag. (Versicherungsvertragsgesetz – VVG) vom 23. November 2007 (BGBl. I S. 2631), das zuletzt durch Artikel 2 des Gesetzes vom 10. Juli 2020 (BGBl. I S. 1653) geändert worden ist.

5

Nivellierung der Risikoprämien durch die EZB

Die monetäre Krisenpolitik der Europäischen Zentralbank (EZB) hat zu *Niedrig- und Negativzinsen* geführt. Für Anleger in Deutschland kommt es bei Spareinlagen und Bundesanleihen unter Berücksichtigung von Inflation und Ertragsbesteuerung jedoch nicht nur zu Substanzverlusten. Darüber hinaus hat die EZB ganz offensichtlich die Funktion als *Kreditgeber der letzten Instanz* (Lender of last Resort, LoR) für Banken und Mitgliedstaaten übernommen. Dementsprechend führt bei Banken die Vollzuteilung unter Absenkung der Beleihungssicherheiten zu einer Liquiditätsschwemme, die die EZB seit Juni 2014 mit einem negativen Einlagenzins zum Abfluss in den privaten Sektor führen will. Hinsichtlich einer Vermeidung von Staatsinsolvenzen hat die Ankündigung des Outright Monetary Transactions-Programms (OMT) Wirkung gezeigt. Die Renditen für Staatsanleihen sind insgesamt zurückgegangen. Vor allem für die Krisenländer ist der Zugang zum privaten Kapitalmarkt erleichtert, seitdem der für den Notfall in Aussicht gestellte Ankauf dieser Papiere durch die EZB zu einer *An-*

gleichung der Risikoprämien auf niedrigem Niveau geführt hat. Darüber hinaus haben die verschiedenen Anleihe-ankaufprogramme zu *Zinssenkungen* geführt.

Als zentrale Frage stehen die Folgen einer Zinsnivellierung im Mittelpunkt. Sodann wird gezeigt, über welche Kanäle die monetäre Sozialisierung der Kosten dieser Politik vonstatten gehen. Abschließend werden politische Handlungsalternativen aufgezeigt. Die weiteren Ausführungen gründen u. a. auf Meyer (2015).

5.1 Politik der Nivellierung der Risikoprämien

Die EZB betreibt spätestens seit der Rede Draghis auf der Global Investment Conference in London v. 26. Juli 2012 eine sehr wirkungsvolle *Ankündigungspolitik.* "Within our mandate, the ECB is ready to do whatever it takes to preserve the euro. And believe me, it will be enough" (Draghi, 2012). Die Wirkung dieser Rede ist umso erstaunlicher, als dass der Ankauf von Staatsanleihen aus den Krisenländern (OMT) an drei sich nur schwer gleichzeitig erfüllbare Bedingungen knüpft. Neben einer Störung des Transmissionsmechanismus der Geldpolitik muss der Staat ein Auflagenprogramm im Rahmen des Europäischen Stabilitätsmechanismus (ESM) erfüllen und zugleich Zugang zum Anleihemarkt haben. Die beiden letzten Punkte schließen sich generell aus. Allenfalls ein Vorsorgeprogramm des ESM mit einer vorbeugenden Kreditlinie ließe dies zu. Von daher liegt die Interpretation nahe, dass die Marktteilnehmer den Einsatz von OMT-Ankäufen notfalls auch unter Bruch der vertraglichen Grundlagen erwarten.

Seit dieser Rede sind die Risikoprämien für Anleihen der Krisenstaaten deshalb stark gefallen und die Zinsunterschiede zu den als sicher geltenden AAA-Staaten (Deutsch-

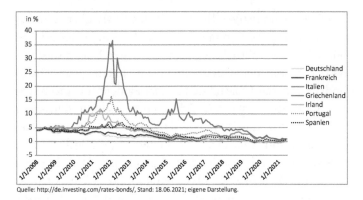

Quelle: http://de.investing.com/rates-bonds/, Stand: 18.06.2021; eigene Darstellung.

Abb. 5.1 Renditen 10-jähriger Staatsanleihen 2008–2021

land, Finnland, Luxemburg, eingeschränkt Österreich, den Niederlanden) haben sich stark angeglichen (siehe Abb. 5.1). Bei quasi-sozialisierter Haftung über das OMT-Programm greifen die Anleger bevorzugt auf die etwas höher rentierenden Anleihen der Problemländer zurück, was zusätzlich zinssenkend wirkt. Unterstützung leistet das weiterhin für die Eigenkapitalvorhaltung der Banken geltende Risikogewicht von Null für Staatsanleihen, das auch zur Attraktivität dieser Anlagen gegenüber anderen Wertpapieren beiträgt.

Ziel dieser Politik ist zum einen, die Liquidität der Krisenstaaten abzusichern, eine offene Insolvenz zu vermeiden und den Zugang zum privaten Kapitalmarkt zu subventioniert-günstigen Konditionen offenzuhalten. Zum anderen soll die künstliche Absenkung der Risikoprämien insbesondere die dortigen Banken begünstigen, die diese Staatsanleihen in hohem Umfang in ihren Büchern halten. Wertberichtigungen werden vermieden, ihre Aktiva höher bewertet und damit ihre Refinanzierungsbedingungen verbessert. Dies erhöht tendenziell ihre Fähigkeit zur Kreditvergabe und verbilligt den Kreditzugang der heimischen Wirtschaft.

Dieser langfristige Trend soll nicht darüber hinwegtäuschen, dass die Kapitalmärkte durchaus in kurzer Frist erhöhte Risiken wahrnehmen und einpreisen. Ein Beispiel bietet der Anstieg der Risikoprämien im vierten Quartal 2014 und im zweiten Quartal 2015 insbesondere für griechische Staatsanleihen, in abgeschwächter Form auch für italienische (vgl. Abb. 5.2 und 5.3). Ursächlich waren 2014 eine allgemeine Verunsicherung, das Scheitern einiger, insbesondere italienischer und griechischer Banken im EZB-Stresstest sowie die Spekulation über vorgezogene Neuwahlen in Griechenland. Widersprüchliche Aussagen zum Fortgang der Kredithilfen für Griechenland und die Vorlage von offensichtlich nicht den Vorgaben des reformierten Stabilitäts- und Wachstumspaktes entsprechenden Haushaltsplanungen durch Italien und Frankreich Mitte Oktober 2014 taten ein Übriges. Erst die vorläufige Akzeptanz der leicht revidierten Planungen durch die EU-Kommission Ende Oktober 2014 führten wieder zu sinkenden Renditen für Italien. 2015 stand Griechenland am Rande der Zahlungsunfähigkeit und die Unsicherheit über ein drittes Hilfspaket führte zu einem Renditeanstieg. Im Mai 2018 führten eine Regierungskrise

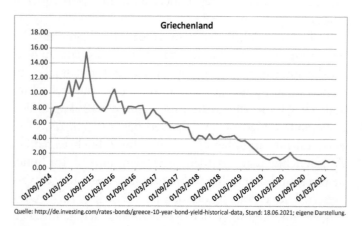

Quelle: http://de.investing.com/rates-bonds/greece-10-year-bond-yield-historical-data, Stand: 18.06.2021; eigene Darstellung.

Abb. 5.2 Rendite 10-jähriger griechischer Staatsanleihen

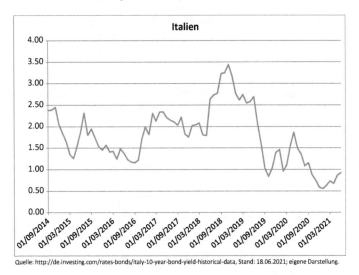

Quelle: http://de.investing.com/rates-bonds/italy-10-year-bond-yield-historical-data, Stand: 18.06.2021; eigene Darstellung.

Abb. 5.3   Rendite 10-jähriger italienischer Staatsanleihen

in Italien, die dortige Diskussion um einen Ausstieg aus dem Euro und die offensichtliche Missachtung der Schuldenregeln ("Haushalt des Volkes") zu einem drastischen Anstieg der italienischen Risikoprämien. Erst der Kompromiss im Haushaltsstreit mit der EU-Kommission Ende 2018 führt zu einer Beruhigung der Finanzmärkte. Die aufkommende Corona-Krise zu Beginn 2020 führte ebenfalls zu einem Anstieg der Risikoprämien, dem die EZB mit dem Pandemie-Notfallankaufprogramm (PEPP) erfolgreich entgegensteuerte. Diese Beispiele zeigen die Zerbrechlichkeit des LoR-Versprechens der EZB: Geldpolitik kann keine realwirtschaftlichen Probleme lösen. Zwar kann die EZB Liquidität bereitstellen, nicht jedoch Kapital (Winkler, 2013, S. 204 ff.).

Die Nivellierung der Risikoprämien zugunsten der Krisenstaaten findet auf einer weiteren Schiene durch die seit dem Herbst 2014 durchgeführten Ankäufe von Pfandbriefen (Covered Bond Purchase Programme, CBPP3),

Kreditverbriefungen (Asset Backed Securities Purchase Programme, ABSPP), Unternehmensanleihen (Corporate Sector Purchase Programme, CSPP) sowie Staatsanleihen (Public Sector Purchase Programme, PSPP, Pandemic Emergency Purchase Programme, PEPP) statt. Indem die EZB diese Papiere nicht entsprechend den Kapitalanteilen der Mitgliedstaaten ankauft, hat diese Maßnahme einen asymmetrischen Charakter. So wurden zeitweise nur spanische und französische Pfandbriefe sowie italienische Kreditverbriefungen angekauft. Auch die Staatsanleihekäufe entsprachen nicht regelmäßig den EZB-Kapitalanteilen der jeweiligen Länder. Sie wirkt deshalb zusätzlich zinsnivellierend. In Folge sank der Renditeaufschlag für Pfandbriefe spanischer Banken um 50 %, der für französische Banken ging auf null zurück (Plickert, 2014a). Ähnlich zinssenkend wirkt eine Rücknahme der geforderten Sicherheitsabschläge für griechische Anleihen, die als Pfänder der EZB für Repo-Kredite eingereicht werden. Damit agiert die EZB als Preistreiber in einem engen, zersplitterten Markt. Da der EZB Erfahrungen mit dem Ankauf von Kreditverbriefungen fehlen und der Markt überaus intransparent ist, beauftragt sie vier Vermögensverwalter, u. a. die Deutsche Bank, mit diesem Geschäft. Mögliche Interessenkonflikte werden ausgeblendet. Einhergehen hohe Kursschwankungen und Verlustrisiken zulasten der Zentralbanken des Eurosystems. Die Vorteile gehen einseitig zugunsten der Banken dieser Länder.

Im Übrigen kommt es lediglich beim Ankauf von Unternehmens- und Staatsanleihen, die von Nicht-Banken gehalten werden, zu einer direkten Erhöhung der Geldmenge; bei den Ankäufen von Banken erhöht sich zunächst lediglich die Geldbasis. Simulationsrechnungen der Notenbank gehen selbst bei einem Ankaufvolumen von 1 Bill. € von einem Inflationseffekt von nur 0,15 bis 0,6 % aus (Plickert,

2014b). Zudem führt eine weitere Zinssenkung zu steigenden Vermögenspreisen und befördert über diesen Kanal eine Blasenbildung.

In einer EZB-Studie geben Corradin et al. (2021) einen Überblick zur Entwicklung der Risikoprämien in der Eurozone für die Mitgliedstaaten Deutschlands, Frankreichs, Italiens und Spaniens. Es wurden die Auswirkungen sowohl fiskalpolitischer wie auch geldpolitischer Entscheidungen bzw. Ankündigungen während der Coronakrise auf die Risikoprämien dieser Länder untersucht. Als zentrales Ergebnis zeigt die Untersuchung, dass fiskalpolitische Entscheidungen (Support Mitigating Unemployment Risks in Emergency, SURE; Next Generation EU, NGEU) die Risikoprämien relativ gleichmäßig absenkten. Demgegenüber hatten geldpolitische Entscheidungen eher asymmetrische Wirkungen. So erfolgte durch die PEPP-Einführung 2020 eine asymmetrische Absenkung der Prämien Italiens und Spaniens, während es für die Staatsanleihen von Deutschland und Frankreich sogar zu einem leichten Zinsanstieg kam, was allerdings mit höheren erwarteten Leitzinsen begründet wird. Zurückgeführt wird die asymmetrische Prämien-Absenkung durch das PEPP-Programm auf dessen große Flexibilität hinsichtlich der prozentualen Ländergewichtung. Auch das PSPP-Urteil des BVerfG vom 5. Mai 2020 (BVerfG, 2020) führte zu asymmetrisch ansteigenden Risikoprämien für Italien und Spanien, während die für Deutschland und Frankreich leicht sanken. Während Kritiker in den asymmetrisch wirkenden geldpolitischen Maßnahmen eine Mandatsüberschreitung der EZB zugunsten hoch verschuldeter Eurostaaten sehen, argumentiert die EZB mit dem Ziel, eine gleichmäßige Transmission der gemeinsamen Geldpolitik zu gewährleisten.

In einer ähnlichen sog. Eventstudie kommen Havlik et al. (2021) zu vergleichbaren Ergebnissen. Sie untersuchten die Risikoaufschläge ("Spreads") von Euro-Staatsanleihen relativ zum Zins deutscher Bundesanleihen. Lediglich das Krisenprogramm PEPP der EZB hat danach zu spürbar reduzierten Aufschlägen geführt. So haben weder das Wiederaufbauprogramm NGEU und SURE, noch die Ankündigung des PSPP-Programms zu merklichen Rückführungen der Spreads geführt. Vielmehr habe die Ankündigung der EU-Kommission zur Aussetzung der Defizitgrenzen v. 20. März 2020 die Unsicherheit erhöht und zu einem gewissen Anstieg der Risikoprämien geführt. Beide Studien unterstützen damit die These von der "Fiscal Dominance" der EZB-Politik.

5.2   Wie effektiv ist diese Politik?

Eine entscheidende Frage für eine Politikbewertung steht jedoch noch offen: Ist die derzeitige Niedrigzinspolitik in Verbindung mit einer Angleichung der Risikoprämien eigentlich effektiv? Hilft sie insbesondere den Krisenstaaten ihre Schuldenprobleme zu lösen? Steigert sie die Kreditvergabe an Private? Für die Wirksamkeit der Geldpolitik und der daraus abzuleitenden Strategie ist es wichtig, ob normale Verhältnisse vorliegen, d. h. ob eine Erhöhung der Geldbasis zu einer Zinssenkung, zu vermehrter Kreditvergabe, zu erhöhten Investitionen und zu einer gesteigerten gesamtwirtschaftlichen Nachfrage führt. Indizien sprechen eher für eine anomale Situation, wie auch der instabile Zusammenhang von Geldbasis, Geldmenge und Kreditvolumen zeigt. Folgende Konstellationen wären näher zu prüfen:

- *Liquiditätsfalle:* Eine vollkommen elastische Geldnachfrage führt bei einer Geldmengenerhöhung zu keiner Zinssenkung. Die zusätzliche Liquidität versickert in Erwartung steigender Zinsen in der Spekulationskasse.

- *Kreditklemme:* Der Transmissionsmechanismus der Geldpolitik stockt und die Banken geben die Liquidität nur sehr restriktiv als Unternehmenskredite weiter.

- *Bilanzrezession:* Als Folge hoher Wertberichtigungen im privaten Sektor infolge von Finanzmarktkrisen reduziert sich die Schuldentragfähigkeit der Unternehmen. Die von der Zentralbank angebotene Liquidität muss deshalb ungenutzt bleiben (Koo, 2011).

- *Investitionsfalle:* Auch bei sinkenden Zinsen üben die Unternehmen Zurückhaltung aufgrund geringer Rentabilitätsaussichten und einer daraus folgenden unelastischen Investitionsnachfrage.

Eine klassische *Liquiditätsfalle* liegt generell nicht vor. Die seitens der EZB sehr günstig bereitgestellte Liquidität wird trotz Vollzuteilung von den Banken nicht voll abgerufen. Mögliche Gründe wären der negative Einlagenzins, insbesondere bei den Banken der mediterranen Mitgliedstaaten auch fehlende Sicherheiten. Allerdings ist seit 2015, verstärkt mit Beginn der Corona-Pandemie 2020, ein Anstieg der Geldhorte zu beobachten – die zusätzlich geschaffene Liquidität erreicht den Wirtschaftskreislauf gar nicht erst. Sie wird von den Geschäftsbanken auf ihren Konten bei den Zentralbanken belassen, statt sie zur Vergabe von Krediten zu verwenden. Dies wäre wiederum ein Symptom der *Liquiditätsfalle.* Die *Überschussliquidität* in Höhe von etwa 3 Billionen Euro (Mai 2021) kann irgendwann für die Kreditvergabe verwendet, also dem Wirtschaftskreislauf zugeführt werden und dann ggf. inflationär wirken.

Eine *Kreditklemme* dürfte nur teilweise zutreffen. Sie wäre an erhöhten Anforderungen einer Kreditvergabe seitens der Banken festzumachen. Eine Kreditklemme wäre hingegen nicht gegeben, wenn c. p. die Kreditnachfrage rückläufig ist, weil sich die Bonitäten oder die Sicherheiten potenzieller Kreditnehmer verschlechtern. Demnach kann ein rückläufiges Kreditvolumen nicht per se als Indiz für eine Kreditklemme gewertet werden. Als mögliche Ursachen kommen verschärfte regulativ-staatliche Vorgaben zum Tragen. Hierzu zählen beispielsweise die Basel-III-Regeln zum Eigenkapital, dem Verschuldungsgrad sowie Liquiditätsvorgaben. In diesem Zusammenhang dürfte der Ankauf von Staatsanleihen über den Bankensektor und die Bankenaufsicht der EZB in Konkurrenz stehen, da sich hierdurch automatisch der Verschuldungsgrad der Institute verschlechtert. Darüber hinaus belastet bei verschiedenen Banken ein hoher Anteil ausfallgefährdeter Kredite die Bilanzen und damit ihre Kreditvergabefähigkeit. Parallel zeigt sich dies in einer geringen Profitabilität und einer geringen Eigenkapitalquote (International Monetary Fund, 2014, S. 21 ff.). Besonders erschwert scheint der Zugang kleiner und mittelständischer Unternehmen zu Bankkrediten, nicht nur in den Krisenstaaten. Auch gelten Konsumentenkredite als relativ teuer (Schrooten, 2014, S. 625).

Für Japan, die USA, Großbritannien und weite Teile der Eurozone sahen Koo (2011, S. 25 ff.) und Fichtner (2014, S. 621 f.) mit der Finanzmarktkrise die Bedingungen einer sogenannten *Bilanzrezession* als gegeben. Während die Geldpolitik in diesem Fall versagt, könnte eine staatliche Ausgabenpolitik aus der Rezession/Deflation führen. Allerdings setzt in der Eurozone die Schuldengrenze des reformierten Stabilitätspaktes und deren teilweise restriktivere nationale Umsetzung dieser Politik bislang Grenzen.

Unabhängig von einer möglichen Kreditklemme und Bilanzrezession, die den Kreditzugang der Unternehmen erschweren, hat die Bedeutung von Unternehmenskrediten abgenommen. Dies mag darin seine Ursache haben, dass die Kreditzinsen für Unternehmen und Haushalte nicht in gleichem Umfang gefallen sind wie die für Staatsanleihen. Wohl auch deshalb sank die Kreditvergabe an Unternehmen in Spanien, Italien und Frankreich, aber auch in Deutschland (Brandmeir et al., 2014, S. 87). Jedoch werden gerade von großen Unternehmen Anleihen als Substitut für Bankenfinanzierungen vermehrt ausgegeben. Darüber hinaus gewinnen die Eigenkapitalfinanzierung über einbehaltene Gewinne sowie Mezzanine-Kapital gerade für die mittelständische Wirtschaft an Bedeutung.

Damit können eine Liquiditätsfalle, eine Kreditklemme sowie eine Bilanzrezession partielle Erklärungen liefern, die insbesondere für die Krisenstaaten sowie einzelne Segmente der Unternehmensfinanzierungen zutreffen mögen. Von einigen Vertretern werden diese Phänomene auch als eine *Störung des Transmissionsmechanismus* interpretiert (bspw. Schrooten, 2014, S. 625; Hüther, 2014, S. 627). Darüber hinaus rechtfertigt die EZB ihre besonderen Maßnahmen mit einer Störung des Transmissionsmechanismus in den Krisenländern. In ihrer Stellungnahme zum OMT-Programm äußert sich die Deutsche Bundesbank hingegen ablehnend (Deutsche Bundesbank, 2012, S. 3–11). Unterschiedliche Zinssätze in den Mitgliedstaaten sieht sie nicht notwendig als ein Indiz eines gestörten Transmissionsmechanismus. Allenfalls die unterschiedliche Entwicklung der Zinsen bei einer Änderung des Leitzinses könnte Zeichen einer gestörten Zinsweitergabe sein. Vielmehr spiegeln die unterschiedlichen Risikoaufschläge bei Staatsanleihen die Möglichkeit eines Zahlungsausfalls, die Umsetzung der Reformen sowie speziell in den Programmländern die Einhaltung der Troika-Auflagen wider. Da die Banken insbesondere der Krisenstaaten wiederum einen hohen Anteil nationaler Staatsschulden in ihrem Portefeuille haben, werden ihr Kreditvergabepotenziale und die Konditionen für den Unternehmenssektor direkt durch diese Belastungen beeinflusst. Schließlich führen die abweichenden Fundamentaldaten für die Unternehmen dieser Länder infolge unterschiedlicher ordnungspolitischer Rahmenbedingungen und Konjunkturen zu unterschiedlichen Risikoprämien.

5.3   Fehlentwicklungen

Eingriffe in die Zinsstruktur zum Zweck der Egalisierung von Risikoprämien heben die *Lenkungsfunktion des Kapitalmarktzinses* auf. Es kommt zur Ausschaltung des Marktzinses als Risikoindikator. Dies verhindert notwendige Anpassungen und führt zu Kapitalfehlleitungen in die Krisenstaaten mit hohen volkswirtschaftlichen Kosten und Umverteilungen. Fiskalische Rettungsschirme (ESM) und monetäre Rettungsprogramme (Staatsanleihenankauf, OMT-Programm, Emergency Liquidity Assistance [ELA]) stellen eine (potenzielle) Haftungsübernahme der Mitgliedstaaten bzw. der EZB dar – und damit Eurobonds durch die Hintertür. Diese Eingriffe behindern eine marktgebotene Kapitalentwertung und die einhergehende schöpferische Zerstörung. Notwendig wäre demgegenüber ein Bail in, damit offene Konkurse die Bilanzen bereinigen. Dies ist die Voraussetzung, damit das bei Zusammenbruch freigesetzte physische Kapital und alle anderen entlassenen Produktionsfaktoren höherwertigen Verwendungen zugeführt werden können.

Demgegenüber wird das Bail out mit einem Zeitgewinn für Anpassungsprozesse gerechtfertigt. Die politische Druckentlastung begünstigt jedoch einen Reformstau und ein vorhandenes Rent Seeking (Renten aufgrund von Wettbewerbsbeschränkungen) kann fortbestehen. Hohe Vermögenspreise respektive niedrige Renditen verhindern Investitionen in die Zukunft (Sinn, 2014). Es kommt zur *Investitionsfalle*. Mangels Rentabilitätsperspektive haben sinkende Kapitalmarktzinsen keinerlei Wirkungen auf die Investitionsnachfrage.

Die Kehrseite besteht seitens der Kreditnehmer in einer *Schuldenfalle* aufgrund niedriger Zinsen (Bank für Internationalen Zahlungsausgleich, 2014, S. 73 ff.). Ein niedriger Zins gibt Anreize zu einer vermehrten Verschuldung, eine Bilanzbereinigung um faule Kredite bei Banken unterbleibt und für Unternehmen rechnen sich Investitionen bereits bei geringer Profitabilität. Eine Haushaltskonsolidierung wird nicht so dringlich, da relativ niedrige Zinslasten Spielräume für eine Nettoneuverschuldung eröffnen. Die *Risiken öffentlicher Haushalte* spiegeln sich in der Schuldenstandsquote als Quotient von Staatsschulden/Bruttoinlandsprodukt (BIP) wider (Boysen-Hogrefe & Jannsen, 2014, S. 616 f.).

Auch die *EZB und die Notenbanken des Eurosystems* wären von einem Politikwechsel negativ betroffen. Die aus dem Ankauf von Staatspapieren und Kreditverbriefungen niedriger Bonität der Krisenländer drohenden bilanzielle Verluste einer Bad Bank werden Realität. Die vielfach schon heute diagnostizierte Abhängigkeit der EZB durch diese sogenannten außergewöhnlichen Politiken wäre offenbar. Der Sozialisierung von Verlusten im Rahmen der "Rettungspolitik" wäre ein weiteres Tor geöffnet.

Mit der Politik der Zinsangleichung sind zugleich erhebliche *Einkommensumverteilungen* innerhalb der Eurozone verbunden. So zahlt Griechenland für seine Rettungskredite weniger als 1,4 % p. a. und damit sogar weniger als Deutschland mit einem durchschnittlichen Zins seiner Staatsschulden von 1,5 % p. a. (Dez. 2018) (Plickert, 2019).

Stark fielen auch die durchschnittlichen Zinsen im Zeitraum 2008 bis 2018 für Frankreich von 4,4 auf 1,9 % p. a. und für Italien von 4,9 auf 2,8 % p. a. Weitere Reduzierungen erfolgten bis 2021, u. a. aufgrund des aufgestockten PSPP- und des neuen PEPP-Programms.

5.4   Politische Schlussfolgerungen

Die Übernahme der LoR-Funktion ist *rechtlich* bemerkenswert, da sie durch das Verbot der Staatsfinanzierung (Art. 123 AEUV) vertraglich ausgeschlossen ist.[1] Sie ist ökonomisch fragwürdig, da in der Eurozone aufgrund der föderalen Struktur der Europäischen Union (EU) der Währungsraum nicht deckungsgleich mit den Staatsgebieten der jeweiligen Mitgliedsländer ist. Demzufolge wird die Geldpolitik zentral gesteuert, während die Haushaltshoheiten trotz des reformierten Stabilitäts- und Wachstumspaktes (Sixpack) sowie des besonderen Haushaltsüberwachungsverfahrens (Twopack) weiterhin bei den Mitgliedstaaten verbleiben. Eine Abkehr von dieser noch föderalen Struktur würde den bereits in Gang gesetzten Umbau der EU unumkehrbar machen, mit allen Konsequenzen einer Fiskal-/Transferunion. Die EZB würde unter Aufgabe ihres rein monetären Mandats in den abhängigen Dienst eines fiskalischen Agenten gestellt (fiscal domi-

---

[1] Der Zweite Senat des Bundesverfassungsgerichts (BVerfG, 2014) hat das OMT-Programm der EZB über den Ankauf von Staatsanleihen für unionsrechtswidrig erkannt und erstmals eine Vorlage zur Vorabentscheidung an den Europäischen Gerichtshof (EuGH) gestellt. Siehe BVerfG, Beschluss v. 14.01.2014 – 2 BvR 2728/13, 2729/13, 2730/13, 2731/13, 2 BvE 13/13. Dem entgegen stehen die Stellungnahme des Generalanwaltes am EuGH vom 14.01.2015 und die Entscheidung des EuGH (Rechtssache C-62/14 v. 15.06.2015). Sodann hat das Bundesverfassungsgericht (BVerfG, 2020), Urteil des Zweiten Senats zum PSPP-Programm v. 5. Mai 2020 – 2 BvR 859/15, 2 BvR 980/16, 2 BvR 2006/15, 2 BvR 1651/15 eine wichtige Entscheidung zu diesem Verbot gefällt.

nance). Allerdings hat die Krise auch offenbart, dass die jetzige, EU-vertraglich abgesicherte Situation bei einem nicht glaubwürdigen Haftungsausschluss in Verbindung mit unzureichenden Kontroll- und Durchgriffsrechten auf die nationalen Haushalte zu einer instabilen Situation mit nationalem Erpressungspotenzial führt (Winkler, 2013, S. 208 ff.). Die Weigerung Frankreichs und Italiens, bei ihren Haushaltsplanungen für 2015 den Vorgaben des reformierten Stabilitätspaktes zu folgen, und das Einlenken der EU-Kommission zeigen den verbreiteten Widerstand an einer Übertragung nationaler fiskalischer Kompetenzen auf die EU. Gleiches gilt für den Haushaltsstreit Italiens mit der EU 2018/2019. Die Diskussion um eine endgültige Aufhebung der Defizitregeln ist der bisherige Schlusspunkt. Damit ergibt sich folgende Prognose: Entweder wird die Fiskal-/Transferunion trotz aller Widerstände Realität oder die Währungsunion sollte – als Handlungsanweisung – schnellstmöglich beendet werden.

Die Herstellung der Bedingungen eines optimalen Währungsraumes als dritte Möglichkeit ist mit hohen Unsicherheiten behaftet. Eine Rückbesinnung auf die nationale Verantwortung der Mitgliedstaaten, d. h. eine *Reformpolitik* (innere Abwertung) zur Rückgewinnung der Wettbewerbsfähigkeit kann eine langfristig erfolgversprechende Alternative bieten, bleibt nach den bisherigen Erfahrungen jedoch unrealistisch. Gegebenenfalls wäre auch die Wiedereinführung einer *nationalen Parallelwährung* zum Euro (äußere Abwertung) verbunden mit einem offenen Schuldenschnitt, wie im Fall Griechenlands unumgänglich, angezeigt. Der Niedrigzins würde einem Knappheitspreis weichen, der die Übernahme von Risiko als produktiven Faktor (Meyer, 1992) marktgerecht entlohnt und Kapital für einen Neuanfang anlockt.

5.5 Zusammenfassung

Nicht nur das außergewöhnlich niedrige Zinsniveau, sondern auch die im Rahmen der monetären Krisenpolitik egalisierten Risikoprämien bewirken neben einer Kapitalfehlleitung in die Krisenstaaten einen erheblichen impliziten Einkommenstransfer aus den Gläubigerstaaten. Die Schuldenfalle niedriger Zinsen verführt gerade öffentliche Haushalte der Krisenstaaten zu einer erhöhten Verschuldung, die spätestens bei steigenden Zinsen zum Problem wird. Die Analyse ergibt zudem erhebliche Zweifel, ob die Strategie der EZB hinsichtlich einer privaten Kreditausweitung zielführend sein kann. Insbesondere die These eines gestörten Transmissionsmechanismus wird verworfen. Alternativ scheinen die wirtschafts- und ordnungspolitischen Rahmenbedingungen vielfach als nicht investitionsförderlich. Deshalb wird für eine Politik der Selbstverantwortung der Mitgliedstaaten plädiert, für mehr Reformen und wenn notwendig für eine Entschuldung einzelner Staaten in Verbindung mit der Einführung einer nationalen Parallelwährung.

Literatur

Bank für Internationalen Zahlungsausgleich. (2014). *84. Jahresbericht 2013–2014.* Bank für Internationalen Zahlungsausgleich.

Boysen-Hogrefe, J., & Jannsen, N. (2014). Wo liegen die Gefahren niedriger Zinsen? *Wirtschaftsdienst, 94*(9), 615–619.

Brandmeir, K., Grimm, M., Heise, M., & Holzhausen, A. (2014). Allianz Global Wealth Report 2014, München 2014. https://www.allianz.com/v_1411404269000/media/press/document/Allianz_Global_Wealth_Report_2014_en.pdf. Zugegriffen am 04.10.2014.

Bundesverfassungsgericht. (2014). Beschluss zum OMT-Programm v. 14.01.2014 – 2 BvR 2728/13, 2729/13, 2730/13, 2731/13, 2 BvE 13/13.

Bundesverfassungsgericht. (2020). Urteil des Zweiten Senats zum PSPP-Programm v. 5. Mai 2020 – 2 BvR 859/15, 2 BvR 980/16, 2 BvR 2006/15, 2 BvR 1651/15 – Rn. 1–237, http://www.bverfg.de/e/rs20200505_2bvr085915.html. Zugegriffen am 07. 05.2020.

Corradin, S., Grimm, N., & Schwaab, B. (2021), Euro area sovereign bond risk premia during the Covid-19 pandemic (ECB working paper series, No 2561/May 2021).

Deutsche Bundesbank. (2012). Stellungnahme gegenüber dem Bundesverfassungsgericht zu den Verfahren mit den Az. 2BvR 1390/12, 2BvR 1421/12, 2BvR 1439/12, 2BvR 1824/12, 2BvE 6/12 (ESM, Fiskalpakt und OMT-Programm).

Draghi, M. (2012). Rede auf der Global Investment Conference in London v. 26 Juli 2012. http://www.ecb.europa.eu/press/key/date/2012/html/sp120726.en.html. Zugegriffen am 19.11.2018.

Fichtner, F. (2014). Niedrigzinsen sind sinnvoll, können Probleme in Europa aber nicht alleine lösen. *Wirtschaftsdienst, 94*(9), 619–623.

Havlik, A., Heinemann, F., Helbig, S., & Nover, J. (2021). Dispelling the Shadow of fiscal dominance? Fiscal and monetary annoncement effects for Euro area sovereign spreads in the Corona pandemic (ZEW Expert Brief, No.03 v. 06.04.2021).

Hüther, M. (2014). Behutsamer Einstieg in die Zinswende. *Wirtschaftsdienst, 94*(9), 626–630.

International Monetary Fund (Hrsg.). (2014). Global Financial Stability Report, Washington 2014.

Investing.com. (2018a). Anleihenverzinsungen. http://de.investing.com/rates-bonds/. Zugegriffen am 02.12.2018.

Investing.com. (2018b). Griechenland 10-Jahre Anleiherendite. https://de.investing.com/rates-bonds/greece-10-year-bond-yield-historical-data. Zugegriffen am 12.12.2018.

Investing.com. (2018c). Italien 10-Jahre Anleiherendite. https://de.investing.com/rates-bonds/italy-10-year-bond-yield-historical-data. Zugegriffen am 10.12.2018.

Koo, R. C. (2011). The world in balance sheet recession: Causes, cure, and politics. *Real-World Economics Review, 58*, 19–37.

Meyer, D. (1992). Die Übernahme von Risiko als Produktionsfaktor am Beispiel von Versicherungen. *Zeitschrift für die gesamte Versicherungswissenschaft, 81*(4), 597–615.

Meyer, D. (2015). Nivellierung der Risikoprämien durch die EZB. *Zeitschrift für das gesamte Kreditwesen, 68*(3), 116–120.

Plickert, P. (21. Oktober 2014a). Die EZB treibt die Kurse für Pfandbriefe. *Frankfurter Allgemeine Zeitung, 19*.

Plickert, P. (16. Dezember 2014b). Bofinger gegen EZB-Anleihenkauf. *Frankfurter Allgemeine Zeitung, 17*.

Plickert, P. (9. Januar 2019). Deutscher Staat spart Milliarden durch Niedrigzinsen. *Frankfurter Allgemeine Zeitung, 17*.

Schrooten, M. (2014). Niedrige Leitzinsen – Kein Allheilmittel. *Wirtschaftsdienst, 94*(9), 623–626.

Sinn, H.-W. (2014). Brief an Carl-Christian von Weizsäcker zur aktuellen Diskussion über die säkulare Stagnation, München 2014. http://www.cesifo-group.de/ifoHome/policy/Spezial-themen/Policy-Issues-Archive/Finanzmarkt/main/09/text_files/file/document/Sinn-201401-Saekulare-Stagnation.pdf. Zugegriffen am 07.10.2014.

Winkler, A. (2013). Ordnung und Vertrauen – Zentralbank und Staat in der Eurokrise. *Perspektiven der Wirtschaftspolitik, 14*(3–4), 198–218.

6

Negativrenditen bei Unternehmensanleihen: Wie die EZB die Steuerungsfunktion des Kapitalmarktzinses außer Kraft setzt

Seit Juni 2016 kauft die Europäische Zentralbank (EZB) auch Unternehmensanleihen. Bereits die Ankündigung einer Ausweitung des Ankaufprogramms hat zu einem deutlichen *Renditerückgang* in diesem Marktsegment geführt. Neuemissionen von Anleihen einzelner Industrieunternehmen erzielten sogar negative Renditen. Dieses scheinbar wenig bedeutsame und eher kuriose, neue Detail der "außergewöhnlichen" Geldpolitik könnte weitreichende Folgen haben. Der Beitrag analysiert die volks- und betriebswirtschaftlichen Konsequenzen. Die weiteren Ausführungen gründen weitgehend auf Meyer (2016).

6.1   Money for nothing

Money for nothing – der Zinsentscheid der Europäischen Zentralbank (EZB) vom März 2016 wirkt nach. Als Randbemerkung: Die Entscheidung wurde ohne die Beteiligung

D. Meyer, *Europäische Union und Währungsunion in der Dauerkrise I*,
https://doi.org/10.1007/978-3-658-35715-3_6

des Präsidenten der Deutschen Bundesbank getroffen, der turnusmäßig wegen der Rotation bei 19 Euro-Mitgliedstaaten auf dieser Sitzung kein Stimmrecht hatte. Ab diesem Zeitpunkt bot ein Leitzins von 0,00 % den Banken kostenloses Zentralbankgeld. Zugleich wurde die *Überschussliquidität* mit einem Einlagenzins von -0,5 % teuer bestraft. Vier neue Kreditprogramme ("TLTRO II") mit jeweils vier Jahren Laufzeit ermöglichten den Geldinstituten seit Juni als neues Instrument sogar eine Refinanzierung zu einem Negativzins, der so niedrig sein kann wie der Einlagenzins. Damit wird eine Kreditvorsorge im günstigsten Fall ohne die Gefahr von Strafzinsen möglich. Schließlich wurde das Programm zum Ankauf von Vermögenswerten (Asset Purchase Programme, APP) ausgeweitet und das Anleihevolumen von monatlich 60 auf 80 Mrd. EUR im April 2016 erhöht. Bei einem Anstieg der Bilanzsumme von 2,2 auf 4,7 Bill. EUR seit Beginn im März 2015 bis Ende 2018 (Zeitpunkt des Auslaufens des APP-Programms) hatte das Kaufprogramm ein Volumen von ca. 2,6 Bill. EUR. Neben Staatsanleihen (2100 Mrd. EUR), Pfandbriefen (265 Mrd. EUR), ABS-Verbriefungen (28 Mrd. EUR) wurden außerdem auch "gute" Unternehmensanleihen (177 Mrd. EUR) angekauft (Stand v. Dez. 2018) (EZB). Im März 2019 beschloss die EZB angesichts einer sich eintrübenden Konjunktur die Fortführung von Langfristliquiditäten durch die Ausgabe einer Serie neuer Kreditprogramme (Ausgabe ab Sept. 2019 bis Dezember 2021) mit einer Laufzeit von zwei Jahren ("TLTRO III").

6.2 Ankauf von Unternehmensanleihen: Eine letzte Stellschraube?

Trotz der Ausweitung der Anleiheankäufe auf ABS-Verbriefungen und Pfandbriefe hat die EZB seit 2016 zunehmend Probleme, geeignete Wertpapiere für den Ankauf von Staatsanleihen (PSPP) zu bekommen. Von den ca. 6000 Mrd. EUR Staatsanleihen des Euroraumes hatten im Sept. 2016 4260 Mrd. EUR eine negative Rendite (Frühauf, 2016a). Auch um ihren Einfluss als marktbeherrschender und preisbeeinflussender Akteur selbst zu begrenzen, beschränkt die EZB ihre Ankäufe bei Staatsanleihen auf Laufzeiten von 2 bis 30 Jahren, wobei maximal 33 % des Emissionsvolumens in das Portfolio genommen werden darf. Bei Titeln mit einer Collective Action Clause (CAC)-Klausel sinkt die Quote auf maximal 25 %, damit die EZB keine Sperrminorität ausüben kann. Auch um dem Argument einer staatendiskriminierenden Zinsmanipulation entgegenzuwirken, sollen die Anleihequoten dem Kapitalanteil an der EZB entsprechen. Darüber hinaus kaufte die EZB anfangs keine Schuldverschreibungen mit einer Rendite niedriger als dem Einlagenzins von −0,5 %, um eigene Verluste zugunsten von risikolosen Gewinnen der Banken zu vermeiden, die ihrerseits die Erlöse der Überschussliquidität zuführen würden.

Welche *Stellschrauben* bleiben der Zentralbank noch? Eine Absenkung des Hauptrefinanzierungssatzes unter 0 % würde der EZB Verluste bringen. Wie der Anstieg der Überschussliquidität in Höhe von 1023 Mrd. EUR (Sept. 2016) auf 1853 Mrd. EUR (Dez. 2018) außerdem zeigt, bestehen seitens der Geschäftsbanken kaum Anreize einer Inanspruchnahme, da die Anlage beispielsweise in als sicher geltende Bundespapiere teilweise eine noch höhere Negativrendite erbringt. Dies kann als ein Kontrollverlust der Zentralbank über die Geldschöpfungsaktivitäten der Geschäftsbanken gewertet werden (Binswanger, 2015, S. 257 ff.). Die Höhe des Strafzinses wird zudem durch die Grenzkosten der Bargeldhaltung begrenzt. Eine Ausweitung auf kurzlaufende Anleihen unter 2 Jahren würde die Zinsstrukturkurve steiler werden lassen und die Renditen langlaufender Papiere weiter in den negativen Bereich bewegen. Wohl auch deshalb hat der EZB-Rat mit Wirkung vom 7. Juni 2016 beschlossen, als weitere *Wertpapierklasse Unternehmensanleihen* anzukaufen.

Damit erschließt die EZB ein zusätzliches Marktsegment von etwa 800 Mrd. EUR. Im Unterschied zu Staatsanleihen können bis zu 70 % einer Emission erworben werden, neuerdings auch direkt am Primärmarkt. Ähnlich wie bei Pfandbriefen ist die EZB nicht an die Quoten der nationalen Kapitalschüssel gebunden. Die Markterwartungen liegen bei monatlichen Kaufvolumina zwischen 3 und 10 Mrd. EUR (Frühauf & Braunberger, 2016). Bereits mit der Ankündigung vom 10. März 2016 sanken die Renditen entsprechender Papiere. Ähnlich wie im Markt für Pfandbriefe hat die EZB die Anleihepreise nach oben getrieben. Sodann haben insbesondere Großunternehmen die Gelegenheit genutzt, um vermehrt Neuemissionen einzuführen. Innerhalb der ersten fünf Wochen (8. Juni bis 15. Juli 2016) wurden 458 Anleihen von 175 Unternehmen mit einem Volumen von 10,4 Mrd. EUR angekauft (Frühauf, 2016b). Davon waren 3 Mrd. EUR Anleihen französischer Unternehmen (29 %, u. a. Renault) und 2,6 Mrd. EUR Anleihen deutscher Unternehmen (25 %, u. a. Allianz, Bayer, BASF, VW, Siemens, Linde). Jede achte Unternehmensanleihe, insgesamt Anleihen im Umfang von 2 Mrd. EUR von zumeist staatsnahen Unternehmen (Deutsche Bahn, Deutsche Post), hatte eine negative Rendite. Bei einem Ankauf zu Kursen über 100 % des Nominalwertes fährt die EZB bei der Tilgung Verluste ein. Im Sept. 2016 gelang erstmals zwei Privatunternehmen eine Neuemission mit Negativzins. Die Henkel AG begab eine zweijährige Anleihe im Umfang von 500 Mio. EUR mit einer Emissionsrendite von −0,05 %. Die Sanofi AG konnte mit einer dreijährigen Anleihe ebenfalls −0,05 % erzielen (Ettel & Zschäpitz, 2016). Zu welchen betriebs- und volkswirtschaftlichen Konsequenzen führt diese − doch scheinbar relativ bedeutungslose − Ausweitung des APP?

6.3 Die ökonomische Steuerungsfunktion des Anleihezinses ...

Der *Anleihezins als Preis für die zeitliche Kapitalüberlassung* an die Anleiheemittenten ergibt sich seitens des Kapital-/Kreditangebotes aus den Präferenzen der Sparer und − soweit eine Kreditgeldschöpfung des Geschäftsbankensystems besteht − aus der Datensetzung der Zentralbank. Ersparnisse, gemeinhin definiert als Konsumverzicht, resultieren aus der Zeitpräferenz der Wirtschaftssubjekte. Sie ist Ausdruck der Präferenz eines Konsumenten für den Konsum in der Gegenwart gegenüber künftigem Konsum. Wertend wird sie auch als Gegenwartspräferenz bezeichnet, da das Warten in der Regel belohnt werden muss. Weil das bereitgestellte Kapital für Investitionen verwendet wird, ist die Rückzahlung zum vereinbarten Termin zudem nicht sicher. Hier hängt es vom Informationsstand und der Risikoneigung der Anleihezeichner ab, welche Opportunitätskosten sie dafür veranschlagen. Im Regelfall liegt Risikoaversion vor, d. h. eine sichere Alternative wird bei gleichem Risikoerwartungswert einer unsicheren Alternative vorgezogen. Die Übernahme von Risiko muss belohnt werden. Im Ergebnis ist der Anleihezins umso höher, je länger eine Unternehmensanleihe läuft und je höher das mit der Anleihe verknüpfte Risiko ist. Insbesondere in der kurzen Frist besteht für die Notenbank zusätzlich die Möglichkeit der Zinsbeeinflussung. Beispielsweise kann die Zentralbank den Kreditzins weiter senken, indem sie die Refinanzierung für die Banken erleichtert, sodass diese zur Kreditgeldschöpfung durch Giralguthaben angeregt werden.

Die Kreditnachfrage für Investitionen wird über die *Grenzleistungsfähigkeit des Kapitals* gesteuert. Zur Ermittlung der Vorteilhaftigkeit einer Investition werden alle projektbezogenen Nettoerlöse auf den Investitionszeitpunkt diskontiert, um den Kapital- bzw. Gegenwartswert zu ermitteln. Die Grenzleistungsfähigkeit des Investitionsprojektes entspricht demjenigen internen Zinsfuß (r), bei dem ein Kapitalwert von null resultiert, d. h. die Summe der mit dem Kalkulationszinssatz (i) abgezinsten künftigen Nettoerlösen gerade den Anschaffungsbetrag der Investition deckt. Ist der interne Zinssatz größer als der Kalkulationszinssatz, so lohnt sich das Vorhaben betriebswirtschaftlich.

(1) Investitionskalkül: interner Zinsfuß (r) > Kalkulationszinssatz (i), dann Kapitalwert ≥ 0
Prämisse: r, i ≥ 0

Für die nachfolgenden Ausführungen ist die Ermittlung des Kalkulationszinssatzes von wesentlicher Bedeutung. Er wird durch die Möglichkeiten alternativer Kapitalanlagen bestimmt, wobei häufig der Marktzins (m) einer "sicheren Anlage" als Referenz genommen wird. Demnach würde ein Investor jede Realinvestition vornehmen, bei der die Grenzleistungsfähigkeit des Kapitals größer als der Marktzins ist. Dies erklärt die negative Zinsabhängigkeit der Investitionsnachfrage sowohl einzel- wie auch gesamtwirtschaftlich (Bofinger, 2015, S. 372 ff.; Wöhe et al., 2016, S. 492 ff.).

6.4 ... führt bei negativen Kapitalmarktzinsen zur Fehlallokation

Eine Besonderheit liegt in dem außergewöhnlichen Fall *negativer Kapitalmarktzinsen* vor. Da Bundesanleihen zeitweise je nach Laufzeit gegen null oder gar im negativen Bereich rentierten, ergibt sich – gegebene Ertragserwartungen vorausgesetzt – ein entsprechend hoher Kapitalwert respektive interner Zinsfuß. Allerdings würde sich – entgegen Ungleichung (1) – bei einem negativen internen Zinssatz, der zwar größer ist als der ebenfalls negative Kalkulations-/Marktzinssatz, eine Finanzierung unter Einsatz von Eigenkapital nicht lohnen. Der Kalkulationszins fände bei null seine Untergrenze, da eine Bargeldhaltung (Hortung) günstiger käme als eine (Teil-)Kapitalvernichtung bei negativem Kapitalwert.

(2) interner Zinsfuß (r) > Kalkulationszinssatz (i) = Marktzinssatz (m), dann Kapitalwert ≤ 0
    Prämisse: r, i, m ≤ 0

Sollte das Unternehmen allerdings die Möglichkeit haben, die Investition mit Fremdkapital zum Marktzinssatz (m) finanzieren zu können, so wäre das Vorhaben gemäß (2) betriebswirtschaftlich lohnend. Obwohl die Investition zu Verlusten führt, können diese durch den niedrigeren Tilgungsbetrag überkompensiert werden. Der negative Kapitalwert weist jedoch darauf hin, dass volkswirtschaftlich gesehen eine *Einkommens-/Kapitalvernichtung* stattfinden wird, da der reale Ressourceneinsatz durch die Wertschöpfung nicht verdient wird. Volkswirtschaftlich wird Wohlstand vernichtet. Das Bruttoinlandsprodukt (BIP) sinkt.

Anzumerken ist, dass in der volkswirtschaftlichen Bewertung zwischen einem Negativzins bei *Staatsanleihen* und dem bei *Unternehmensanleihen* ein wesentlicher Unterschied besteht. Der Staatskredit wird für konsumtive Zwecke, Transfers/Subventionen oder Investitionen verwendet. Alle Verwendungen beruhen auf politischen, demokratisch legitimierten Haushaltsentscheidungen der Parlamente. Bei den staatlichen Investitionen ist zudem davon auszugehen, dass sie unter privatwirtschaftlichen Bedingungen entweder nicht, nicht in dem Umfang bzw. nicht in der Qualität vorgenommen würden, da eine entsprechende privatwirtschaftliche Rentabilität nicht zu erwarten wäre. So haben Investitionen in Kitas, Schulen, Straßen, Krankenhäuser etc. hohe positive externe Nutzenstiftungen, die am Markt jedoch nicht den notwendigen Preis erzielen würden, der für das gesellschaftlich erwünschte Angebot notwendig wäre. Daneben ist mit einer Bereitstellung von staatlichen Dienstleistungen zumeist implizit eine Umverteilung verbunden. Von daher können hier keine eindeutigen negativen Wohlstandseffekte abgeleitet werden, wenn eine Finanzierung zu Negativzinsen erfolgt. Eindeutig dürfte hingegen die Anreizwirkung auf das Niveau der staatlichen Kreditfinanzierung sein. So wird das Staatsdefizit infolge der Niedrig-/Negativzinsen niedriger bewertet als es ohne die quantitative Lockerung wäre (Frühauf, 2016c). Es bestehen insofern Anreize, von einer direkten Besteuerung auf eine Kreditfinanzierung auszuweichen. Auch könnten Effekte zu ausgedehnteren Staatsausgaben und einer gegebenenfalls weniger effizienten Bereitstellung einhergehen.

6.5 Weitere Folgen und Konsequenzen

... aus volkswirtschaftlicher Sicht

Die EZB wird durch die Ankäufe zu einem *marktmächtigen, preisbeeinflussenden oder gar preissetzenden Akteur* (Meyer, 2010). Gegenüber dem Markt für Staatsanleihen der Euroländer ist die Marktbeeinflussung durch den Ankauf von Unternehmensanleihen wesentlich spürbarer, da sie bis zu 70 % einer Emission aufkaufen kann und die Marktenge hier insgesamt wesentlich ausgeprägter ist. Bereits mit der Ankündigung der Ankäufe sanken die Renditen für Unternehmensanleihen von März bis Juni 2016 im Durchschnitt um 0,32 Prozentpunkte, ohne dass in diesem Zeitraum Käufe getätigt wurden (Frühauf & Braunberger, 2016). Die Marktenge verstärkt die Kursausschläge und erhöht die Spanne zwischen Geld- und Briefkurs (Spread). Der Liquiditätsengpass verdrängt außerdem Versicherer und Pensionsfonds als traditionelle Käufer. Eine Marktbewertung findet nicht mehr statt. Im Ergebnis wird die *Marktkontrolle außer Kraft* gesetzt und durch die zentralwirtschaftlichen Entscheidungen des EZB-Rates ersetzt.

Darüber hinaus kommt es zu *Preis- und Wettbewerbsverzerrungen* bei der Fremdfinanzierung von Unternehmen. Den Zugang zum Anleihemarkt haben lediglich große und mittelständische Unternehmen, während kleine Unternehmen auf Bankkredite angewiesen sind. 58 % der Notenbank-Transaktionen bei Unternehmensanleihen hatten ein Volumen kleiner als 10 Mio. EUR, 34 % lagen zwischen 10 und 50 Mio. EUR und 8 % der Käufe waren größer als 50 Mio. EUR, sodass Großemissionen vom Volumen her bevorzugt werden (Frühauf, 2016b). Auch länder- und sektorspezifische Verzerrungen sind nicht ausgeschlossen

(Frühauf & Plickert, 2016). Diese Probleme werden auch im EZB-Rat kritisch diskutiert. Da beispielsweise Frankreich einen Anteil am EZB-Kapitalschlüssel von 20,4 % hält, französische Unternehmen aber etwa 30 % der infrage kommenden Unternehmensanleihen stellen, wurde die Ankaufbindung an diesen Schlüssel aufgehoben. Außerdem erleichtert die EZB durch den Zugang zu günstigen Finanzierungsmitteln Unternehmensübernahmen und fördert die Marktkonzentration. So finanzierte die Bayer AG die Übernahme der Monsanto AG unter anderem durch einen Brückenkredit der Banken in Höhe von 57 Mrd. US\$. Er wurde durch eine günstigere Unternehmensanleihe abgelöst. Sollte die EZB bis zu 70 % dieser Emission erworben haben, würde sie zum größten Kreditgeber dieser Unternehmensübernahme. Dies wäre als industriepolitischer Eingriff zu werten.

Weil ein Großteil der Staatsanleihen aus dem Euroraum noch niedriger rentieren als Unternehmensanleihen, ist dieses Marktsegment wie auch der Pfandbriefmarkt für Banken und Kapitalanlagegesellschaften attraktiv, um der Überschussliquidität mit noch höheren Strafzinsen auszuweichen. Da die EZB im Gegensatz zu Staatsanleihen bei Pfandbriefen und Unternehmensanleihen auch auf dem Primärmarkt tätig ist, verschärft dies die Konkurrenz und damit den Renditedruck nach unten. Bei Pfandbriefen kommt hinzu, dass die EZB die emittierende Bank zugleich beaufsichtigt und damit eine de facto hervorgehobene Nachfrageposition als Aufkäufer einnimmt (Frühauf & Braunberger, 2016). Ein Interessenkonflikt wird von der EZB auch als Grund angeführt, bislang keine Bankanleihen kaufen zu wollen (Frühauf, 2016d).

Insbesondere für Versicherer und Pensionsfonds bleiben schlechtere Bonitätsklassen als BBB (Investmentgrad), die als Ankäufe für die EZB nicht infrage kommen. Dies hat neben einem generellen Renditedruck auch zu einer Einebnung der Risikoprämien zwischen den Ratingklassen geführt. Damit erhalten die Zinsstrukturkurven nach Risikoklassen und Laufzeiten einen flacheren Verlauf. Die Negativrenditen zwingen darüber hinaus die Banken zu einer Fristen- und Risikotransformation in längerfristige und riskantere Anlagen, um überhaupt noch Zinserträge zu erwirtschaften. Steigen jedoch die Refinanzierungskosten zukünftig infolge einer Umkehr der Geldpolitik, könnten die Geldinstitute von zwei Seiten her in Schwierigkeiten geraten. Zum einen müssen sie sich bei gleichen Anlageerträgen teurer refinanzieren, zum anderen kann es bei den Kreditnehmern zu Ausfällen kommen, soweit sie teurere Anschlussfinanzierungen mit ihren niedrig kalkulierten internen Investitionsrenditen nicht mehr bedienen können. Schließlich könnten die Hypothekenkredite für "Betongold" zu einem Problem werden, wenn die Immobilienpreise wieder sinken und Privatkunden Laufzeiten kürzer als den Tilgungszeitraum gewählt haben. Es drohen massive *Fehlbewertungen* finanzieller Vermögenswerte ("Vermögensblasen"), die bei einer Rückkehr der Geldpolitik auf Normalmaß einer Korrektur unterliegen und erhebliche Risiken für die Realwirtschaft bilden.

... aus betriebswirtschaftlicher Sicht

Ausgehend von den Prämissen a) einer Mischfinanzierung aus Eigen- und Fremdkapital, b) positiven Opportunitätskosten des Eigenkapitals sowie c) einem moderat negativen Unternehmensanleihezins, der zu einem durchschnittlichen Finanzierungszins größer null führt, muss der interne Zinsfuß für die betriebswirtschaftliche Rentabilität der Investition positiv sein. Nur bei relativ hohen negativen Fremdkapitalzinsen und/oder einer vollständigen Fremdkapitalfinanzierung könnte eine Investition trotz eines negativen internen Zinsfußes betriebswirtschaftlich profitabel sein. Betriebswirtschaftlich zeigt der Finanzierungszins eine relativ geringe Knappheit der Kapitalüberlassung/Kapitalnutzung an, sodass – aus volkswirtschaftlicher Sicht – ein überoptimaler und ineffizienter Einsatz, also *Kapitalverschwendung* naheliegt. Der Kostendruck für die Unternehmen lässt nach und die Risikoneigung steigt.

Eigenkapital wird gegenüber Fremdkapital relativ teuer und deshalb unattraktiv. Neben den neuen Investitionsvorhaben kommt es auch im bestehenden Kapitalstock zu einer Substitution von teurem Eigenkapital durch Fremdkapital. Unternehmen nehmen Fremdkapital auf, um damit den Rückkauf von eigenen Aktien zu finanzieren (Ettel & Zschäpitz, 2016). Der Vorteil für die Anteilseigner: Der Aktienkurs steigt, da die erzielten Unternehmensgewinne auf weniger Anteilsscheine verteilt werden müssen. Bei einem gesunkenen Verhältnis von Eigen- zu Fremdkapital und einer Gesamtkapitalrentabilität größer als der Fremdkaptalzins bewirkt ein Anstieg des Verschuldungsgrades einen Anstieg der Eigenkapitalrentabilität. Dieser auch als *Leverage-Effekt* bezeichnete Gewinnhebel des Fremdkapitals (Wöhe et al., 2016, S. 602 f.) hat jedoch verschiedene Nachteile. Der Risikopuffer des Eigenkapitals als Haftungskapital schrumpft. Das generell höhere Risiko kann zu einer Ratingabstufung führen und die Finanzierungskosten wiederum anheben. Steigen die Marktzinsen und muss bei einem Verstoß gegen den Grundsatz der Fristenkongruenz von Investitionslaufzeit und Kreditlaufzeit teuer refinanziert werden oder es sinkt die Gesamtkapitalrentabilität aufgrund einer verschlechterten Geschäftslage, so kann sich der Leverage-Effekt umkehren. Sollte gar die Notwendigkeit bestehen, aufgrund der unerwarteten Verluste eine Eigenkapitalerhöhung vornehmen zu müssen, so wird diese

Phase sehr schwierig und kann den Fortbestand des Unternehmens gefährden.

Einen weiteren, das Eigenkapital schmälernden Effekt verursachen die sinkenden Renditen für Unternehmensanleihen im Rahmen der *Bilanzierung von Pensionsrückstellungen* (Hertle, 2016; Unternehmensberatung Mercer, 2016a, 2018). Gemäß den International Financial Reporting Standards (IFRS) wird die Diskontierung für Pensionszusagen auf der Basis des Rechnungslegungszinses für hochwertige, auf Euro lautende Unternehmensanleihen (AA) vorgenommen.[1] Durch die mit den EZB-Ankäufen gesunkenen Zinsen sinkt zugleich der Rechnungslegungszins und somit steigen die Rückstellungen für Betriebspensionen. Im Jahresvergleich (Stand Sept. 2016) war dieser Zins um gut einen Prozentpunkt von 2,42 % auf 1,33 % gesunken. Entsprechend stiegen die Pensionsrückstellungen der 30 DAX-Unternehmen von 361 Mrd. EUR (2015) auf 428 Mrd. EUR (2016). Der durchschnittliche Anstieg von 18,6 % wird von einzelnen Unternehmen wie Lufthansa (63 %), BASF (52 %) und Commerzbank (46 %) erheblich überschritten. Mit den steigenden Pensionsrückstellungen sinkt das Eigenkapital, allerdings zunächst nur rein rechnerisch und erfolgsneutral. Demgegenüber wirken sich Änderungen in der Höhe der Pensionsrückstellungen im handelsrechtlichen Abschluss (HGB) direkt als erfolgswirksamer Aufwand auf den Gewinn/Verlust aus. Der HGB-Rechnungslegungszins unterliegt jedoch einer abweichenden Erhebungsmethode. Bis einschließlich 2015

---

[1] Die IFRS-Standards sind internationale Rechnungslegungsvorschriften für Unternehmen, die vom International Accounting Standards Board (IASB) herausgegeben werden. Unabhängig von nationalen Rechtsvorschriften sollen sie eine international vergleichbare Rechnungslegung gewährleisten. Für die 30 DAX-Unternehmen ist die Anwendung nach EU-Recht zwingend. Die Ratingagenturen Standard & Poor's, Fitch und Moody's müssen die Anleihen des Rechnungslegungszinses im Durchschnitt mit AA bewerten, damit sie in den Rechnungslegungszins einfließen.

wurde ein siebenjähriger Durchschnitt genommen. Ab 2016 wurde – auch auf politischen Druck hin – auf einen zehnjährigen Durchschnitt erhöht, um den aktuellen Niedrigzins weniger ins Gewicht fallen zu lassen. Siehe auch Mercer (2016b). Vornehmlich mittelständische Unternehmen müssen ausschließlich nach HGB ihren Jahresabschluss ausweisen. Indem der Durchschnitt der letzten zehn Jahre genommen wird, kommt es zu einem Verzögerungs- bzw. Glättungseffekt.

6.6 Zusammenfassung

Negativrenditen für Unternehmensanleihen infolge einer Ausweitung des Ankaufprogramms der EZB setzen die volkswirtschaftliche Steuerungsfunktion des Kapitalmarktzinses außer Kraft. Investitionen werden trotz einer negativen Grenzleistungsfähigkeit des Kapitals betriebswirtschaftlich lohnend. Gemäß des Leverage-Effektes substituieren die Unternehmen Eigen- durch Fremdkapital, um ihre Eigenkapitalrentabilität zu steigern. Zugleich erhöht ein gestiegener Verschuldungsgrad das unternehmerische Ausfallrisiko bei sinkenden Geschäftserwartungen und wieder anziehenden Marktzinsen. Darüber hinaus werden Banken, Versicherer und Pensionsfonds zu einer Risiko- und Fristentransformation bei einer flacher verlaufenden Zinsstrukturkurve gezwungen, um überhaupt noch Zinserträge zu erwirtschaften.

Literatur

Binswanger, M. (2015). *Geld aus dem Nichts – Wie Banken Wachstum ermöglichen und Krisen verursachen*. Wiley.

Bofinger, P. (2015). *Grundzüge der Volkswirtschaftslehre* (4., akt. Aufl.). Pearson.

Deutsche Bundesbank. (2016). Zu den gesamtwirtschaftlichen Auswirkungen der quantitativen Lockerung im Euro-Raum. *Monatsberichte, 68*(6), 29–54.

Ettel, A., & Zschäpitz, H. (11. September 2016). Geschäftsmodell Schulden. *Welt am Sonntag, 38.*

Frühauf, M. (9. September 2016a). Der EZB gehen die Staatsanleihen aus. *Frankfurter Allgemeine Zeitung, 27.*

Frühauf, M. (4. August 2016b). EZB kauft Unternehmensanleihen unter null. *Frankfurter Allgemeine Zeitung, 29.*

Frühauf, M. (7. Juni 2016c). EZB lässt Staatshaushalte künstlich gesunden. *Frankfurter Allgemeine Zeitung, 17.*

Frühauf, M. (30. September 2016d). Die Angst vor den verstopften Fluchtwegen. *Frankfurter Allgemeine Zeitung, 35.*

Frühauf, M., & Braunberger, G. (10. Juni 2016). Banken fürchten Verzerrungen durch EZB-Käufe. *Frankfurter Allgemeine Zeitung, 32.*

Frühauf, M., & Plickert, P. (15. April 2016). Unternehmensanleihen im Sog der Zentralbank. *Frankfurter Allgemeine Zeitung, 23.*

Hertle, M. (14. Oktober 2016). 430 Milliarden Euro für Pensionen in DAX-Konzernen. *Frankfurter Allgemeine Zeitung, 22.*

Mercer. (2016a). Rechnungszins für IFRS/US-GAAP/HGB-Bewertungen. https://www.mercer.de/our-thinking/rechnungszins-fuer-ifrs-us-gaap-bilmog-bewertungen.html. Zugegriffen am 25.10.2016.

Mercer. (2016b). Änderung beim HGB-Rechnungszins verabschiedet. http://www.mercer.de/our-thinking/aenderung-beim-hgb-rechnungszins-verabschiedet.html. Zugegriffen am 25.10.2016.

Mercer. (2018). Rechnungszins für IFRS/US-GAAP/HGB-Bewertungen. https://www.mercer.de/our-thinking/rechnungszins-fuer-ifrs-us-gaap-bilmog-bewertungen.html. Zugegriffen am 19.11.2018.

Meyer, D. (2010). Die EZB als ‚Marktmacher'. *BankArchiv, 58,* 555.

Meyer, D. (2016). Negativrenditen bei Unternehmensanleihen –
Steuerungsfunktion des Kapitalmarktzinses außer Kraft. *Zeitschrift für das gesamte Kreditwesen, 69*(22), 1121–1124.

Wöhe, G., Döring, U., & Brösel, G. (2016). *Einführung in die Allgemeine Betriebswirtschaftslehre* (26., überarb. u. akt. Aufl.). Vahlen.

7

Gibt es bald eine Euro-Parallelwährung? – Zum Vorschlag einer Steuer auf Bargeld

Die Absenkung der Meldepflicht für Bargeschäfte auf 10 Tsd. EUR, der Ausgabestopp der 500-Euronote und Bargeldbeschränkungen in vielen Euroländern haben es nicht geschafft: *Bargeld* bleibt nach einer Studie der Bundesbank in Deutschland trotz eines langfristigen Trends hin zum elektronischen Bezahlen das beliebteste Zahlungsmittel (Cabinakova et al., 2019). 78 % der Zahlungsvorgänge (Stand 2017) werden in bar abgewickelt, während nur 21 % mit Karte erfolgen. Die Corona-Pandemie hat die kontaktlosen Zahlungen allerdings befördert. Nach einer neueren Erhebung der Bundesbank (Stand 2020) (Pietrowiak et al., 2021) werden 60 % aller Zahlungen in bar vorgenommen, während Karten einen wachsenden Anteil von 29 % hatten. Gemessen am Wert der Transaktion haben Barzahlungen nur einen Anteil von 32 %, während Karten 44 % abdecken. 17 % entfallen hier auf Überweisungen/Lastschriften. Von daher hat Bargeld insbesondere bei kleineren Beträgen eine dominierende Funktion. Mit 2 % aller

D. Meyer, *Europäische Union und Währungsunion in der Dauerkrise I*, https://doi.org/10.1007/978-3-658-35715-3_7

Transaktionen hat das Smartphone noch eine geringe, aber stark wachsende Bedeutung.

Hinzu kommen günstige Kosten (Kassierzeit, Geldtransport, Verwaltung) pro Zahlungsvorgang: Barzahlung 24 ct.; Girocard/Lastschrift 33 ct.; Kreditkarte ca. 1 EUR. Weltweit hat der Anteil des Bargeldes am Bruttoinlandsprodukt zwischen 2007 und 2017 zugenommen, im Euroraum um etwas über 3 % (Assenmacher & Krogstrup, 2018, S. 7). Ein Rückgang wird nur für Dänemark, Schweden und Norwegen angegeben. Allerdings weicht die Bargeldhaltung in den Ländern aus ganz unterschiedlichen Gründen voneinander ab. Zahlungsgewohnheiten, illegale Geschäfte und Schattenarbeit, die Wahrung der Anonymität, die Sicherheit vor Systemunfällen oder aber die Versicherung gegen Bankpleiten prägen die Präferenzen. Die weiteren Ausführungen gründen weitgehend auf Meyer (2019).

7.1 Psychologische Vorbereitung auf negative Sparzinsen oder ernst gemeinter Vorschlag?

Aus den Reihen des Internationalen Währungsfonds (IWF) und der Europäischen Zentralbank (EZB) dringt nun eine Idee, die zwei Preisauszeichnungen im Supermarkt zur Folge haben könnte: die höhere bei Bargeldzahlung, die niedrigere bei Kartenzahlung – undenkbar? Keinesfalls!

Bei abflauender Konjunktur stehen Zentralbanken mit einem Leitzins von Null (EZB) oder gar Negativzins (Zeitweise: Schweiz -0,25 bis -1,25 %, Schweden -0,5 %, Japan -0,1 %) vor einem Dilemma: Eine notwendige Absenkung des Leitzinses um mehrere Prozentpunkte stößt an eine *natürliche Grenze* – die Kosten der Bargeldhaltung (Sinn, 2016). Da der Einlagenzins für Giro- und Sparkonten an den negativen Hauptrefinanzierungszins einer Zentralbank gekoppelt ist, können Kunden ihre Wertaufbewahrung auf Bargeld umstellen, wenn die "Verwahrgebühr" bei Banken zu hoch wird. Allerdings fallen hier Transport-, Tresor- und Versicherungskosten an. Mit dem derzeit von der EZB und verschiedenen Geldhäusern erhobenen Strafzins von -0,5 % p. a. scheint die Schwelle erreicht, denn einige vermögende Privatkunden horten bereits erhebliche Bargeldbestände. Dies zumeist in Form der 500-Euronote, die nach ihrem, von der EZB beschlossenen schrittweisen Einzug, zukünftig durch den 200-Euroschein ersetzt werden müsste. Infolge der dann knapp 2,5-fachen Kosten wäre der EZB wieder ein kleiner Spielraum bis hin zu -1 % beschert. Doch dieser dürfte bei einer tiefen Rezession nicht ausreichen.

7.2 Euro-Parallelwährung zur Entkopplung von Bargeld und Sichtguthaben

Findige Ökonomen des IWF und der EZB (Agarwal & Krogstrup, 2019; Assenmacher & Krogstrup, 2018) haben deshalb kürzlich die Idee präsentiert, *Bargeld mit einer Steuer* zu belegen (Meyer, 2019). Sie knüpft an das sogenannte *Schwundgeld* nach Silvio Gesell (1916) an. Etwas vereinfacht schlagen sie Euro-Bargeld und Euro-E-Reserven als zwei Währungen mit festem Umtauschkurs vor. Das Euro-Bargeld würde in Höhe des negativen Leitzinses bzw. Tagesgeldsatzes (Euro Short-Term Rate, €STR) gegenüber den Euro-E-Reserven abgewertet. Beträgt der Leitzins bspw. -5 %, wären Scheine und Münzen pro Jahr gegenüber dem E-Geld 5 % weniger wert. Bei Konstanz des Leitzinses/€STR von minus 500 Basispunkten würde die tägliche Abwertung des Bargeldes minus 1,4 Basispunkte (500

Basispunkte/360 Zinstage) betragen. Die EZB würde diesen administrativ-regelgebundenen Wechselkurs täglich
veröffentlichen. Über den Zinskanal würden Sicht- und
Spareinlagen der Geschäftsbanken ihren negativen Gut-
habenzins anpassen. Damit wäre das Halten von ab-
gewertetem Bargeld genauso (un)attraktiv wie eine
Einzahlung auf das Girokonto mit negativem Einlagenzins.
Den Euro-Bargeldhaltern wäre diese Alternative fortan ver-
sperrt, einer Quasi-Enteignung zu entgehen, und die EZB
hätte Handlungsspielraum zurückgewonnen. Über eine
Feinsteuerung des Wechselkurses könnte die Zentralbank
die Attraktivität der Bargeldhaltung direkt beeinflussen
und bspw. etwaige Kosten der Bargeldhaltung berücksichtigen oder aber im Falle eines von Illiquidität bedrohten
Bankensektors eines Landes die Bargeldhaltung stark ver-
teuern, um einem Bargeldentzug engegen zu wirken.

Abstrahiert man von Zins- und Wechselkursänderungs-
erwartungen sowie von Tausch- und Kurssicherungskosten,
so könnte ein Ausweichen auf Noten in *Fremdwährungen*
insbesondere dann Vorteile bieten, wenn a) der negative
Valuta-Einlagenzins oberhalb des negativen Euro-
Einlagenzinses verbleibt und b) auf Valuta-Noten keine Abwertung gegenüber den Valuta-Depositen erfolgt. Bei
einem anhaltenden Vertrauensverlust in das Eurosystem
könnte die Fremdwährung neben der Wertaufbewahrung/
des Hortens mittelfristig auch als Zahlungsmittel Verwendung finden.

De facto handelt es sich um *zwei Euro-Parallelwährungen.*
Die Währungsreform müsste in einer Änderung der
EU-Verträge einstimmig beschlossen werden – was bei einigen Ländern auf Widerstand stoßen dürfte. Sodann wären
in einer weiteren EU-Verordnung niederzulegen: die Frage
des gesetzlichen Zahlungsmittels; die Festlegung des Wech-
sel-/Umtauschkurses zwischen Bargeld und E-Geld; Rege-

lungen für Altverträge sowie für Verträge, die den schuld-
befreienden Euro nicht spezifizieren; sodann Verträge in
fremder Währung, für die auch zwei Wechselkurse mit fes-
ten Differenzen bestehen. Allein die rechtliche Komplexität
erfordert Aufklärung, soll das Vertrauen in die Währung
nicht (weiter) erschüttert werden.

Im Regelfall fallen die *Geldfunktionen* Recheneinheit,
Zahlungsmittel und Wertaufbewahrungsmittel zusammen.
Bei Parallelwährungen wird diese Einheit jedoch häufig
durchbrochen. Fortan würde der E-Euro als Recheneinheit
und Vertragswährung, insbesondere bei wiederkehrenden
Leistungen dominieren. Der Euro-Bürger würde deshalb
beim täglichen Einkauf voraussichtlich nur noch den
E-Preis in der Warenauszeichnung auffinden. Da jedoch in
Deutschland die Barzahlung dominiert, würden spätestens
an der Kasse die aufaddierten Abwertungen des Bargeldes
sichtbar. Entweder führt dieser psychologische Effekt zu
einem generellen Vertrauensverlust in die Euro-Währung
und/oder die Tendenz zur bargeldlosen Bezahlweise würde
verstärkt. In jedem Fall würde die EZB enorme
Kommunikationsanstrengungen benötigen, um Akzeptanz
zu erreichen.

Hinzu kommt die Problematik, welche Währung als
schuldbefreiendes *gesetzliches Zahlungsmittel* (Legal Tender)
gilt. Gemeinhin könnte dieses Merkmal als Wettbewerbs-
und Verwendungsvorteil einer Währung gelten, wenngleich
die Vertragspartner abweichende Festlegungen aus Gründen der Praktikabilität treffen können. In Geldordnungen
mit Kreditgeldschöpfung der Geschäftsbanken (Kredit-
geldsystem) werden häufig nur Banknoten als un-
beschränktes gesetzliches Zahlungsmittel staatlich bestimmt – nicht hingegen die (mehr oder weniger) unsicheren
Depositenguthaben der Geschäftsbanken. So heißt es in
§ 14 Abs. 1 Gesetz über die Deutsche Bundesbank: "Auf

Euro lautende Banknoten sind das einzige unbeschränkte gesetzliche Zahlungsmittel" und ähnlich in Art. 128 Abs. 1 AEUV: "Die von der Europäischen Zentralbank und den nationalen Zentralbanken ausgegebenen Banknoten sind die einzigen Banknoten, die in der Union als gesetzliches Zahlungsmittel gelten."

Um die Funktionen des E-Geldes zu fördern, könnte man Nicht-Banken (Unternehmen, private Haushalte) den Zugang zu Zentralbank-Depositen ermöglichen (Niepelt, 2018, S. 5; Rathke et al., 2018, S. 12). In diese Richtung scheint das EZB-Projekt des digitalen Euros zu gehen. Entsprechend müsste die EZB Konten für Nicht-Banken führen. Da dieses sogenannte *Vollgeld* gegenüber dem Kreditgeld sicherer wäre, könnte der Negativzins auf diese Einlagen – als Absolutbetrag – ein wenig höher sein. Das Vollgeld (Geld, das die Zentralbank emittiert) würde die Zentralbank durch den direkten Ankauf von zins- und tilgungsfreien Staatsanleihen gegen Gutschreibung eines Geldbetrages auf ein Regierungskonto zugunsten der öffentlichen Hand in den Geldkreislauf bringen können. Vollgeld liegt im Bereich der Emission von (Scheide-)Münzen bereits seit Jahrhunderten und auch bei den Euro-Münzen vor (Huber, 2013, S. 126 ff.).

7.3   Analyse und Kritik

Die Autoren betonen die *Wirksamkeit tiefer Negativzinsen* in der Annahme symmetrisch wirkender Effekte einer Zinssenkung (Kimball, 2016, S. 9; etwas vorsichtiger formulieren Assenmacher & Krogstrup, 2018, S. 11). Zweifel sind angebracht. So haben Vorholeffekte der Verbraucher ihre Grenzen, denn der Konsum lässt sich nicht unbegrenzt in die Gegenwart vorziehen. Zudem wird die Spareigung infolge der durch Niedrigzinsen unsicheren Altersvorsorge

gefördert, was gegenteilige konjunkturelle Effekte hervor-
bringt. Zwar soll nach dem Vorschlag bei Leitzinsen über
Null eine entsprechende Bargeld-Aufwertung erfolgen
(Kimball, 2016, S. 6; Assenmacher & Krogstrup, 2018,
S. 20 ff.). Doch gerade wegen der Schwierigkeiten einer
Zinsanhebung entstand der Vorschlag einer Bargeld-
abwertung. Der Niedrigzins hat wenig wettbewerbsfähige
"Grenzanbieter" überleben lassen, die Qualität des Kapital-
stocks ist gesunken und der Anstieg der Arbeitsproduktivi-
tät stagniert. Bei Leitzinsen nahe Null kann eine Anhebung
je nach der durchschnittlichen Restlaufzeit der Staatsschuld
den Zinsanteil am Bruttoinlandsprodukt (BIP) mittelfristig
schnell verdoppeln. Zudem besteht eine Überschussreserve
der Banken in Höhe von ca. 3,7 Bill. EUR (Dez. 2021).
Damit steht der Zins als monetärer Indikator grundsätzlich
infrage, denn er zeigt nicht in jedem Fall an, ob eine Geldpolitik expansiv oder restriktiv wirkt. Da die EZB mit Blick
auf die Krisenstaaten die Macht über eine Zinserhöhung
verloren hat, wirkt der Negativzins als *Sperrklinke*. Jede Re-
zession/Krise schafft ein neues Negativzinsniveau, das als
Basis für zukünftige Zinssenkungen dienen muss, damit
hoch verschuldete Staaten und Unternehmen nicht zu-
sammenbrechen. Allein die Annahme eines dauerhaften
Leitzinses von -5 % würde – ohne jegliche Inflation, die zur
Abwertung noch hinzukäme – alle 14 Jahre eine Halbie-
rung des Bargeld-Eurokurses bewirken.

Als weiterer Vorteil wird die Möglichkeit der Zentralbank
hervorgehoben, die Attraktivität des Bargeldes über die Ab-
wertungsrate zu steuern (Assenmacher & Krogstrup, 2018,
S. 22 ff.). Ein Rückgang der Bargeldquote würde danach
einen kollektiven Bank run bei einer Bankenkrise im
herkömmlichen Sinne weniger wahrscheinlich machen und
die *Finanzstabilität* erhöhen. Jedoch dürfte sich lediglich die
Erscheinungsweise eines Bank runs ändern: Statt Bar-

abhebungen kommt es zu (Auslands-)Überweisungen in sichere Länder – und entweder gehen die Zentralbankreserven schnell zur Neige oder die Notenbank trägt die Verluste. Allerdings kann es bei Negativzinsen nicht zur Illiquidität des Kreditnehmers aufgrund ausbleibender Zinszahlungen kommen. Diese wäre auf den Zeitpunkt einer möglichen Rückzahlung bzw. Prolongation des Kredites verschoben.

Die EZB könnte mit dieser Währungsreform von einem *Anstieg des Zentralbankgewinns* (Seigniorage) profitieren. Dieser hängt vorrangig von der Zinsdifferenz des ausgegebenen Zentralbankgeldes (Passiva) und den Anlagen (Aktiva) ab. Zwar könnte die nachgefragte Geldbasis bei abnehmender Bargeldnutzung und dem "Strafzins" auf Depositen sinken (Assenmacher & Krogstrup, 2018, S. 25). Jedoch führt die Abwertung der Banknoten zu abnehmenden Verbindlichkeiten und zu einem "Entwertungsgewinn" der Notenbank. Die Einführung von Zentralbankgeldkonten für Nicht-Banken würde einen weiteren Zusatzgewinn ermöglichen.

Die *Kollateralschäden* dieser fortgeführten Negativzinspolitik für Sparer und die Geschäftsmodelle von Lebensversicherungen und Banken bleiben in diesem kreativen, aber kaum innovativen Ansatz zukünftiger Währungspolitik unbeachtet. Banken geben Kredite zunehmend mit längerer Laufzeit, während die Einlagen kurzfristig kündbar sind. Ein Zinsanstieg brächte den Bankensektor infolge der zunehmenden Fristeninkongruenz in eine instabile Lage. Zur Wahrung ihrer Attraktivität müssen die Kapitalanlagegesellschaften in riskantere Anlagen ausweichen. Weitaus schwergewichtiger wiegen letztendlich negative Anleihezinsen auf Unternehmen und Staaten. Zwar gab es Perioden negativer Realzinsen von bis zu -2 % (Spareckzins) bereits vor der Euro-Einführung, doch brachten die Risikoprämien den Anleihezins zurück ins Plus. Nun drohen Kapitalvernichtung durch Investitionen mit negativer Wertschöpfung und ausuferndem, schuldenfinanziertem Sozialstaat. Das Mittel heiligt den Zweck – die Euro-Währungsunion in ihrer jetzigen Zusammensetzung an Mitgliedern. *Nationale Parallelwährungen* mit flexiblen Wechselkursen wären der bessere Weg. Sie entlasten die EZB aus ihrer Rolle, für alle 19 Eurostaaten die passende Geldpolitik schneidern zu müssen und ermöglichen den Eurostaaten eine eigenständige Anpassung an ihre jeweilige Situation.

7.4 Zusammenfassung

Aus den Reihen des Internationalen Währungsfonds (IWF) und der Europäischen Zentralbank (EZB) dringt die Idee, die Wertaufbewahrung in Bargeld zwecks Umgehung negativer Zinsen auf Depositen und Spareinlagen unattraktiv zu machen. Euro-Bargeld und Euro-Buchgeld würden als zwei Währungen mit festem Umtauschkurs zirkulieren. Das Euro-Bargeld würde in Höhe des negativen Leitzinses bzw. Tagesgeldsatzes €STR gegenüber den Euro-Buchgeld abgewertet – was quasi einer Steuer auf Bargeldhaltung entspricht. Die Währungsreform "light" bedroht das Vertrauen in die Euro-Währung und negative Realzinsen dürften erhebliche Verwerfungen bei Kapitalanlegern, Banken, Unternehmen und Staaten hervorrufen.

Literatur

Agarwal, R., & Krogstrup, S. (2019). Cashing in: How to make negative interest rates work, international monetary fund blog v. 05.02.2019. https://blogs.imf.org/2019/02/05/cashing-inhow-to-make-negative-interest-rates-work/. Zugegriffen am 18.02.2019.

Assenmacher, K., & Krogstrup, S. (2018). *Monetary policy with negative interest rates: Decoupling cash from electronic money*, IMF Working Paper, 27. August 2018. https://www.imf.org/en/Publications/WP/Issues/2018/08/27/Monetary-Policy-with-Negative-Interest-Rates-Decoupling-Cash-from-Electronic-Money-46076. Zugegriffen am 19.02.2019.

Cabinakova, J., Knümann, F., & Horst, F. (2019). Kosten der Bargeldzahlung im Einzelhandel, Studie zur Ermittlung und Bewertung der Kosten, die durch die Bargeldzahlung im Einzelhandel verursacht werden, Deutsche Bundesbank in Zusammenarbeit mit EHI Retail Institute GmbH, o. O. https://www.bundesbank.de/resource/blob/776464/7bcaf-c28a7be62b503fb4c39440f92db/mL/kosten-der-bargeldzahlung-im-einzelhandel-data.pdf. Zugegriffen am 18.02.2019.

Gesell, S. (2016). *Die natürliche Wirtschaftsordnung durch Freiland und Freigeld*. Freiland-Freigeld. (Erstveröffentlichung 1916).

Huber, J. (2013). *Monetäre Modernisierung – Zur Zukunft der Geldordnung: Vollgeld und Monetative* (3., neu bearb. u. akt. Aufl.). Metropolis.

Kimball, M. S. (2016). Negative interest rate policy as conventional monetary policy. *Confessions of a Supply-Side Liberal*, 29. Febr. 2016. https://blog.supplysideliberal.com/post/140196195627/negative-interest-rate-policy-as-conventional. Zugegriffen am 01.03.2019.

Meyer, D. (2019). Gibt es bald eine Euro-Parallelwährung? – Zum Vorschlag einer Steuer auf Bargeld. *Orientierungen zur Wirtschafts- und Gesellschaftspolitik,* Juni 2019. https://www.ludwig-erhard.de/orientierungen/europaeische-geldpolitik/gibt-es-bald-eine-euro-parallelwaehrung-zum-vorschlag-einer-steuer-auf-bargeld/.

Niepelt, D. (2018). Kosten und Nutzen eines Vollgeldsystems. *Wirtschaftsdienst, 99*, 3–5.

Pietrowiak, A., Korella, L., & Novotny, J. (2021). *Zahlungsverhalten in Deutschland 2020 – Bezahlen im Jahr der Corona-Pandemie*, Deutsche Bundesbank (Hrsg.). http://www.bundesbank.de/zahlungsverhalten. Zugegriffen am 09.06.2021.

Rathke, A., Sturm, J.-E., & Abberger, K. (2018). Die Schweizer Vollgeldinitiative. Gefahren eines Systemwechsels überwiegen die Chancen. *Wirtschaftsdienst, 99*, 9–12.

Sinn, H.-W. (6. Februar 2016). Wie sich der Einzug des 500-Euro-Scheins rechnet. *Frankfurter Allgemeine Zeitung*, 20.

8

Das neue Geldwäschegesetz: Ein erneuter Vorstoß zur Bargeldbeschränkung

Bargeld hat in Deutschland trotz verschiedener elektronischer Zahlungsmedien (Kredit-/Geldkarte; Handy) immer noch eine bedeutende Funktion. 60 % aller Einkäufe, entsprechend 32 % des Umsatzes, werden über *Barzahlungen* abgewickelt. Die jederzeit (noch) einsetzbare Liquidität macht flexibel, gibt sofortige Übersicht und Kontrolle der ausgegebenen (und nicht ausgegebenen) Euro, sichert die Anonymität des Zahlungsvorganges und erspart neuerdings auch den erhobenen Negativzins auf Geldkonten. Zudem sind "auf Euro lautende Banknoten … das einzige unbeschränkte gesetzliche Zahlungsmittel" (§ 14 Abs. 1 Bundesbankgesetz). Doch mit den *Argumenten* Steuerhinterziehung (Schattenarbeit, Ohne-Rechnung-Geschäfte), Drogenhandel, Hehlerei, Terrorismusfinanzierung, Korruption und Falschgeld behindern staatliche Bargeldbeschränkungen in unterschiedlicher Form dessen Verwendung. Die Abschaffung der 500-Euro-Banknote ist

D. Meyer, *Europäische Union und Währungsunion in der Dauerkrise I*, https://doi.org/10.1007/978-3-658-35715-3_8

Fakt. Aus dem Bundesfinanzministerium (BMF) drang in der Vergangenheit der Vorstoß, Bargeldzahlungen in Deutschland auf 5 Tsd. EUR zu begrenzen. In Frankreich (1 Tsd. EUR), Italien (3 Tsd. EUR), Österreich (de facto 500 EUR bei Bauleistungen), Portugal, Griechenland, Spanien und Belgien gibt es bereits nationale Beschränkungen. Weitere Restriktionen gebietet das Geldwäschegesetz (GwG).

In der Öffentlichkeit weitgehend unbemerkt blieben die *Vierte und Fünfte EU-Geldwäscherichtlinie* (Richtlinie (EU) 2015/849; Richtlinie (EU) 2018/843) und die *EU-Verordnung über die Übermittlung von Angaben bei Geldtransfers* (Verordnung (EU) 2015/847). Deren Umsetzungen in deutsches Recht erfolgte im *Gesetz zur Umsetzung der Vierten EU-Geldwäscherichtlinie* vom 23. Juni 2017 und einer erneuten Anpassung 2021. Während eine EU-Verordnung den Mitgliedstaaten keinerlei Spielräume bei der Umsetzung belässt, weist eine EU-Richtlinie lediglich Mindestnormen auf, die in den nationalgesetzlichen Regelungen Abweichungen ermöglichen. Anlass einer Novellierung war der Umstand, dass die europäischen Regelungen zur Bekämpfung von Geldwäsche und Terrorismusfinanzierung an die auf OECD-Ebene überarbeiteten Empfehlungen der Financial Action Task Force (FATF) aus dem Jahr 2012 angepasst werden mussten. Die Aufnahme darüber hinausgehender Regulierungen sowie Übernahmen aus dem Kreditwesengesetz haben zu einer völligen Neufassung des GwG geführt. Schon der Umfang von 59 gegenüber den vormals 17 Paragrafen lässt die erweiterten Regulierungsanstrengungen erahnen. Was sind die Änderungen im Einzelnen? Die weiteren Ausführungen gründen weitgehend auf Meyer (2017).

8.1 Stärkere Regulierung von Bargeschäften

Die offensichtlichste Änderung besteht in einer *Absenkung der Meldepflicht* für Bargeschäfte (§ 10 Abs. 6 GwG). Barzahlungen im Geschäftsverkehr ab 10 Tsd. EUR (bisher 15 Tsd. EUR) werden künftig gesondert erfasst. Der Gebrauchtwagenkauf, die Handwerksrechnung können nur bis zu dieser Höhe in bar ohne Erfassung geleistet werden. Eine Stückelung der Zahlung entbindet nicht von den Pflichten. Kredit-/Finanzinstitute, Güterhändler und andere Dienstleister müssen besondere "geldwäscherechtliche Sorgfaltspflichten" erfüllen. Parallel hierzu wird die Anzeigepflicht für die grenzüberschreitende Verbringung von Barmitteln auf 10 Tsd. EUR angepasst. Eine mündliche Anzeige soll zukünftig nicht mehr genügen.

Außerdem wird der *Verpflichtetenkreis* (§ 2 GwG) erweitert. Neu hinzu kommen Spielbanken, Online-Glücksspielanbieter sowie Spielhallen und Sportwettenanbieter in Spielstätten. Ausnahmen soll es für staatliche Lotterien geben. Aus dem Nicht-Finanzsektor werden Notare, Rechtsanwälte und Immobilienmakler gesondert erwähnt. Eine wichtige Änderung besteht in dem erweiterten zu *kontrollierenden Personenkreis*. Zahlungsdienstleister müssen nicht nur den Auftraggeber erfassen, sondern auch Angaben zum wirtschaftlich Berechtigten des Transfers (§ 8 GwG) machen und diese Angaben dem Transfer beifügen. Als wirtschaftlich Berechtigter gilt "1. die natürliche Person, in deren Eigentum oder unter deren Kontrolle der Vertragspartner letztlich steht, oder 2. die natürliche Person, auf deren Veranlassung eine Transaktion letztlich durchgeführt oder eine Geschäftsbeziehung letztlich begründet wird" (§ 3 Abs. 1 GwG). Auch zwischengeschaltete Zahlungsdienstleister müssen zukünftig prüfen, ob entsprechende Angaben fehlen oder unvollständig sind. Generell soll diese Neuregelung verhindern, dass sich natürliche Personen hinter sogenannten Briefkastenfirmen verstecken können.

Bislang war die *Identifizierung der Zahler* anhand von Ausweisdokumenten bei physischer Anwesenheit notwendig. Der Entwurf schafft die Rechtsgrundlage für die Nutzung elektronische Identifizierungsverfahren (§ 13 ff. GwG). Sie können anstelle des bisherigen Verfahrens eingesetzt werden, soweit sie ein gleichwertiges Sicherheitsniveau bieten. Um im grenzüberschreitenden Geldverkehr eingesetzt zu werden, müsste eine EU-weite Anerkennung des jeweils in einem Mitgliedstaat angewandten Verfahrens gelten. Einerseits erleichtern elektronische Identifizierungsmittel den Vorgang und die kostengünstige Auswertung. Andererseits wird damit die Grundlage für die Ausweitung von Datenerfassungen und deren Zusammenführung geliefert. Problematisch könnte die Vorgabe sein, den "Vertragspartner, gegebenenfalls für diese auftretende Personen und wirtschaftlich Berechtigte vor Begründung der Geschäftsbeziehung oder vor Durchführung der Transaktion zu identifizieren" (§ 11 Abs. 1 GwG). Dies betrifft insbesondere Maklerverträge, bei denen bei Immobiliengeschäften häufig eine Vielzahl von Interessenten einen (impliziten) Maklervertrag schließt, ohne dass es zum Hauptgeschäft kommt. Hierfür wurde im Gesetz eine Ausnahme ermöglicht. Allerdings wurde das "ernsthafte[s] Interesse an der Durchführung des Immobilienkaufvertrages" (§ 11 Abs. 2 GwG) nicht näher definiert, sodass eine gewisse Rechtsunsicherheit bleibt. Ein Kriterium könnte beispielsweise die Übersendung des Entwurfes des notariellen Kaufvertrages zwischen Verkäufer und potenziellen Käufern unter Kenntnis des Immobilienmaklers oder eine Reservierungsvereinbarung sein.

Um Doppelprüfungen und damit Kosten zu vermeiden, wäre ein Datenaustausch zwischen mehreren Verpflichteten sinnvoll. Dies sieht das Gesetz – möglicherweise aufgrund von Datenschutzbestimmungen – nicht vor. Auch wäre die Zulassung von externen, auf Geldwäsche spezialisierter Dienste überlegenswert, die gerade für kleinere Unternehmen eine Expertise und gegebenenfalls Kostenentlastung bieten würden, die so nicht gegeben ist. Eine staatliche Zulassung wäre vorauszusetzen, um die notwendige Qualifizierung nachzuweisen.

Zudem ist eine *Verschärfung der Sanktionen* (§ 56 GwG) vorgesehen, um die Einhaltung der Vorgaben zu gewährleisten. Bisher konnte die Ordnungswidrigkeit mit einem Bußgeld von höchstens 100 Tsd. EUR belegt werden. Jetzt steht eine Anhebung bis zu einer Mio. EUR oder das Zweifache des aus dem Verstoß gezogenen wirtschaftlichen Vorteils, für Kredit- und Finanzinstitute bis zu fünf Mio. EUR bzw. 10 % des Gesamtumsatzes im Gesetz.

8.2 Stärkung des risikobasierten Ansatzes des Geldwäscherechts

Während diese Verschärfungen an bereits bestehende Regelungen anknüpfen, kommen strukturelle Erweiterungen hinzu. Hierzu zählt eine Stärkung des *risikobasierten Ansatzes des Geldwäscherechts* (§§ 10 ff. GwG). Bislang war eine Liste vordefinierter Situationen mit niedrigem oder erhöhtem Geldwäscherisiko ausreichend, nach denen relativ einfach eine Fallklassifikation mit abschließender Bewertung vorzunehmen war. So waren in dem alten § 5 f. GwG vereinfachte bzw. verstärkte Sorgfaltspflichten bezüglich konkreter Fallbeschreibungen abschließend aufgezählt. Zukünftig muss jede Geschäftsbeziehung und Transaktion

individuell auf das jeweilige Risiko in Bezug auf Geldwäsche und Terrorismusfinanzierung hin geprüft werden.
Relevante Risikofaktoren werden in den Anhängen 1 und 2
zum neu gefassten GwG beispielhaft und nicht abschließend
aufgelistet. Sie werden unterschieden in Faktoren bezüglich
des Kundenrisikos, des Produkt-, Dienstleistungs-, Trans-
aktions- oder Vertriebskanalrisikos und des geografischen
Risikos.

Eine Bewertung wird zukünftig jedoch erst nach einer
Gesamtbetrachtung aller relevanten Risikofaktoren möglich, was für die Kreditinstitute und Güterhandler mit erhöhtem Aufwand und dem Risiko einer bußgeldbelegten
Fehlentscheidung verknüpft ist. Eindeutig werden nur einige Hochrisikosituationen definiert, so ein länderüber-
greifender Zahlungsverkehr und Kunden aus bestimmten
Hochrisikoländern sowie politisch exponierte Personen
(PePs). Bei den PePs geht es um die Verhinderung von Korruption. Zukünftig wird nicht mehr zwischen inländischen
und ausländischen PePs unterschieden, sodass die inländischen PePs zukünftig ebenfalls automatisch verstärkte
Sorgfaltspflichten auslösen.

8.3 Organisatorisch-institutionelle Neuerungen

Neu ist die Einrichtung eines öffentlich zugänglichen, *zen-
tralen elektronischen Transparenzregisters* (§§ 18 ff. GwG).
Hier sollen Angaben zu den wirtschaftlich Berechtigten von
juristischen Personen des Privatrechts, eingetragenen
Personengesellschaften, Trusts (treuhänderisches Vermögen) und trustähnlichen Rechtsgestaltungen erhoben
werden. Hintergrund des Registers sind die "Panama
Papers", mit denen zahlreiche Finanzgeschäfte in Steuer-

oasen und Briefkastenfirmen der Öffentlichkeit gegenüber aufgedeckt wurden. Solche Konstrukte, die häufig zum Zwecke der Steuerhinterziehung gewählt werden, sollen damit aus der Anonymität geholt werden. So heißt es in der Begründung zum Entwurf: "Diese Erhöhung der Transparenz soll dazu beitragen, den Missbrauch der genannten Vereinigungen und Rechtsgestaltungen vor allem zum Zweck der Geldwäsche und Terrorismusfinanzierung zu verhindern." Es soll als Portal dienen, von dem aus Dokumente aus anderen öffentlich zugänglichen elektronischen Registern abrufbar sein sollen. Der Zugang zu bestimmten Angaben aus dem Register ist je nach "berechtigtem Interesse" gestaffelt: a) die Zentralstelle für Finanztransaktionsuntersuchungen und andere Behörden; b) Unternehmen, die zum Verpflichtetenkreis zählen und entsprechende Sorgfaltspflichten einhalten müssen; c) gegebenenfalls auch Personen und Organisationen wie Nichtregierungsorganisationen und Fachjournalisten. Im Rahmen der G20-Gruppe der führenden Industrie- und Schwellenländer sowie in der OECD wird aktuell an einem einheitlichen Standard gearbeitet, um die nationalen Transparenzregister zukünftig auch international zu vernetzen.

Außerdem wird die *Zentralstelle für Finanztransaktionsuntersuchungen* (FIU) (§§ 27 ff. GwG) neu konzipiert und erweitert. Sie war bisher polizeilich ausgerichtet und dem Bundeskriminalamt im Geschäftsbereich des Bundesministeriums des Innern angegliedert. Fortan soll sie in die Generalzolldirektion als Geschäftsbereich des Bundesministeriums der Finanzen überführt werden. Hier wird sie Filterfunktionen zur Entlastung der Strafverfolgungsbehörden wahrnehmen und als Informationssammel- sowie Koordinierungsstelle gegenüber anderen zuständigen inländischen Behörden bereitstehen. Ziel ist eine schnellere und punktgenauere Reaktion auf Verdachtsfälle. Zugleich soll die Zusammenarbeit mit den Aufsichtsbehörden der Länder verbessert werden. Hinzu kommt eine Koordination mit den europäischen Institutionen, speziell mit dem Geldwäschekomitee AMLC (Anti-Money Laundering Committee).

8.4   Führen strengere Regulierungen des Geldverkehrs zu weniger Kriminalität?

Die GwG-Reform wird mit dem Ziel einer Verhinderung der Geldwäsche und der Terrorismusfinanzierung begründet. Gesellschaftliche Bestrebungen nach Sicherheit, Drogenbekämpfung, der Einhaltung von Steuergesetzen, Korruptionsbekämpfung und Verbrechensprävention stehen dabei im Vordergrund. Auf der anderen Seite werden damit Individualrechte durch Eingriffe in die Freiheitsrechte, die Privatautonomie und die Vertragsfreiheit tangiert. Die Freiheit der Wahl des Zahlungsmediums und das Recht auf informelle Selbstbestimmung, welches das Bundesverfassungsgericht in verschiedenen Entscheidungen zu einer Art Datenschutz-Grundrecht erklärt hat, würden weiter eingeschränkt. Beschränkungen der Bargeldzahlungen könnten demnach gegen den Grundsatz "geeignet, erforderlich, verhältnismäßig" verstoßen und deshalb sogar verfassungswidrig sein (Papier, 2016). Deshalb ist zentral die Frage zu stellen, inwiefern Einschränkungen der Bargeldnutzung zur Senkung der Kriminalität beitragen können.

In einer *Studie der Deutschen Bank* werden ganz unterschiedliche Ergebnisse aufgezeigt (Mai, 2017). So ist beispielsweise entgegen mancher Vermutung der Anteil von Barzahlungen kein verlässlicher Indikator für die Größe der

Schattenwirtschaft. Während der Anteil der Wertschöpfung des Schattensektors in Deutschland (12 %) und Österreich (8 %) relativ niedrig ist, wird in beiden Ländern zu etwa 60 bzw. 80 % mit Bargeld bezahlt (Mai, 2017, S. 8 f.). Demgegenüber ist in Schweden sowohl der Anteil an Barzahlungen (14 %) wie auch des Schattensektors (14 %) gering. Spanien, Italien und Griechenland weisen neben einer hohen Bargeldnutzung (85–95 ebenfalls eine hohe Schattenwertschöpfung (18–25 %) auf. Intervenierende Einflussfaktoren scheinen demnach eher die Höhe und Art der Besteuerung, die Qualität öffentlicher Institutionen, die Steuermoral und die Höhe des Pro-Kopf-Einkommens zu sein. Deshalb würde der Schattensektor auch bei einer vollständigen Abschaffung des Bargeldes lediglich um geschätzt 2–3 Prozentpunkte sinken (Mai, 2017, S. 9).

Auch die Unterstellung eines engen Zusammenhanges zwischen der *Korruption* in einem Land und der Bargeldnutzung wird keinesfalls in allen untersuchten Staaten durch Daten belegt. Beispielsweise ist das wahrgenommene Korruptionsniveau staatlicher Behörden in der Schweiz, Deutschland und Österreich gering. Dies gilt auch für Schweden bei allerdings wesentlich niedriger Bargeldnutzung. Eindeutig ist ein Rückgang von Banküberfällen und Überfällen auf Geldtransporte bei Zunahme elektronischen Zahlungen zu verzeichnen. Allerdings steigen im gleichen Zuge die Delikte mit Kartenbetrug.

Das *organisierte Verbrechen* hat seinen Schwerpunkt der Einnahmen beim Drogenhandel (50 %) und bei der Produktpiraterie (38 %). Hierbei spielt auch das Bargeld eine große Rolle. Drogengeschäfte werden zu 80 % und Produktfälschungen zu 30 % in bar abgewickelt. Bargeldbeschränkungen erhöhen tendenziell die Transaktionskosten in diesen Segmenten. Preiserhöhungen und ein gewisser Rückgang dürften deshalb wahrscheinlich sein. Wie auch die "Panama Papers" zeigen, sind der *Finanz- und Steuerbetrug* demgegenüber weitgehend unabhängig von Bargeldtransfers. Er macht schätzungsweise das Doppelte der Einkünfte aus dem internationalen organisierten Verbrechen aus. Lediglich die Schwarzarbeit nutzt vermehrt Barentlohnungen.

Auch die Finanzierung des *Terrorismus* in Europa dürfte durch die beabsichtigten Regulierungen nicht betroffen sein. Die Analyse von 40 Terroranschlägen mit dschihadistischem Hintergrund zeigt, dass die hierfür notwendigen Finanzmittel zumeist selbst beschafft und aus eigenen Geldquellen der Täter stammen. Zudem benötigten 75 % der Vorhaben Kosten von weniger als 10.000 US$. Selbst im elektronischen Zahlungsverkehr dürften diese Geldbeträge kaum auffallen oder gar zu Ermittlungen führen.

Geldwäsche erfolgt derzeit noch häufig in Verbindung mit Bargeldeinzahlungen, um die Rückverfolgung zur Deliktsquelle zu erschweren. Der Transport physischer Wertgegenstände (Prepaid-Instrumente, Edelmetalle), Überweisungsketten und Scheingeschäfte über Briefkastenfirmen, die Zwischenschaltung von Geldtransfer-Dienstleister (Western Union) oder das Hawala-Finanzsystem (informelles Überweisungssystem) sowie virtuelle Währungen könnten zukünftig deshalb an Bedeutung gewinnen. Schweden verzeichnete im Übrigen parallel zum Rückgang der Bargeldnutzung einen erheblichen Anstieg der Geldwäschedelikte (Mai, 2017, S. 13). Die elektronischen Varianten der Geldwäsche erfordern jedoch zumeist besonderes IT-Wissen sowie Kenntnisse in Recht und buchhalterischen Abläufen. Deshalb dürfte auch der Ausbildungsstand der Täter mit der Nutzung alternativer Zahlungstechniken steigen.

8.5   Zusammenfassung

Die Umsetzung der Vierten und Fünften EU-Geld-wäscherichtlinie in deutsches Recht hat zu einem stark veränderten GwG geführt. Damit verbunden sind eine erhebliche Ausweitung der Regulierungen und eine de-facto-Beschränkung des Bargeldverkehrs. Insbesondere Kredit-institute, aber auch bargeldintensive Dienstleister und Händler (Gebrauchtwagenhandel, Handwerk), werden zu-künftig erhebliche Prüfauflagen erfüllen müssen. Es findet ein weiterer Schritt in die Richtung "gläserner Bürger" statt. Erhebliche Zweifel bestehen allerdings, ob die be-absichtigten Ziele der Verhinderung der Geldwäsche und der Terrorismusfinanzierung damit erreicht werden. Eine Anpassung der kriminellen Zahlungsmethoden und -me-dien ist zu erwarten.

Literatur

Artikel und Monografien

Mai, H. (12. Januar 2017). Bargeld, Freiheit und Verbrechen – Bargeld in der digitalen Welt. *Deutsche Bank Research.* https://www.dbresearch.de/PROD/DBR_INTERNET_DE-PROD/PROD0000000000430065/Bargeld,_Freiheit_und_Verbrechen%3A_Bargeld_in_der_d.pdf. Zugegriffen am 01.02.2017.

Meyer, D. (2017). Der Gesetzentwurf zu einem neuen Geldwäschegesetz – Ein erneuter Vorstoß zur Bargeldbeschränkung. *Zeitschrift für das gesamte Kreditwesen, 70*(8), 389–392. http://www.kreditwesen.de/kredit-wesen/themenschwerpunkte/aufsaetze/gesetzentwurf-neuen-geldwaeschegesetz-erneuter-vorstoss-barg-id39621.html. Zugegriffen am 08.02.2022.

Papier, H.-J. (9. Februar 2016). Sind Bargeldbegrenzungen verfassungs-widrig? *Frankfurter Allgemeinen Zeitung*, 15.

Rechtsquellenverzeichnis

Bundesministerium der Finanzen. (2016). Referentenentwurf zum Geld-wäschegesetz. http://www.bundesfinanzministerium.de/Content/DE/Down-loads/Gesetze/2016-12-15-geldwaescherichtlinie.pdf;jsessionid=E6D-FECF8C9A8ACEA4662962D30DDA3D8?blob=publicationFile&v=2. Zugegriffen am 28.12.2017.

Geldwäschegesetz vom 13. August 2008 (BGBl. I S. 1690), das zuletzt durch Artikel 7 des Gesetzes vom 11. April 2016 (BGBl. I S. 720) geändert worden ist (GwG).

Geldwäschegesetz vom 23. Juni 2017 (BGBl. I S. 1822), das zuletzt durch Artikel 7 Absatz 16 des Gesetzes vom 12. Mai 2021 (BGBl. I S. 990) ge-ändert worden ist.

Geldwäschegesetz vom 23. Juni 2017. (BGBl. I S. 1822), das zuletzt durch Artikel 10 des Gesetzes vom 10. Juli 2018 (BGBl. I S. 1102) geändert worden ist (GwG).

Gesetz über die Deutsche Bundesbank in der Fassung der Bekanntmachung vom 22. Oktober 1992 (BGBl. I S. 1782), das zuletzt durch Artikel 23 des Gesetzes vom 4. Juli 2013 (BGBl. I S. 1981) geändert worden ist (BBankG).

Gesetz zur Umsetzung der Vierten EU-Geldwäscherichtlinie, zur Ausführung der EU-Geldtransferverordnung und zur Neuorganisation der Zentral-stelle für Finanztransaktionsuntersuchungen vom 23. Juni 2017.

9

Italienische Bankenrettung: EU-Abwicklungsrichtlinie und ein "italienischer Weg"

Ein negativer Einlagenzins der Europäischen Zentralbank (EZB), eine extrem niedrige Zinsmarge zwischen Einlagen- und Kreditgeschäft, der wachsende Regulierungsdruck und ein hoher Investitionsbedarf in die IT-Technik: Die europäischen Banken stehen schweren Zeiten gegenüber. Bei zahlreichen mediterranen Geschäftshäusern kommen eine Klientelpolitik, eine strukturelle Schwäche der kreditnehmenden Unternehmen, eine auch deshalb riskante Kreditvergabe, mangelhafte interne Kontrollen sowie unzureichende externe Prüfungen der nationalen Aufsichtsbehörden hinzu. Generell führt der dort von heimischen Finanzinstituten gehaltene relativ hohe Anteil an Staatsschuldtiteln zu einer unheilvollen Verbindung, die die Staatsschuldenkrise mit der Bankenkrise verschmelzen lässt. Die spanische Bankenkrise 2012/2013 machte eine Kreditvereinbarung in Höhe von 100 Mrd. EUR mit dem Euro-

© Der/die Autor(en), exklusiv lizenziert durch Springer Fachmedien Wiesbaden GmbH, ein Teil von Springer Nature 2022
D. Meyer, *Europäische Union und Währungsunion in der Dauerkrise I*,
https://doi.org/10.1007/978-3-658-35715-3_9

päischen Stabilitätsmechanismus (ESM) notwendig, von der letztlich nur 40 Mrd. EUR genutzt wurden. Die seit 2014 schwelende Bankenkrise in Portugal zeigt Nachwirkungen bis heute. Seit 2015 stehen zusätzlich die italienischen Banken im Rampenlicht. Die folgenden Ausführungen geben einen Rückblick auf die beispielhaften Geschehnisse um die Jahre 2015/2016 – mit Lerneffekten für die Zukunft.

Rechtlich gibt die zum 01.01.2015 in Kraft getretenen *EU-Abwicklungsrichtlinie* (Bank Recovery and Resolution Directive, BRRD) den Lösungsweg für insolvente Finanzinstitute vor. Das Problem: Zum einen sind die Instrumente des sogenannten Bail-in-Mechanismus noch nicht voll entwickelt. So befindet sich der Abwicklungsfonds (Single Resolution Fund, SRF) im Aufbau. Als gesetzliches Zielvolumen müssen mindestens 1 % der gedeckten Einlagen aller in der Bankenunion ansässigen Kreditinstitute als Finanzmittel zur Verfügung stehen. Ende 2020 verfügte der SRF über Mittel in Höhe von etwa 42 Mrd. EUR, im Juli 2021 waren es ca. 52 Mrd. EUR. Bis Ende 2023 soll er ein Volumen von voraussichtlich 71 Mrd. EUR umfassen. Zum anderen gibt es – mit der Ausnahme der portugiesischen Novo Banco als dem Nachfolgeinstitut der Banco Espírito Santo – noch wenig Erfahrungen mit dem neuen Mechanismus.

Die folgenden Darstellungen geben ein Beispiel dafür, wie der vorgesehene Bail-in-Mechanismus zum Zeitpunkt der italienischen Bankenkrise 2016 hätte angewandt werden müssen und wie eine Umgehung – auch durch die Unterstützung der italienischen Position des damaligen EZB-Präsidenten Mario Draghi – möglich wurde. Die weiteren Ausführungen gründen weitgehend auf Meyer (2016a).

9.1 Italiens Bankenkrise 2016

Italienische Banken hatten einen gesamten Kreditbestand von rund 2 Bio. EUR in ihren Büchern (31.12.2015). Davon galt ein Volumen von etwa 360 Mrd. EUR (18 % des Bruttoinlandsproduktes, BIP) als ausfallgefährdet, d. h. der Kredit wurde entweder nicht mehr bedient und/oder er wurde wertberichtig, also mit einem Abschlag auf den Nominalwert bilanziert. Dem standen jedoch lediglich Rückstellungen von nur ca. 120 Mrd. EUR gegenüber. Marktliche Verwertungen dieser Problemkredite brachten nur 10 bis 20 % des Nominalwertes, sodass weitere Abschreibungen in erheblichem Umfang notwendig wurden (Piller, 2016a, b). Insbesondere die Ausleihungen an Unternehmen und andere Privatkunden in Höhe von 1658 Mrd. EUR waren besonders gefährdet. Hierin spiegelt sich die andauernde und strukturelle Schwäche der italienischen Wirtschaft wider. Weitere 400 Mrd. EUR waren Staatsanleihen. Damit hielten italienische Banken 21,6 % der italienischen Staatsschulden; vor der Finanzmarktkrise 2007 waren es lediglich 12,1 %. Möglicherweise hinderte diese Verflechtung die Regulierungsbehörden daran, die Kreditinstitute strenger zu beaufsichtigen. Nach der Krise 2016 und vor den gewaltigen Volumina der EZB-Anleihekaufprogramme kamen auf heimische Banken und Versicherungen sogar 48 % dieser Titel (Frühauf, 2018; Mußler, 2016). Ein Großteil wurde seitdem auf die Banca d'Italia und die EZB verlagert. Banca d'Italia und die EZB verlagert. Stand Juli 2021 hielten beide Zentralbanken allein im Rahmen des PSPP- und des PEPP-Programms 23,9 % der italienischen Staatsschuld.

2015 erzielten italienische Banken im europäischen Vergleich durchschnittlich die niedrigste Kapitalrentabilität (Hartmann, 2016). Zur gleichen Zeit schütteten sie die geringen Gewinne in hohem Umfang aus, ohne die Rücklagen entsprechend zu bedienen. So hat die Intesa bei einem Nettogewinn von 2,6 Mrd. EUR Dividenden in Höhe von 2,2 Mrd. EUR ausgezahlt und nur 0,4 Mrd. EUR dem Eigenkapital zugeführt (2015). Demgegenüber hat die Commerzbank von dem 1,06 Mrd. EUR Nettogewinn lediglich 250 Mio. EUR ausgeschüttet. Insgesamt haben als einzige die von der Bank für Internationalen Zahlungsausgleich (BIZ) untersuchten 90 europäischen Banken die italienischen Institute über 50 % ihres Nettogewinns für Dividendenzahlungen genutzt (Mußler, 2016). Im Jahr 2016 zeugten folgende Einzelereignisse von einer fortgesetzten *Bankenkrise* in Italien (Piller, 2016a, c, d):

- Bereits im Herbst 2015 wurden durch die Insolvenz von vier Regionalbanken die Nachranganleihen von ca. 10.600 Anlegern in Höhe von nominal etwa 330 Mio. EUR wertlos. Auch um die betroffenen Kleinanleger zu schützen, wurde eine Entschädigung von 80 % der Anlagen für Bruttoeinkommen geringer 35.000 EUR/Jahr und einem Anlagevermögen geringer als 100.000 EUR angekündigt.
- Im April 2016 musste das drittgrößte Geldinstitut Italiens, die als systemrelevant geltende Banca Monte dei Paschi di Siena S.p.A. (MPS), bei einem Eigenkapital von 7 Mrd. EUR und Ausleihungen von 111 Mrd. EUR Kredite im Umfang von 24 Mrd. EUR als notleidend ausweisen. Darüber hinaus lagen 22 Mrd. EUR an weiteren Problemkrediten vor. Dem standen Rückstellungen von lediglich 12 Mrd. EUR als Vorsorge zur Verfügung. Es wurde eine Kapitalerhöhung von 5 Mrd. EUR und der Verkauf von 28 Mrd. EUR Problemkrediten zu 33 % ihres Buchwertes an eine ausgelagerte Bad Bank (Atlante 2) geplant. Etwa 60.000 Anleger hielten Vorrang-

obligationen in Höhe von nominal 5 Mrd. EUR, die im Falle eines Bail-in in die Haftung fließen würden.

- Im Mai 2016 misslang eine Kapitalerhöhung der ebenfalls als systemrelevant eingestuften zehntgrößten Bank Italiens, der Banca Popolae di Vicenza. Neben einer unzureichenden Eigenkapitalquote drohte auch eine Liquiditätslücke. Von den geplanten 1,5 Mrd. EUR neuen Aktien wurden nur 8 % gezeichnet, davon 5 % von der Mailänder Mediobanca. Als Sicherungsgeber musste deshalb der neu gegründete italienische Bankenrettungsfonds Atlante die 1,5 Mrd. EUR in seine Bücher nehmen. Die Geschäftsanteile waren zwischenzeitlich von 62,5 EUR auf 10 ct gesunken. Betroffen waren rund 119.000 Genossenschaftsmitglieder.
- Gleichfalls scheiterte im Juni 2016 die Kapitalerhöhung der Veneto Banca im Volumen von 1 Mrd. EUR. Auch hier war die Übernahme durch den Sicherungsgeber Atlante vorgesehen.

Als Folge kam es bei den betroffenen Instituten zu einem *Abzug von Kundengeldern*. Anzeichen einer Kapitalflucht spiegeln auch die TARGET-Salden wider. So stieg der TARGET-Saldo von minus 188,6 Mrd. EUR (30.06.2015) auf minus 288,9 Mrd. EUR (30.06.2016) und lag damit höher als zum Höhepunkt der Krise 2012 (European Central Bank, 2016a). Im Fall eines Ausscheidens aus dem Euro wären die TARGET-Kredite gegenüber den verbleibenden Mitgliedstaaten bei den hohen Staatsschulden Italiens kaum werthaltig gewesen. Gemäß Frankfurter Kreisen hatten deutsche Banken ihre Kreditlinien gegenüber italienischen Banken bereits gekürzt. Die europäische Bankenaufsicht war gewarnt und hatte Zweifel an den Bilanzprüfungen vor zwei Jahren durch die italienischen Behörden erhoben. Die Kontrollen wurden verschärft. So unternahm die EZB bei der Banca Monte dei

Paschi di Siena und der Genueser Banca Carige eine tägliche Liquiditätsabfrage vor. Beide Banken waren bereits 2014 bei den Bilanzprüfungen und dem Stresstest durchgefallen (Frühauf, 2016a). Ohne eine baldige Sanierung drohte den Instituten die Zwangsverwaltung.

9.2 Wege der Bankensanierung und -abwicklung

9.2.1 Bankenabwicklungsmechanismus (SRM)

Die Sanierung und Abwicklung insolventer Finanzinstitute erfolgt gemäß dem harmonisierten Regelwerk des *einheitlichen Bankenabwicklungsmechanismus* (Single Resolution Mechanism, SRM). Damit soll zukünftig die Stabilität der Finanzmärkte gesichert, die Folgen für die Gesamtwirtschaft eng begrenzt und der Steuerzahler möglichst geschont werden. Zugleich sollen die kritischen Funktionen (u. a. der Zahlungsverkehr) durch die Rekapitalisierung der Bank oder durch ein Brückeninstitut zumindest für eine Übergangszeit aufrechterhalten werden. Der SRM ergänzt den einheitlichen Bankenaufsichtsmechanismus (Single Supervisory Mechanism, SSM), durch den die EZB die Aufsicht über 115 (01.11.2021) systemrelevanten Großbanken mit einem Anteil von ca. 82 % der Bankaktiva in der Eurozone vornimmt.

Kernpunkt und neu ist der sogenannte *Bail-in-Mechanismus*. Er beinhaltet das Instrument der Gläubigerbeteiligung (Bail-in), das neben die Anteils-Eigentümer auch Gläubiger des betroffenen Instituts vorrangig für Verluste heranzieht. *Voraussetzungen* für die Anwendung sind a) eine drohende Insolvenz eines Institutes, b) die nicht durch Maßnahmen der Privatwirtschaft in angemessener Zeit behoben werden kann sowie c) ein öffentliches Interesse/eine Systemrelevanz. Dabei ist das Prinzip der Verhältnismäßigkeit zu beachten. Entsprechende Verbindlichkeiten werden dann in haftendes Eigenkapital umgewandelt. Art. 34 Abs. 1 Abwicklungsrichtlinie (BRRD) legt die allgemeinen Grundsätze für eine Abwicklung/Sanierung fest:

a) "Verluste werden zuerst von den Anteilseignern des in Abwicklung befindlichen Instituts getragen.
b) Nach den Anteilseignern tragen die Gläubiger des in Abwicklung befindlichen Instituts die Verluste in der Rangfolge der Forderungen im regulären Insolvenzverfahren, sofern in dieser Richtlinie nicht ausdrücklich etwas anderes vorgesehen ist."

Der Hinweis "reguläres Insolvenzverfahren" deutet darauf hin, dass bei der Umsetzung der Richtlinie in nationales Recht die konkrete Reihung in der *Haftungskaskade* länderspezifisch abweichen kann.[1] Grundsätzlich besteht die Reihenfolge aus Eigenmitteln der Anteilseigner, Nachranganleihen sowie Sicht- und Spareinlagen über 100.000 EUR. Die Richtlinie stellt Mindestanforderungen für diese Eigenmittel und berücksichtigungsfähigen Verbindlichkeiten. So muss die private Haftung mindestens 8 % der Bilanzsumme ausmachen (Art. 37 Abs. 10 lit. a Abwicklungsrichtlinie [BRRD]). Erst danach können Mittel des (nationalen) Bankenabwicklungsfonds in Höhe von maximal 5 % der Bilanzsumme in Anspruch genommen werden (Art. 44 Abs. 5 lit. b Abwicklungsrichtlinie [BRRD]) und erst zu guter Letzt werden gegebenenfalls staatliche Gelder eingesetzt.

---

[1] Die Umsetzung der Richtlinie in deutsches Recht erfolgte durch das Sanierungs- und Abwicklungsgesetz (SAG). Für die Abwicklung ist in Deutschland §§ 35 ff. Insolvenzordnung (InsO) zu beachten.

Als oberste Aufsichtsbehörde obliegt der EZB die Beurteilung der (In-)Solvenz einer Bank. Allerdings kann die in Brüssel ansässige Abwicklungsbehörde (Single Resolution Board, SRB) drei Tage nach Aufforderung an die EZB eigenständig die Entscheidung über den Fortgang des Instituts treffen. Die SRB ist zentral für die Erstellung und Durchführung des Abwicklungskonzeptes zuständig. Unterstützung erfährt die SRB durch die Nationalen Abwicklungsbehörden (NAB). In Deutschland ist diese bei der Bundesanstalt für Finanzdienstleistungsaufsicht (BaFin) eingegliedert. Aufgrund der Kompetenz wie auch der zeitlichen Dringlichkeit agiert die SRB relativ autonom. Insbesondere hinsichtlich von Ermessensfragen hat die EU-Kommission jedoch ein Letztentscheidungsrecht. Der Rat hat nur in zwei Fällen Eingriffsrechte. Wenn kein öffentliches Interesse besteht oder wenn die Kommission eine Abänderung bei der Verwendung der Fondsmittel um 5 % oder mehr vornimmt, kann er den Vorschlag verhindern.

Ein generelles Problem stellt die Wahrung des Eigentumsschutzes dar. Die Abwicklungsrichtlinie (BRRD) bezieht auch unbesicherte Schuldtitel mit ein, bei der zum Emissionszeitpunkt noch keine entsprechende Bail-in-Regelung bestand. Damit werden Wertpapiere entwertet – eine Quasi-Enteignung. Zudem könnten sich für institutionelle Anleger wie Versicherer im Nachhinein die Anforderungen an die Eigenmittelunterlegung für Investitionen in solche Schuldverschreibungen erhöhen. Die Vereinbarkeit mit den fundamentalen Rechtsgrundsätzen des Eigentumsrechts lässt sich nur dadurch herstellen, dass das Rechtsgut "Abwicklungsfähigkeit" als höherrangig gewertet wird. In der Praxis spielt bei der Bewertung der Kreditpapiere die Ausfallwahrscheinlichkeit des Emittenten die entscheidende Rolle. Dies gilt auch für eventuell höhere Eigenmittelanforderungen. Das erklärt mit, warum verschiedene Ratingagenturen verlauten lassen, ihr Rating nicht aufgrund der gesetzlichen Neuregelungen ändern zu wollen (Wallenborn, 2015). Ebenfalls dürfte die Notenbankfähigkeit unverändert fortgelten.

Ein Bail-in muss nicht nur juristisch handhabbar, sondern auch in der Praxis durchführbar sein. Verschiedene Sachverhalte können einem reibungslosen, zügigen Ablauf jedoch entgegenstehen. Die Behörde kann deshalb bei im konkreten Einzelfall auftretenden Problemen von der vorgesehenen Haftungskaskade (Herabschreibungs- oder Umwandlungsbefugnisse) *abweichen* (Wallenborn, 2015).

1. Ein wesentlicher Umstand ist die im Krisenfall zumeist geringe Zeit zur Reaktion, Planung und Umsetzung eines Bail-in. Bei akut auftretenden Krisen geschieht dies an einem Bankfeiertag oder an einem Abwicklungswochenende. Der SRM berücksichtigt diese *Eilbedürftigkeit* an verschiedenen Stellen durch die Setzung einer 24-h-Frist. Innerhalb dieser kurzen Zeitspanne ist beispielsweise aufgrund komplexer vertraglicher Regelungen eine sichere Bewertung mancher Derivate und strukturierter Anleihen unmöglich. Deshalb sieht Art. 44 Abs. 3 lit. a Abwicklungsrichtlinie (BRRD) eine Ausnahme vor, wenn "für diese Verbindlichkeiten trotz redlicher Bemühungen der Abwicklungsbehörde ein Bail-in innerhalb einer angemessenen Frist nicht möglich ist".

2. In der Abwicklungsrichtlinie (BRRD) wie auch im Sanierungs- und Abwicklungsgesetz (SAG) wird auf das Pari-Passu-Prinzip (lat.: im gleichen Schritt) verwiesen. Diesem *Gleichrang-Prinzip* zufolge müssen gleichrangige Verbindlichkeiten mit gleichem Anteil am Bail-in beteiligt werden. Bestehen jedoch beim Bail-in Probleme einer marktlich angemessenen Bewertung oder ist eine kurzfristige Verwertung der umgewandelten Eigen-

kapitalmittel bei Liquiditätsabzug schwierig oder gar unmöglich, dann sind diese Papiere eher ungeeignet. Langfristige unbesicherte Schuldtitel, wie Anleihen, Namensschuldverschreibungen und Schuldschein-darlehen ohne ein derivatives Element, stehen in der insolvenzrechtlichen Rangfolge auf gleicher Stufe. Sie wären insofern besser geeignet, doch widerspräche diese Diskriminierung dem Gleichrang-Prinzip.

3. Ähnliche Probleme bereitet das in der Abwicklungs-richtlinie (BRRD) und dem SAG verankerte *No-Creditor-Worse-Off-Prinzip* (NCWO). Es besagt, dass kein Gläubiger in der Abwicklung schlechter gestellt werden darf, als in einem öffentlichen Insolvenzver-fahren. Wird jedoch aufgrund von (2) eine Ungleichbe-handlung vorgenommen, so können einige Gläubiger relativ höhere Verluste bei gleichrangigen Papieren er-fahren und deshalb gegebenenfalls Schadenersatz-forderungen stellen. Entsprechende Schadenersatz-zahlungen hätte der Europäische Abwicklungsfonds auszugleichen. Mit dem Abwicklungsmechanismus-gesetz (AbwMechG) wurde deshalb die Rangfolge von Verbindlichkeiten bei Bankeninsolvenzen geändert. Dem NCWO-Prinzip kann damit in Deutschland Rechnung getragen werden, ohne dass eine zügige Bankenabwicklung behindert wird.

4. Sodann können von einer Umwandlung von Verbind-lichkeiten unerwünschte *Ansteckungs- oder gar System-risiken* ausgehen. Dies betrifft zum einen Interbanken-verbindlichkeiten. Zum anderen kann ein Bail-in von Sichteinlagen von Unternehmen, die diese zum Zwecke der Liquidität halten, durch deren Lieferverflechtungen zu Ketteneffekten weiterer Finanzinstitute und Unter-nehmen führen. Gemäß Art. 44 Abs. 3 lit. c Ab-wicklungsrichtlinie (BRRD) kann die Behörde ent-sprechende Verbindlichkeiten von einer Umwandlung

ausnehmen, wenn "der Ausschluss zwingend erforderlich und angemessen ist, um die Gefahr einer ausgedehnten Ansteckung – vor allem in Bezug auf erstattungsfähige Einlagen von natürlichen Personen, Kleinstunternehmen und kleinen und mittleren Unternehmen – abzuwenden, die das Funktionieren der Finanzmärkte, einschließlich der Finanzmarktinfrastrukturen, derart stören würde, dass dies die Wirtschaft eines Mitgliedstaats oder der Union erheblich beeinträchtigen könnte".

9.2.2 Weiterhin Vergemeinschaftung von Hilfen und Haftung

Mit der Errichtung des Bankenabwicklungsmechanismus scheinen Hilfen Dritter in weiter Ferne, da Mittel des Bankenrettungsfonds, des ESM als Backstop und des Staates grundsätzlich eine 8 %ige Verlusttragung auf Basis der Bilanzsumme durch Eigentumstitel und berücksichtigungsfähige Verbindlichkeiten voraussetzen. Eine *Vergemeinschaftung* der Hilfen sowie der Haftung für etwaige Kredite einer Bankenrekapitalisierung ist jedoch auf verschiedenen Wegen weiterhin möglich:

1. Im europäischen Abwicklungsfonds (SRF) sind die Fondsmittel ab dem Zeitpunkt seiner vollständigen Befüllung mit voraussichtlich 71 Mrd. EUR Ende 2023 vollständig vergemeinschaftet.
2. Von 2016 bis Ende 2023 ist der SRF in nationale Kammern untergliedert, die die national eingenommenen Bankenabgaben eigenständig verwalten und für etwaige Schieflagen von Banken in dem Mitgliedstaat eintreten. Allerdings findet eine schrittweise Vergemeinschaftung der Fondsmittel statt, indem die nationalen Kammern ab einer gewissen Inanspruchnahme auf die Mittel der

anderen Kammern zurückgreifen können. Während 2016 nationale Beiträge zu 100 % einzusetzen waren, sank dieser Prozentsatz 2017 auf 60 % und 2018 auf 40 %. Anschließend werden die nationalen Anteile weiter linear abgebaut bis 2024 die nationalen Kammern aufgelöst werden.

3. In der Aufbauphase können die nationalen Kammern von den anderen nationalen Kammern auf freiwilliger Basis um Kredite bitten.

4. Als Ultima Ratio soll jeder Mitgliedstaat in einem konkreten Abwicklungsfall in seinem Hoheitsgebiet seine nationale Kammer mit einer Kreditlinie unterstützen (nationale Brückenfinanzierung). Über die Erhebung von Sonderbeiträgen von dem betroffenen nationalen Bankensektor sollen etwaige Kredite zurückgezahlt werden, sodass diese Staatskredite mittelfristig fiskalisch neutral wirken.

Darüber hinaus kommen auf verschiedenen Wegen *direkte Staatshilfen* in Betracht. So sieht Art. 32 Abs. 4 lit. d Abwicklungsrichtlinie (BRRD) "zur Abwendung einer schweren Störung der Volkswirtschaft eines Mitgliedstaats und zur Wahrung der Finanzstabilität" staatliche Garantien für Refinanzierungskredite, neu emittierte Anleihen sowie eine vorsorgende Rekapitalisierung solventer Institute vor. Sodann kommen gemäß Art. 56 Abs. 3 Abwicklungsrichtlinie (BRRD) staatliche Stabilisierungsinstrumente "als letztes Mittel zum Einsatz, nachdem die übrigen Abwicklungsinstrumente so umfassend wie möglich erwogen und eingesetzt wurden." Diese umfassen die Eigenkapitalzufuhr sowie eine vorübergehenden staatliche Übernahme. Konkret wären folgende Staatshilfen denkbar:

1. Der Staat kann über eine direkte Rekapitalisierung das Finanzinstitut verstaatlichen.

2. Über die Bildung einer institutsbezogenen Bad Bank kann der Staat problematische Schuldverschreibungen übernehmen. Eine Subvention ist nach EU-Beihilferecht nicht möglich, sodass die Papiere zum "fairen" Marktwert bewertet werden müssen. Um zukünftige Risiken und einen eventuellen Wertberichtigungsbedarf tragen zu können, sind parallel staatliche Bürgschaften für die Absicherung der Bad Bank notwendig. Da die abgebende Bank hierdurch möglicherweise erst eine Offenlegung der Verluste erfährt und entsprechende Abschreibungen vornehmen muss, müsste parallel neues (staatliches) Kapital zugeschossen werden.

3. Sind verschiedene Finanzinstitute im Falle einer übergreifenden Bankenkrise von einer Insolvenz betroffen, kann ein Bad Bank-Fonds ähnlich der ehemaligen irischen Abwicklungsgesellschaft IBRC oder des italienischen Bankenrettungsfonds Atlante gegründet werden. Allerdings sind auch hier direkte staatliche Subventionen ausgeschlossen. Der Vorteil liegt in der kollektiven Bündelung, die eine Abwicklung gegebenenfalls vereinfacht.

4. Werden – wie derzeit von der EU-Kommission – direkte staatliche Hilfen nicht genehmigt, könnte der Staat im Nachhinein unter sozialen Aspekten Anleger und Sparer entschädigen. Dies würde nach Ansicht der EU-Kommission mit den Beihilfe- und Abwicklungsrichtlinien vereinbar sein.

Schließlich steht dem Mitgliedstaat bei mangelnder eigener Kreditfähigkeit der *Zugang zum ESM* öffen. Bis Anfang 2021 waren entsprechende Kredite zur Bankenrekapitalisierung nur im Rahmen des regulären Verfahrens möglich. So musste u. a. die Voraussetzung erfüllt sein, dass dies "zur Wahrung der Finanzstabilität des Euro-Währungsgebiets insgesamt und seiner Mitgliedstaaten unabdingbar ist" (Art. 3 ESM-Vertrag). Am 8. Dezember

2014 hatte der ESM-Gouverneursrat eine Änderung des ESM-Instrumentariums nach Art. 19 ESM-Vertrag beschlossen, der zukünftig Rekapitalisierungs-Kredite und den Kauf von Aktien durch den ESM ermöglichte. Damit war der ESM-Zugang auf die Rekapitalisierung systemrelevanter Banken beschränkt, deren Insolvenz Dominoeffekte wahrscheinlich macht, durch die die Eurozone insgesamt in Mitleidenschaft gezogen würde. Für diese Kredite haftete der Staat und unterlag einer strikten Konditionalität. Insbesondere auf ein Drängen der Bundesregierung wurde ein direkter Zugang der Banken zu Krediten des ESM verhindert. Diese Möglichkeit hätte eine Abänderung des ESM-Vertrages notwendig gemacht. Ein direkter Zugang der Banken wäre aus Sicht des Mitgliedstaates wesentlich attraktiver gewesen, da eine Staatshaftung und ein Auflagenprogramm hätten vermieden werden können (Murswiek, 2014). Der Bankenrekapitalisierungs-Topf des ESM war auf 60 Mrd. EUR begrenzt.

Im Dezember 2018 wurde eine wesentliche Änderung in den ESM-Vertrag eingeführt. Man vereinbarte einen *Backstop* für den Bankenabwicklungsfonds, so dass die Zutrittsmöglichkeiten zu ESM-Hilfen ab 2022 erweitert wurden (Deutsche Bundesbank, 2021). Im Gegenzug entfällt das Instrument der direkten Bankenrekapitalisierung. Die ESM-Letztsicherung tritt ein, wenn der SRF keine ausreichenden Finanzmittel mehr hat und keine alternativen Finanzierungsmöglichkeiten bestehen. Damit kann der SRF eine Kreditlinie des ESM in Höhe von 68 Mrd. EUR als Ultima Ratio in Anspruch nehmen. Diese Kredite müssen später über Abgaben des Bankensystems refinanziert und vom SRF zurückgezahlt werden; regulär innerhalb von drei Jahren, mit der Möglichkeit einer Verlängerung der Frist auf fünf Jahre.

Die *Notfall-Liquiditätshilfe* (Emergency Liquidity Assistance, ELA) ist kein Instrument einer Bankenrekapitalisierung, sondern lediglich eines der Liquiditätszufuhr für vorübergehend als illiquide eingestufter Banken. Es handelt sich um eine Kredithilfe der nationalen Zentralbank (NZB) zur Stützung heimischer Finanzinstitute, die sich am Interbankenmarkt oder bei der EZB nicht mehr refinanzieren können. Gemäß Art. 14.4 EZB-Satzung zählt ELA zu den "anderen Aufgaben", die die NZBen in eigener Verantwortung auf eigene Rechnung wahrnehmen können. Voraussetzung für diese außerordentliche Hilfe ist die Solvenz des Geldinstitutes, das lediglich vorübergehend Liquiditätsprobleme hat. Gegenüber der herkömmlichen Refinanzierung über den Interbanken-/Geldmarkt oder die EZB wird der Zugang durch einen ermäßigten Zinssatz und niedrigere Sicherheitsanforderungen erleichtert. Durch die stattfindende Risikoübernahme der NZB entlastet sich die EZB von möglichen Ausfällen. Die Erwähnung dieser Hilfen erfolgt an dieser Stelle, da sie in der Vergangenheit trotz restriktiver interner Richtlinien der EZB durchaus bewusst und offensichtlich unter Kenntnisnahme des EZB-Rates zur Stützung insolventer Finanzinstitute eingesetzt wurden – so im Fall Zypern (2013), Irland (2013) und Griechenland (2014/2015).

9.3 Alternative Lösungswege zur italienischen Bankenrettung

9.3.1 Der italienische Weg einer Vergemeinschaftung von Hilfen und Haftung

Die ersten Anwendungsfälle des neuen Regimes litten nicht nur unter der Unkenntnis und Überraschung der zur Abwicklung herangezogenen Gläubiger. Die drohenden Insolvenzen wurden auch ganz unterschiedlich gehandhabt (Frühauf, 2016b; Kunz, 2015). Noch kurz vor Inkrafttreten des Bail-in-Mechanismus zum 1. Januar 2016 erhielten die vier griechischen Großbanken Ende November 2015 vom Staat und aus dem Hellenic Financial Stability Fund ca. 10 Mrd. EUR, die aus ESM-Krediten für die Bankenrekapitalisierung vorgesehen waren. Demgegenüber mussten die überwiegend ausländischen Gläubiger von Vorranganleihen der portugiesischen Novo Banco, dem Nachfolgeinstitut der 2014 abgewickelten Banco Espirito Santo, Anfang 2016 die Haftung für zwei Mrd. EUR übernehmen, während Anleihen von über 3,4 Mrd. EUR ausgenommen waren. Investoren interpretierten diese Diskriminierung als Willkürakt und reagierten verunsichert. Bankaktien und Nachranganleihen (Contingent Convertible Bonds) von europäischen Banken verloren seit Jahresbeginn 2016 kurzfristig stark an Wert und auch die Kreditausfallversicherungen zogen nicht nur in den Krisenländern an.

In Italien ist eine Gläubigerbeteiligung aufgrund der kleinteiligen Eigentümer- und Gläubigerstrukturen politisch umstritten. Die dortigen Institute finanzieren sich in erheblichem Umfang über ihre Kunden, zum einen als Anteilseigner, zum anderen als Gläubiger von Bankobligationen. Nach Angaben der Banca d'Italia halten italienische Haushalte Bankschuldverschreibungen im Wert von ca. 200 Mrd. EUR, ein für Eurostaaten überdurchschnittlicher Wert. Mit einer im März 2016 beschlossenen Reform der vielfach genossenschaftlich organisierten (Regional-)Banken wurden diese in Aktiengesellschaften umgewandelt, auch um den Handel mit entsprechenden Anteilen zu erleichtern. Zur Beruhigung der Kleinanleger entschloss sich die italienische Regierung nach der Rekapitalisierung von vier Regionalbanken Ende 2015 zu Entschädigungszahlungen.

Von daher war der Widerstand gegen ein Bail-in der Anteils-Eigentümer und Gläubiger zur Sanierung italienischer Banken erheblich. Geht man die Haftungskaskade weiter durch, so war 2016 lediglich die nationale Kammer des Abwicklungsfonds (SRF) zugänglich, der jedoch noch weitgehend leer war und deshalb ausfiel. Es bleiben mögliche Staatshilfen, für die jedoch aufgrund einer Staatsschuldenquote von 132,7 % (2018) und bei Einhaltung des Fiskalpaktes kaum Spielraum besteht. Zudem sind staatliche Subventionen rechtlich ausgeschlossen. Des Weiteren erschient ein ESM-Kredit aufgrund der staatlichen Beantragung und der damit einhergehenden Konditionierungsauflagen als überaus unattraktiv für die italienische Regierung.

Wie sah der *"italienische Weg"* zur Lösung dieses Dilemmas aus? Unter Hinweis auf das Brexit-Votum sowie die Ergebnisse der Bankenstresstestes verweist die italienische Regierung auf eine *Ausnahmeregelung* gemäß Art. 32 Abs. 4 lit. d Abwicklungsrichtlinie (BRRD), die bei einer Gefährdung der Finanzmarktstabilität anzuwenden wäre. Bereits Anfang Juli 2016 genehmigte die EU-Kommission daraufhin einen Garantiefonds mit einem Sicherungsvolumen von 150 Mrd. EUR. Mithilfe dieses zunächst bis Ende 2016 befristeten Fonds konnten Banken neu begebene Anleihen mit staatlichen Garantien absichern. Hierfür müssen sie marktliche Gebühren zahlen, sodass eine Beihilfe ausgeschlossen sein sollte. Des Weiteren könnte die Regierung auf die Anwendung der Ausnahmeregelung vom Bail-in gemäß Art. 44 Abs. 3 Abwicklungsrichtlinie (BRRD) drängen. Sie könnte auf die zeitliche Enge (lit. a) und die Gefahr einer ausgedehnten Ansteckung der Realwirtschaft bzw. einer Gefährdung der Finanzstabilität (lit. c) verweisen. Schon im Februar einigte man sich mit der EU-Kommission darauf, dass jede Bank ihre eigene Bad-

Bank gründet, um ihre Problemkredite auszulagern. Da dies jedoch ebenfalls nur zu Marktbedingungen erfolgen konnte, scheiterte diese Lösung.

Stattdessen gründete ein Bankenkonsortium auf Druck der Regierung den Bankenrettungsfonds Atlante. Diese institutsübergreifende Einrichtung wurde bei einer geringen Staatsbeteiligung von der Kommission akzeptiert. Der Fonds sollte über ein Volumen von knapp 4 bis 5 Mrd. EUR verfügen können (Piller, 2016a). Seine Aufgaben waren die Übernahme notleidender Kreditpapiere zum Buchwert (u. a. Monte dei Paschi) (30 % der Fondsmittel) und die Garantienstellung für Kapitalerhöhungen der drei Krisen-Volksbanken (u. a. Banca Popolae di Vicenza und Veneto Banca) (70 % der Fondmittel). Bereits durch die Inanspruchnahmen als Sicherungsgeber war etwa die Hälfte der Gelder gebunden. Die (vorläufige) Rettung der Monte dei Paschi im Dezember 2016 kostete den Staat 6,6 Mrd. EUR. Davon gingen 4,6 Mrd. EUR als vorsorgliche Kapitalhilfe an die Bank und 2,0 Mrd. EUR an 42.000 Kleinanleger, deren nachrangige Anleihen in Aktien umgewandelt wurden. Institutionelle Anlegertrugen durch die Umwandlung mit 2,2 Mrd. EUR zur Restrukturierung bei. Die Abwicklung der von der EZB-Bankenaufsicht als nicht überlebensfähig eingestuften Regionalbanken Banca Popolae di Vicenza und Veneto Banca im Sommer 2017 durch italienische Behörden wurde möglich, da beide als nicht systemrelevant eingestuft wurden. Sie kostete den Staat bis zu 17 Mrd. EUR, wobei 5,2 Mrd. EUR an die Banca Intesa Sanpaolo flossen, die die gesunden Teile restrukturieren sollte. Zudem wurden Garantien von bis zu 12 Mrd. EUR für faule Kredite gegeben.

Im *Ergebnis* wurden ein Bail-in und die Haftungskaskade von der italienischen Regierung erfolgreich umgangen. Damit hat Italien einen Weg beschritten, der auch zukünftig den Abwicklungsmechanismus infrage stellen wird. Dies zeigte sich auch zu Beginn 2019 in den Staatshilfen für die Genueser Carige. Insgesamt dürfte ein Bedarf an weiteren Rettungsmitteln bestehen, denn 264 Mrd. EUR (entsprechend 13 %/BIP) aller Bankkredite galten weiterhin als ausfallgefährdet (Stand Okt. 2017) und sind nur teilweise durch Rückstellungen gedeckt. Nach den Angaben von PricewaterhouseCoopers (PwC) ist der Bestand an faulen Krediten auf 222 Mrd. EUR gesunken (Stand Juni 2018). Nach Abzug der getätigten Rückstellungen verbleiben 43 Mrd. EUR an ungedeckten Risiken.

9.3.2 Zukünftige "kreative" Möglichkeiten einer Bankenrettung

Die Regierung dürfte zukünftig in jedem Fall vermeiden wollen, Staatshilfen im Sinne des EU-Rechts zu gewähren. Geeignet wäre deshalb das Instrument der halbstaatlichen Förderbank Cassa Depositi e Prestiti (CDP), die bislang ähnlich der deutschen Kreditanstalt für Wiederaufbau (KfW) die Förderung von Infrastrukturprojekten übernimmt, aber auch private Unternehmen mit Krediten unterstützt und schon an Atlante beteiligt ist (Bayer, 2013). Das zu etwa zu 80 % in staatlichem Besitz befindliche Institut refinanziert sich durch staatlich garantierte Postspareinlagen im Volumen von 242 Mrd. EUR von etwa 24 Mio. Kunden (31.12.2013). Denkbar wäre, dass der Staat einen notenbankfähigen Schuldschein an die Förderbank gibt, den diese im Rahmen ihrer wirtschaftspolitisch ausgerichteten Förderung zur Aufstockung ihrer bereits bestehenden Einlage in den Bankenrettungsfonds Atlante weiterleitet. Die EU-Kommission stuft Atlante bislang als privates Vehikel ein, da der Fonds nicht mehrheitlich unter staatlicher Kontrolle steht. Deshalb sollte die weiterhin bestehende Minderheitsbeteiligung der CDP in Kombination mit dem Schuldschein an dieser Einschätzung nichts ändern. In Anlehnung an den Fall Irland 2013 könnte Italien die Lasten aus weiteren Kredithilfen über zwei – mit dem EU-Recht nicht konforme, aber in der Vergangenheit angewandte – unkonventionelle Maßnahmen mindern.

Erstens: Atlante könnte den Schuldschein als Sicherheit zur Refinanzierung im Rahmen der ELA-Notfall-Liquiditätshilfe an die italienische Notenbank einreichen, um Liquidität zum Ankauf der Problemkredite (Bad Bank) zu erhalten.[2] Indem der Fonds zum Buchwert (long term economic value) notleidende Kredite von quasi insolventen Finanzinstituten aufkauft, entlastet er diese von notwendigen Wertberichtigungen, ermöglicht deren Solvenz und Fortbestand, muss aber selbst die Abschreibungen vornehmen. Bei Abschlägen zum Marktwert (fair value) in Höhe von 80 bis 90 % würde Atlante bei der Verwertung erhebliche Verluste anhäufen, die das Kapital aufzehren.

Zweitens: Nach abgeschlossener Arbeit könnte die Regierung die Insolvenz von Atlante betreiben, indem die Wertberichtigen/Abschreibungen des Fonds so hoch angesetzt werden, dass die Verluste die Kapitaleinlagen vollständig aufzehren. Damit wäre zugleich eine Möglichkeit zur Monetarisierung des Staatskredites eröffnet, die die EZB bereits im Fall Irland 2013 akzeptiert hat (Hoffmann, 2016, S. 5 ff.; Meyer, 2016b, S. 34 f.). Infolge der Insolvenz und der Nichtbedienung der ELA-Kredite wird die italienische Notenbank auf den als Garantie eingebrachten staatlichen Schuldschein zur Verwertung zurückgreifen. Mit dem Ziel,

---

[2] ELA-Notkredite setzen die Solvenz des Finanzinstitutes voraus. Siehe Europäische Zentralbank (2013). Da Atlante die Mittel aber zur Abwicklung und Rekapitalisierung an sich insolventer Banken verwendet, könnte ein Missbrauch vermutet werden. Allerdings zeigte der EZB-Rat in der Vergangenheit hinsichtlich der Krisenbanken in Griechenland (2012 sowie 2014/2015), Zypern (2013) und Irland (2013) erhebliche Toleranz.

eine Erleichterung der Kreditkonditionen für den italienischen Steuerzahler zu erreichen, könnte die Regierung ihre Forderung einer Umwandlung dieser Staatsschuld an die Banca d'Italia herantragen. Ein vergleichbares Beispiel bietet die irische Auffanggesellschaft IBRC für die Bankenaltlasten, die 2013 für insolvent erklärt wurde.

Was wären die pekuniären *Wirkungen dieser Umschuldung?* Ein Tilgungsaufschub sowie eine Verlängerung der Rückzahlung des Kredites führen in Verbindung mit einer Absenkung des Zinssatzes zu einem erheblich geringeren Barwert des neuen Schuldtitels. Anders ausgedrückt: Die Umschuldung wirkt wie ein Vorschuss auf zukünftige Notenbankgewinne. Der Tausch eines relativ wertvollen Schuldscheines gegen eine Staatsanleihe mit längerer Laufzeit und niedrigerer Verzinsung würde bei der italienischen Notenbank Wertberichtigungen notwendig machen, die über die Auflösung von Rücklagen finanziert werden müssten.

Die neuen Anleihen würden als *ANFA-Wertpapiere* bilanziert (Hoffmann, 2016, S. 4 ff.). Das technische Problem hierbei: Die für Italien geltende ANFA-Obergrenze für eine Geldschöpfung auf eigene Rechnung würde voraussichtlich stark überschritten werden. Allerdings sieht das ANFA-Abkommen verschiedene Ausnahmeregelungen vor, die eine fallweise und unvorhersehbare Überschreitung der Obergrenze rechtfertigen könnten. So kann die EZB unter außergewöhnlichen Umständen ("under exceptional circumstances") (Art. 4 Abs. 3 ANFA-Abkommen) die Obergrenzen erhöhen, wenn eine Änderung der geldpolitischen Parameter vorliegt. Außerdem können Entwicklungen, die in Verbindung mit den Netto-ANFA-Positionen stehen und außerhalb der Kontrolle der NZB liegen, eine zeitweise Überschreitung der Obergrenze zulassen ("developments in relation to net financial assets which are not directly under the control of an NCB may justify a temporary deviation from its financial asset ceiling.") (Art. 5 Abs. 3 ANFA-Abkommen). Hierzu zählen konkret gemäß Art. 5 Abs. 4 ANFA-Abkommen a) zusätzliche Forderungen des Internationalen Währungsfonds (IWF); b) die Gewährung von ELA-Nothilfen; c) nicht abgelöste Forderungen des Eurosystems und d) unvorhergesehene Bilanzentwicklungen infolge der Inanspruchnahme ungenutzter ANFA-Spielräume durch andere NZBen. Keine dieser Ausnahmeregelungen würde jedoch auf die italienische Situation zutreffen. Selbst lit. b fände keine Anwendung, da es sich bei den neuen Anleihen weder um ELA-Kredite, noch um eine Verwertung der für ELA-Kredite eingereichten Sicherheiten handelt, sondern um die Umwandlung eines Kreditpapieres.

Konsequenterweise müsste der EZB-Rat diesen Vorgang – wie im Fall Irlands – als *monetäre Staatsfinanzierung* werten. Das Beispiel zeigt auch, dass eine monetäre Staatsfinanzierung ohne Höchstgrenze eine Alternative zu dem überaus knapp bemessenen ESM-Bankenrekapitalisierungstopf von bis zu 68 Mrd. EUR darstellen kann, auch wegen des eher geringen politischen Widerstandes.

9.4   Bewertung des "italienischen Weges" zur Bankenrettung

Die Unsicherheit bei Investoren von Aktien, Einlagen und Anleihen von Banken ist nach den bisherigen Erfahrungen der Bankenrettung und der Praxis des Bail-in-Mechanismus aus Griechenland, Portugal und Italien groß. Darüber hinaus wird der einheitliche Bankenabwicklungsmechanismus (SRM) auch seitens der Wissenschaft nicht unkritisch gesehen. So können von einer Gläubigerbeteiligung insbesondere bei großen, grenzüberschreitend tätigen Geldinstituten und bei systemübergreifenden Bankenkrisen selbstverstärkende Ansteckungseffekte durch antizipative Reaktionen auf den Finanz- und Wertpapiermärkten entstehen (Avgouleas & Goodhart, 2014). Lediglich bei weitgehend isolierten Schieflagen, die beispielsweise auf einem Fehlmanagement beruhen, erscheint ein Bail-in ökonomisch unproblematisch und angeraten. Auch deshalb sind die Anwendung der Ausnahmeregeln und gegebenenfalls die Umgehung einer weitreichenden Gläubigerbeteiligung bei frühzeitigen Staatshilfen nicht von vornherein ökonomisch abzulehnen.

Die vorgestellte und keinesfalls abseitige Alternative einer zukünftigen italienischen Bankenrettung besitzt folgende *Strukturmerkmale:*

1. Bei hinreichender finanzieller Ausstattung bzw. Umfang der staatlichen Einlage kann im günstigen Fall eine erfolgreiche Bankenrettung vermutet werden. Voraussetzung ist allerdings die Behebung der generellen Mängel des italienischen Bankensystems. Die indirekte *Rekapitalisierung* durch den Staat erfolgt durch den Aufkauf von neuen Aktien einer unter Marktbedingungen nicht durchführbaren Kapitalerhöhung und mittels der Übernahme von Problemkrediten zu subventionierten Konditionen.

2. Durch die *Zwischenschaltung* der halbstaatlichen Förderbank CDP dürfte formal die Abwicklungsrichtlinie (BRRD) nicht tangiert sein. Auch entfällt der Vorwurf einer nach EU-Recht schädlichen Staatshilfe, denn der als privat geltende Bankenfonds Atlante übernimmt das Haftungsrisiko und die Wertberichtigungen in die eigenen Bücher. Nach der Insolvenz von Atlante saldieren sich für die CDP die Verluste aus der wertlos gewordenen Kapitalbeteiligung an dem Rettungsfonds (Aktiva) mit

der über den Schuldschein erfolgten Eigenkapitaleinlage des Staates (Passiva). Per Saldo wird die CDP-Bilanz durch die Bankenrettung nicht betroffen.

3. Die Einreichung des staatlichen Schuldscheines bei der Banca d'Italia als *ELA-Nothilfe* zur Refinanzierung ist eine *nationale Euro-Geldschöpfung,* auf die das Eurosystem direkt keinen Einfluss hat. Durch den damit verbundenen Anstieg der ANFA- Netto-Finanzanlagen des Eurosystems bei national-autonomer Geldschöpfung sinkt allerdings der geldpolitische Steuerungsspielraum der EZB (Meyer, 2016c, S. 414 ff.).

4. Im Falle einer Staatsinsolvenz Italiens und eines Euroaustritts fände eine *Vergemeinschaftung der Haftung* für den der Zentralbank eingereichten Schuldschein statt. Die Eurostaaten haften anteilig gemäß ihrem Kapitalschlüssel an der EZB.

5. Mit der Einreichung des Schuldscheines an die italienische Notenbank erlangt der Fiskus quasi eine *Nullzins-Finanzierung,* da die Zentralbank die Zinserträge über ihren Gewinn an den Staatshaushalt abführt.

6. Die nach der Insolvenz vollzogene Umwandlung des Schuldscheines in eine langlaufende Staatsanleihe zu günstigeren Zinsen führt zu einem geringeren Barwert des Kreditpapieres. Im Umfang der Barwertminderung ist dieser Vorgang als eine monetäre Staatsfinanzierung zu werten und verstößt daher gegen das *Verbot der monetären Staatsfinanzierung* (Art. 123 Vertrag über die Arbeitsweise der Europäischen Union [AEUV]).

Der durch die irische Bankenrettung vorgezeichnete "italienische Weg" würde weitgehend abseits des Regelwerks des einheitlichen Bankenabwicklungsmechanismus (SRM) verlaufen. Unter Anwendung der Ausnahmeregelung der Abwicklungsrichtlinie (BRRD) für den Bail-in und einer mangelnden Kapazität der italienischen Kammer des Abwicklungsfonds (SRF) würde sofort auf staatliche Kredithilfen zurückgegriffen werden. Damit werden *zwei wesentliche Ziele des Bail-in-Regimes* nicht erreicht: Zum einen der *Schutz des Steuerzahlers,* zum anderen die erzieherische *Anreizwirkung einer Gläubigerhaftung.* Letztere dürfte allerdings erst nach einer gewissen Zeit des Bestehens der neuen Regeln langfristig eintreten, da eine antizipative Anpassung in der Kürze der Zeit entweder nicht (Banken) oder nur panikartig (nachrangige Gläubiger) erfolgen kann. Auch dürfte eine gegebenenfalls systemische Bankenkrise den Einsatz von Steuermitteln rechtfertigen (Avgouleas & Goodhart, 2014, S. 10 ff.). Gerade für Italien erscheint aufgrund des Umfangs und der Verbreitung der Schieflagen von Banken eine systemische Krise nicht unwahrscheinlich zu sein. Hinsichtlich der im Aufbau befindlichen europäischen Bankenunion wäre der "italienische Weg" allerdings verheerend. Auch wenn die europäischen Entscheidungsträger die italienische Bankenrettung als ökonomisch begründbaren Sonderfall darstellen würden: Angesichts der vielen Ausnahmen und Lockerungen fiskalischer und geldpolitischer Regeln in der Vergangenheit und Gegenwart würden die Bürger anderer Eurostaaten dieser Argumentation kaum folgen. Deshalb wäre der politische Schaden voraussichtlich groß.

Die Kombination der staatlichen Kredithilfe mit einem ELA-Notkredit dürfte im konkreten Fall gegen die ELA-Bedingungen verstoßen. Er ist nicht nur wegen der – im Extremfall eines italienischen Staatskonkurses – Gemeinschaftshaftung aller Eurostaaten problematisch. Bei erheblicher Überschreitung der ANFA-Obergrenze der autonom-italienischen Geldschöpfung kann die EZB ihre geldpolitische Steuerungsfähigkeit nur eingeschränkt wahrnehmen. Hinzu kommt eine Null-Zins-Finanzierung des italienischen Fiskus, der die Zinszahlungen des Kredites über den Notenbankgewinn zurückerhält. Jegliche Anreize einer zurückhaltenden Kreditpolitik entfallen. Dem italienischen Bürger werden weniger Lasten abverlangt als es marktliche Bedingungen notwendig machen würden. Schließlich wäre die Umwandlung des Schuldscheins in eine Anleihe mit geänderten Konditionen eine monetäre Staatsfinanzierung, die juristisch als Rechtsbruch, ökonomisch als schädlich und politisch bedenklich zu bewerten wäre.

Fazit: Der aufgezeigte "italienische Weg" ist als Präzedenzfall für eine zukünftige europäische Bankenrettung von entscheidender Bedeutung, auch und gerade, weil er im Ansatz der Blaupause der irischen Bankenabwicklung 2013 entspricht. So formulierte EZB-Präsident Mario Draghi anlässlich der EZB-Pressekonferenz v. 21. Januar 2016: "A good example is what's happening in Ireland, which is one of the most successful countries as far as recovery is concerned, and regaining market access, and they're dealing with the NPLs [non-performing loans] gradually." (European Central Bank, 2016b).

9.5 Zusammenfassung

Extrem niedrige Zinsmargen zwischen Einlagen- und Kreditgeschäft, der wachsende Regulierungsdruck und ein hoher Investitionsbedarf in die IT-Technik macht europäischen Banken das (Über-)Leben schwer. Verschiedene mediterrane Finanzinstitute kennzeichnen zudem eine Klientelpolitik, eine strukturelle Schwäche der kreditnehmenden Unternehmen, mangelhafte interne Kontrollen sowie unzureichende externe Prüfungen der nationalen Aufsichtsbehörden. Besondere Gefahren resultieren aus einem relativ hohen Anteil an Staatsschuldtiteln, der die

Staatsschuldenkrise mit der Bankenkrise verschmelzen lässt. Der neu errichtete Bankenabwicklungsmechanismus gibt eine "Haftungskaskade" vor, die durch eine Gläubigerbeteiligung (Bail in) letztendlich den Steuerzahler vor einer Inanspruchnahme schützen soll. Allerdings findet über den Europäischen Bankenabwicklungsfonds eine neue Vergemeinschaftung von Hilfen und Haftung statt. Zudem zeigt die Praxis italienischer Bankenrettungen eine interessengeleitete Nichtanwendung der EU-Regelungen.

Literatur

Artikel und Monografien

Avgouleas, E., & Goodhart, C. A. (2014). A critical evaluation of bail-in as a bank recapitalisation mechanism, Centre for Economic Policy Research. Discussion paper no. 10065.

Bayer, T. (28. Januar 2013). Omnipräsente Staatsbank. *Die Welt.* http://www.welt.de/print/die_welt/wirtschaft/article113167356/Omnipraesente-Staatsbank.html. Zugegriffen am 27.07.2016.

European Central Bank. (2016a). TARGET Balances. http://sdw.ecb.europa.eu/reports.do?node=1000004859. Zugegriffen am 15.08.2016.

European Central Bank. (2016b). Introductory statement to the press conference (with Q&A), Pressekonferenz (21. Januar 2016). https://www.ecb.europa.eu/press/pressconf/2016/html/is160121.en.html. Zugegriffen am 05.06.2019.

Frühauf, M. (9. März 2016a). EZB nimmt Italiens Banken ins Visier. *Frankfurter Allgemeine Zeitung,* 18.

Frühauf, M. (22. Februar 2016b). Brüssel soll Haftungsregeln für Banken aufweichen. *Frankfurter Allgemeine Zeitung,* 19.

Frühauf, M. (29. Mai 2018). Italiens Risikoaufschlag steigt deutlich. *Frankfurter Allgemeine Zeitung,* 23.

Hartmann, D. (2016). Die italienische Bankenkrise – viel Lärm um wenig. http://www.bantleon.com/de/aktuelles/analysen/2016/2016-04-28. Zugegriffen am 29.07.2016.

Hoffmann, D. (2016). ANFA ermöglicht Finanzierung von Bankenabwicklungen durch nationale Zentralbanken. *IFO-Schnelldienst,* 69(13), 3–11.

Kunz, A. (11. November 2015). In der Gerechtigkeitsfalle. *Die Welt,* 6.

Meyer, D. (2016a). Italienische Bankenrettung – EU-Abwicklungsrichtlinie und ein "italienischer Weg". *IFO-schnelldienst, 69*(6), 33–42. http://www.cesifo-group.de/de/ifoHome/publications/docbase/DocBase_Content/ZS/ZS-ifo_Schnelldienst/zs-sd-2016/zs-sd-2016-16/11012016016004.html. Zugegriffen am 08.02.2022.

Meyer, D. (2016b). Euro-Geldschöpfung durch die Mitgliedstaaten – Gefahren aus nationalem Zusatzgeld. *IFO-Schnelldienst, 69*(6), 30–40.

Meyer, D. (2016c). ANFA – Nationale Geldschöpfung als Sprengsatz für die Währungsunion? *Wirtschaftsdienst, 96*(6), 413–421. https://doi.org/10.1007/s10273-016-1991-3.

Murswiek, D. (17. Dezember 2014). Bankenrettung durch den ESM – Wieder ein gebrochenes Versprechen. *Der Hauptstadtbrief,* 126 v. http://www.derhauptstadtbrief.de/cms/105-der-hauptstadtbrief-126/664-bankenrettung-durch-den-esm-wieder-ein-gebrochenes-versprechen. Zugegriffen am 01.08.2016.

Mußler, H. (9. April 2016). Italiens Banken schütten fast so viel Dividenden aus, wie sie verdienen. *Frankfurter Allgemeine Zeitung,* 30.

Piller, T. (13. April 2016a). Neuer Fonds soll Italiens Banken retten. *Frankfurter Allgemeine Zeitung,* 16.

Piller, T. (7. August 2016b). Rom will eine neue staatliche Bankenrettung. *Frankfurter Allgemeine Zeitung,* 22.

Piller, T. (1. August. 2016c). Der Rettungsplan für Monte dei Paschi ist riskant. *Frankfurter Allgemeine Zeitung,* 23.

Piller, T. (4. Mai 2016d). Italiens Bankenrettung legt einen Fehlstart hin. *Frankfurter Allgemeine Zeitung,* 16.

Wallenborn, I. (2015). Bankenabwicklung: Vorrang nicht bail-in-fähiger Verbindlichkeiten in der Insolvenz erleichtert das Verfahren. https://www.bafin.de/SharedDocs/Veroeffentlichungen/DE/Fachartikel/2015/fa_bj_1512_bankenabwicklung.html. Zugegriffen am 20.07.2016.

Rechtsquellenverzeichnis

Agreement of 19. November 2014 on net financial assets (ANFA-Abkommen). http://www.ecb.europa.eu/ecb/legal/pdf/en_anfa_agreement_19nov2014_f_sign.pdf?208a41defab3909e542d83d497da43d2. Zugegriffen am 20.07.2016.

Deutsche Bundesbank. (2021). Stellungnahme anlässlich der öffentlichen Anhörung des Haushaltsausschusses des Deutschen Bundestages am 31. Mai 2021, https://www.bundesbank.de/de/presse/stellungnahmen/stellungnahme-anlaesslich-der-oeffentlichen-anhoerung-des-haushaltsausschusses-des-deutschen-bundestages-am-31-mai-2021-867240. Zugegriffen am 10.07.2021.

Europäische Zentralbank. (2013). Verfahren für die Gewährung von Notfall-Liquiditätshilfe v. 16.10.2013.

Gesetz zur Anpassung des nationalen. Bankenabwicklungsrechts an den Einheitlichen Abwicklungsmechanismus und die europäischen Vorgaben zur

Bankenabgabe vom 2. November 2015 (BGBl. I S. 1864) (Abwicklungs-mechanismusgesetz – AbwMechG).

Insolvenzordnung vom. 5. Oktober 1994 (BGBl. I S. 2866), die zuletzt durch Artikel 16 des Gesetzes vom 20. November 2015 (BGBl. I S. 2010) geändert worden ist (InsO).

Kreditwesengesetz in der. Fassung der Bekanntmachung vom 9. September 1998 (BGBl. I S. 2776), das durch Artikel 4 des Gesetzes vom 30. Juni 2016 (BGBl. I S. 1514) geändert worden ist (Kreditwesengesetz – KWG).

Protokoll. (Nr. 4) über die Satzung des Europäischen Systems der Zentralbanken und der Europäischen Zentralbank (EZB-Satzung).

Richtlinie 2014/59/EU des Europäischen Parlaments und des Rates vom 15. Mai 2014 zur Festlegung eines Rahmens für die Sanierung und Abwicklung von Kreditinstituten und Wertpapierfirmen und zur Änderung der Richtlinie 82/891/EWG des Rates, der Richtlinien 2001/24/EG, 2002/47/EG, 2004/25/EG, 2005/56/EG, 2007/36/EG, 2011/35/EU, 2012/30/EU und 2013/36/EU sowie der Verordnungen (EU) Nr. 1093/2010 und (EU) Nr. 648/2012 des Europäischen Parlaments und des Rates (Abwicklungsrichtlinie, BRRD).

Sanierungs- und Abwicklungsgesetz. vom 10. Dezember 2014 (BGBl. I S. 2091), das zuletzt durch Artikel 4 des Gesetzes vom 12. Mai 2021 (BGBl. I S. 1063) geändert worden ist (Sanierungs- und Abwicklungsgesetz – SAG).

Vertrag über die Arbeitsweise der Europäischen Union (AEUV), Fassung aufgrund des am 01.12.2009 in Kraft getretenen Vertrages von Lissabon (Konsolidierte Fassung bekanntgemacht im ABl. EG Nr. C 115 vom 09.05.2008, S. 47).

Vertrag zur Einrichtung des Europäischen Stabilitätsmechanismus (ESM), T/ESM 2012/de.

10

Schuldenerleichterungen für Griechenland: Ein Überblick bisheriger Entlastungen

Das dritte Hilfsprogramm für Griechenland lief im August 2018 aus. Bislang wird angestrebt und davon ausgegangen, dass Griechenland seinen zukünftigen Kreditbedarf am freien Kapitalmarkt finanzieren kann. Um dies zukünftig möglich zu machen, wurden in der Vergangenheit zahlreiche *Schuldenerleichterungen* vorgenommen, teils im Nachhinein – beginnend mit einer Lockerung der Kreditkonditionen bis hin zum offenen Schuldenerlass. Die (bislang) letzten Schuldenerleichterungen beschloss die Eurogruppe im Juni 2018. Diese waren schon mit dem Beginn des dritten Hilfsprogramms in Aussicht gestellt worden, um eine Beteiligung des Internationalen Währungsfonds (IWF) zu ermöglichen. Der IWF macht seine Beteiligung an den Krediten generell von der Schuldentragfähigkeit abhängig, die er auch nach den neuesten Zugeständnissen als nicht erfüllt ansah. Eine IWF-Beteiligung war jedoch eine wesentliche Voraussetzung für die Zustimmung des Bundestages zum dritten Hilfsprogramm im August 2015, die jedoch nie erfüllt wurde. Der Bundestag hat die Luxembur-

© Der/die Autor(en), exklusiv lizenziert durch Springer Fachmedien Wiesbaden GmbH, ein Teil von Springer Nature 2022
D. Meyer, *Europäische Union und Währungsunion in der Dauerkrise I*,
https://doi.org/10.1007/978-3-658-35715-3_10

ger Vereinbarungen im Juni 2018 mit großer Mehrheit angenommen. Die Abschlusszahlung des dritten Hilfs-programms von 15 Mrd. EUR wurde mit nur 5,5 Mrd. EUR für den Schuldendienst verwendet. Die restlichen 9,5 Mrd. EUR dienten dem Aufbau einer Liquiditäts-reserve, die insgesamt ca. 24 Mrd. EUR (Stand August 2018) umfasste. Damit war der vorausgeplante staatliche Finanzierungsbedarf für 22 Monate gedeckt – ohne dass das Wahlversprechen der 2019 anstehenden Parlaments-wahl berücksichtigt wurden. Anders ausgedrückt: Für etwa zwei Jahre sollte der Kapitalmarktzugang gar nicht nötig sein. Es folgen ein Überblick zu diesen Forderungsverzicht und der Versuch einer Quantifizierung. Die weiteren Aus-führungen gründen weitgehend auf Meyer (2018a, b).

10.1 Zur Schuldensituation

Im Rahmen der Rettungshilfen hat Griechenland in drei Hilfsprogrammen 73,0 Mrd. EUR (erstes Hilfsprogramm 2010), 153,8 Mrd. EUR (zweites Hilfsprogramm 2012) und 61,9 Mrd. EUR (drittes Hilfsprogramm 2015) – ins-gesamt 288,7 Mrd. EUR – als *de facto subventionierte Kre-dite* erhalten. Davon kamen aus dem Euroraum 256,6 Mrd. EUR (Europäischer Finanzstabilisierungsmecha-nismus [EFSM]), Europäische Finanzstabilisierungsfazilität ([EFSF] und Europäischer Stabilisierungsmechanismus [ESM]) sowie vom Internationalen Währungsfonds (IWF) 32,1 Mrd. EUR.[1] Stand Dezember 2018 hatte Griechen-land Staatsschulden im Umfang von 330,5 Mrd. EUR, ent-sprechend 180,8 %/BIP.

---

[1] Vgl. European Stability Mechanism (2018a). Mit dem dauerhaften ESM fiel der EFSM ersatzlos weg. Der bis Mitte 2013 befristete EFSF ging im ESM auf. Insgesamt wurden im Rahmen der Hilfsprogramme an Griechenland, Irland, Portugal, Spanien und Zypern etwa 470 Mrd. EUR an Kredithilfen ausgezahlt.

Die Kredithilfen sind gemäß Art. 136 Abs. 3 Vertrag über die Arbeitsweise der Europäischen Union (AEUV) an ein makroökonomisches Anpassungsprogramm gebunden (Memorandum of Understanding, MOU). Die Auszahlung der Kredite erfolgte dementsprechend in Tranchen als Zug-um-Zug-Bereitstellung, die von der Erfüllung der geforderten finanz- und wirtschaftspolitischen Auflagen abhängig gemacht wurden. Da in Griechenland im September 2019 Wahlen zum Parlament stattfanden, wurde ein kleinerer Teil des Liquiditätspuffers von 24 Mrd. EUR für Wahlgeschenke genutzt, so die Zahlung einer "Sozialdividende" von bis zu 1350 EUR an rund 1,4 Mio. Familien. Auch die Rentenreform wurde für 115.000 pensionierte Angehörige des öffentlichen Dienstes und der Streitkräfte durch eine Entschädigung für frühere Kürzungen in Höhe von netto 233 Mio. EUR gelindert. Die Geldgeber hätten keinerlei Handhabe gehabt, dies zu verhindern. Zudem erhebt der IWF spätestens seit dem dritten Hilfsprogramm erhebliche Zweifel an der Schuldentragfähigkeit Griechenlands, weshalb er sich an diesem Programm auch nicht beteiligt hat. Zugleich stellte er die Möglichkeit eines Schuldenschnittes mit der Beendigung des Programms wiederholt zur Diskussion. Dies hielt den ESM 2019 nicht davon ab, einer vorzeitigen Tilgung eines nachrangigen Restkredites des IWF mit knapp fünf Prozent Verzinsung in Höhe von vier Mrd. EUR zuzustimmen, der durch einen am Kapitalmarkt finanzierten Neukredit zu 3,4 % ersetzt wurde. Im März 2022 erfolgte außerplanmäßig die Tilgung der noch ausstehenden, relativ hoch verzinsten IWF-Restschuld in Höhe von 1,8 Mrd. EUR.

10.2 Die Schuldenerleichterungen zwischen 2012 bis 2017

Der *Begriff* der Schuldenerleichterung bzw. des freiwilligen Forderungsverzichtes umfasst verschiedene Maßnahmen. Ein *Schuldenschnitt* (engl. haircut) kommt einer anteiligen

Reduzierung der Forderungen gleich. Auch ein *Schulden-erlass* bezeichnet üblicherweise einen anteiligen oder gar kompletten Verzicht auf Ansprüche aus einem Kreditvertrag. Im Rahmen von *Schuldenerleichterungen* i.e.S. oder auch *Umschuldungen* werden die Kreditbedingungen wie Zinssatz, Tilgungsverlauf und Laufzeit zugunsten des Kreditnehmers angepasst. Allen gemeinsam ist eine *Reduzierung des Barwertes* der Forderungen und damit eine Minderung der Kreditlast des Schuldners. Gerade im Fall Griechenlands umfassen die schuldenerleichternden Maßnahmen ganz unterschiedliche Stellschrauben, sodass eine klare begriffliche Abgrenzung schwierig bleibt.

10.2.1 Schuldenschnitt privater Gläubiger im März 2012

Augenscheinlicher Anlass des Schuldenschnitts privater Gläubiger Anfang März 2012 war die Vermeidung einer drohenden ungeordneten Insolvenz durch Zahlungsausfall einer Anleihe von 14,5 Mrd. EUR mit Fälligkeitstermin 20.03.2012. Die Ratingagentur Fitch bewertete den Schuldenschnitt deshalb als "teilweisen Zahlungsausfall". Da von dem betroffenen 206 Mrd. EUR schweren Anleihevolumen 177 Mrd. EUR griechischem Recht unterlagen, konnten nachträglich CAC-Klauseln (Collective Action Clauses) eingeführt werden. Diese machten eine Zwangsumschuldung möglich, da die von Griechenland geforderte Quote von 90 % Zustimmung verfehlt wurde.

Durch den Schuldenschnitt sank die Staatsschuldenquote von 161 auf 124 %/BIP. Private Gläubiger (Banken, Versicherungen, Fonds, Kleinanleger) mussten auf Forderungen von nominal 107 Mrd. EUR verzichten. Dies entspricht einem Forderungsausfall von nominal 53,5 %. Durch gleichzeitige Zinssenkungen und Laufzeitverlängerungen mussten Anleger Wertberichtigungen auf niedrigere Barwerte vornehmen, die den Ausfall auf etwa 75 % steigerten. Deutschland war mit insgesamt ca. 20 Mrd. EUR betroffen. Davon trugen private Banken, Versicherer und Fondsgesellschaften 6 Mrd. EUR. Für 14 Mrd. EUR kamen indirekt die Steuerzahler auf. So entfielen auf die Bad Bank der Hypo Real Estate (HRE) 8,9 Mrd. EUR, auf die West LB 700 Mio. EUR, auf die KfW-Gruppe 210 Mio. EUR, der Rest auf andere staatliche bzw. teilstaatliche Institute (Sparkassen, Landesbanken, Commerzbank) (Mußler, 2012).

Im Rahmen der Umschuldung bekamen die Gläubiger für eine alte Anleihe im Nominalwert von 1000 EUR a) ein Bündel von 20 neuen griechischen Staatsanleihen mit Fälligkeiten vom Jahr 2023 bis 2042 (315 EUR) zum Durchschnittszins von 3,65 % p.a. Der damalige Marktzins betrug ca. 30 % p.a. Sodann gab es b) eine vom EFSF garantierte kurzfristige Anleihe (150 EUR) sowie c) einen Schuldtitel, dessen Auszahlung an die Wirtschaftsleistung Griechenlands gebunden wurde (Armbruster, 2012). Allerdings hatten die neuen Anleihen ein geringeres Ausfallrisiko, indem ein Cross-Default (Vertragsstörung durch Vertragsbruch gegenüber Dritten) ausgeschlossen wurde.

Langfristig stand das Ziel, die Staatsschuldenquote bis 2020 von 161 (2012) auf 120,5 % zu senken. Damit sollte sich das Land ab 2015 am freien Kapitalmarkt finanzieren können. Sowohl interne Analysen der Troika wie auch unabhängige Wissenschaftler sahen die Prognose bereits damals skeptisch (Plickert, 2012). Von dem Schuldenschnitt ausgenommen waren Schuldpapiere im Umfang von 53 Mrd. EUR anderer Eurostaaten, 20 Mrd. des IWF sowie 56 Mrd. der EZB. Da die EZB die gleichen Anleihen hielt, wie die Privaten, konnte die Zentralbank sich nur durch einen Trick von Verlusten freihalten. Um dem Vorwurf zu entgehen, gegen das Verbot der monetären Staatsfinanzierung (Art. 123 AEUV) zu verstoßen, befreite sich die EZB, indem sie durch die Einführung einer neuen Wertpapierkennnummer (WKN) ein eigenes "EZB-Papier" schuf.

10.2.2 Schuldenschnitt öffentlicher Gläubiger (EFSF und bilaterale Kredite) im November 2012

Anlass der Schuldenerleichterungen für die EFSF-Kredite und die bilateralen Kredite der EU-Mitgliedstaaten waren Zweifel des IWF an der Schuldentragfähigkeit Griechenlands. Es stellte sich nämlich heraus, dass die durch den Schuldenschnitt privater Gläubiger erreichte Absenkung der Schuldenstandsquote nicht nachhaltig und diese bereits Ende 2012 aufgrund nachlassender Wirtschaftsleistung wieder auf 156,9 % angestiegen war. Daraufhin nahm der IWF sein Ziel von 120,5 % (2020) zurück, forderte für 2022 jedoch eine Quote von "substantiell weniger" als 110 %. Fast anekdotisch sei angeführt, dass – auch vor dem Hintergrund der Corona-Pandemie – die Schuldenstandsquote Ende 2021 bei ca. 200 % lag.

Vor diesem Hintergrund beschlossen die Euro-Finanzminister im November 2012 weitere *Schuldenerleichterungen,* die eine ganze *Reihe von Maßnahmen* umfassten (Meyer, 2018a, S. 407 f.). Insgesamt führen die geänderten Kreditkonditionen zu einer Einsparung Griechenlands von 47 bis 59 Mrd. EUR. Bezogen auf die bis dahin ausgezahlten Kredite in Höhe von 126,9 Mrd. EUR entspricht dies einem Schuldenverzicht von 37,0 bis 46,5 %. Davon trägt Deutschland 13,8 Mrd. EUR.

Zu den weiteren Maßnahmen gehörte auch ein *Schuldenrückkauf,* der es Griechenland ermöglichte, mithilfe eines EFSF-Kredites zu günstigen Zinskonditionen Altschulden aus den Händen Privater zurückzukaufen (Mohr et al., 2012). Allein die Zinsersparnisse betrugen 2,4 Mrd. EUR. Einen wesentlich größeren Vorteil ergab jedoch der Rückkauf zum vergleichsweise niedrigen Marktkurs. Mit einem 11,3 Mrd. EUR EFSF-Kredit konnten Anleihen zu Kursen zwischen 30 und 40 % je nach Laufzeit von nominal ca. 30 Mrd. EUR aufgekauft werden, die aus den 20 Anleihen mit einem Volumen von insgesamt 60 Mrd. EUR des Schuldenschnitts aus dem März stammten. Mit einer durchschnittlichen Quote von 33,8 % konnten die Schulden um 20 Mrd. EUR gemindert werden. Entsprechend sank die Schuldenstandsquote um ca. 10 Prozentpunkte. Einher ging eine Kreditverlagerung auf öffentliche Gläubiger. Insbesondere Hedgefonds zählten zu den Gewinnern, die sich im März 2012 zu Kursen von 17 ct./100 ct. mit Anleihen spekulativ eingedeckt hatten (Schulz & Kuls, 2012).

Schließlich beschlossen die Eurostaaten mit Ausnahme von Irland und Portugal, die von ihren nationalen Zentralbanken aus dem SMP-Programm (Securities Markets Programme) im Rahmen der Wertpapierankäufe erzielten *Buchgewinne* auf ein griechisches Sonderkonto zu überweisen. Da die zu niedrigeren Marktkursen erworbenen griechischen Anleihen von den Notenbanken bis zur Endfälligkeit gehalten werden, entstehen entsprechend hohe Gewinne – soweit Griechenland zahlungsfähig bleibt bzw. gehalten wird. Nach Ifo-Berechnungen beträgt der Vorteil 10 Mrd. EUR (Ifo-Pressemitteilung v. 30.11.2012).

10.2.3 Strukturelle Vorteile einer EFSF/ESM-Kreditierung

Im Rahmen der Hilfsprogramme bezog Griechenland seine Kredite von den Rettungsfonds EFSF/ESM, die sich ihrerseits am Kapitalmarkt refinanzierten. Insofern erhielt Griechenland einen indirekten Kapitalmarktzugang. Abgesehen von einer Verlagerung von privaten hin zu öffentlichen Gläubigern und einem gesicherten Liquiditätszugang ergibt diese *"Umwegfinanzierung"* weitere Vorteile für Griechenland (European Stability Mechanism, 2018b). Die Fonds bündeln Anleihe-Emissionen, nutzen differenzierte Finanzierungsinstrumente mit unterschiedlichen Laufzeiten und können zeitgünstige Marktkonditionen wahrnehmen. Insgesamt ergeben sich so günstigere Finanzierungsbedingungen. Außerdem soll gemäß ESM-Vertrag die Bereitstellung der Kredite *alle Kosten abdecken,* mithin kein Subventionselement enthalten. "Bei der Gewährung von Stabilitätshilfe strebt der ESM die volle Deckung seiner Finanzierungs- und Betriebskosten an und kalkuliert eine angemessene Marge ein" (Art. 20 Abs. 1 ESM-Vertrag). Deshalb müssten die Zinsen angemessene Aufschläge für die Verwaltungskosten und Kreditrisiken enthalten. Transparenz hierüber besteht jedoch nicht. Insbesondere die Risikoaufschläge bei Durchschnittszinssätzen von etwa 1,2 % p.a. erscheinen als unrealistisch niedrig.

Der ESM schätzt den Finanzierungsvorteil Griechenlands – ohne Berücksichtigung des unrealistisch niedrigen Risikoaufschlages – auf 9,9 Mrd. EUR entsprechend 5,6 %/ BIP für den Zeitraum 2011 bis 2016. Als Referenz zu den effektiven Kreditkosten der EFSF/ESM-Kredite wird bei dieser Berechnung derjenige Zins für 10-jährige Anleihen kalkuliert, bei dem für das Land noch gerade Marktzugang bestehen würde. Dieser wird mit 6,4 % p.a. angenommen (European Stability Mechanism, 2018e). Alternativ und gegebenenfalls allgemeingültiger wird von einem Zinsaufschlag auf eine sichere 10-jährige (Bundes-)Anleihe von 450 Basispunkten ausgegangen. Hierbei wird auf Erfahrungen aus den akuten Liquiditätskrisen Griechenlands

(April 2010), Irland (November 2010) und Portugal (April 2011) zurückgegriffen, wo bei etwa 7 % p.a. der Marktzugang abriss *("skyrocket")*.

10.2.4 Weitere Krediterleichterungen des EFSF/ESM vom Januar 2017

Im Januar 2017 beschlossen das Direktorium des EFSF und des ESM weitere Schuldenerleichterungen für Griechenland.[2] Diese umfassten fünf Maßnahmen. So wurden die *Kreditlaufzeiten* verlängert. Dies betrifft die EFSF-Kredite des zweiten Hilfsprogramms 2012. Die durchschnittliche Laufzeit wurde von 28 auf 32,5 Jahre angehoben. *Zinserleichterung* betreffen den Wegfall einer Zinsmarge von 2 % eines EFSF-Kredites in Höhe von 11,3 Mrd. EUR zur Finanzierung des Schuldenrückkaufes 2012. Des Weiteren wurden variabel verzinste Schuldtitel in Höhe von 42,7 Mrd. EUR gegen fest verzinsliche Titel ausgetauscht. Damit entfällt das *Zinsänderungsrisiko,* was Griechenland in einem steigenden Zinsumfeld Vorteile verschafft. Durch ein verbessertes *ESM-Schuldenmanagement* mithilfe von Swap-/Zinstermingeschäften können die Refinanzierungskosten stabilisiert werden, sodass Griechenland auch hier bei einem steigenden Zinsumfeld profitiert. Ab 2018 wurde eine Kopplung der Emission griechischer Staatsschuldtitel anteilig mit einer Zeichnung durch den ESM in Erwägung gezogen *(Ko-Finanzierung)*.

Der Vorteil für Griechenland kann aufgrund des langen Finanzierungszeitraumes und den Unwägbarkeiten des Kapitalmarktumfeldes nur sehr grob geschätzt werden. Der ESM gibt die Einsparungen bis 2060 mit einer Reduzierung der Schuldenstandsquote um 25 Prozentpunkte an,

---

[2] Dijsselbloem (2016) und die Pressemitteilung des ESM v. 23.01.2017. Vgl. im Folgenden European Stability Mechanism (2018c, 2018d).

entsprechend 45 Mrd. EUR auf der Basis des BIP von 179 Mrd. EUR (2017) (Stability Mechanism, 2018c, d; eigene Berechnungen). Dabei werden die größten Beiträge aufgrund der Ausschaltung des Zinsänderungsrisikos durch den Anleihetausch und des geänderten Schuldenmanagements erwartet.

10.3 Vereinbarungen der Eurogruppe zu weiteren Schuldenerleichterungen 2018

Die im Juni 2018 mit dem Auslaufen des dritten Hilfsprogramms vereinbarten Schuldenerleichterungen umfassen *drei Maßnahmen*.[3] Die folgenden Ausführungen gründen weitgehend auf Meyer (2018b).

1. Kredite der Europäischen Finanzstabilisierungsfazilität (EFSF) des zweiten Hilfsprogramms im Umfang von 96,4 Mrd. EUR bekommen folgende Entlastungen:
   – die durchschnittliche Laufzeit wird um 10 Jahre verlängert;
   – Zinsen und Tilgung werden um weitere 10 Jahre bis Ende 2032 gestundet;
2. der Zinsaufschlag auf EFSF-Kredite aus dem zweiten Programm entfällt;
3. Zinsgewinne, die die Europäische Zentralbank (EZB) aus ihrem Anleihekaufprogramm für finanzschwache Eurostaaten (Securities Market Programme, SMP) erwirtschaftet hat, werden überwiesen.

---

[3] Siehe Eurogroup (2018a), Regling (2018), Mussler (2018). Zu den Auswirkungen der Maßnahmen auf der Grundlage verschiedener Szenarien vgl. European Commission (2018).

Als eine Art Konditionierung hat sich Griechenland zu zwei *Gegenleistungen verpflichtet* (Eurogroup, 2018b).

1. *Fiskalische Vorgaben:* Bis 2022 muss Griechenland im Haushalt einen jährlichen Primärüberschuss (Haushaltssaldo ohne Zinsendienst) von 3,5 % des BIP erwirtschaften; anschließend bis 2060 jährliche Primärüberschüsse von durchschnittlich 2,2 %.
2. *Reformen:* Griechenland muss die vereinbarten Reformen vollständig umsetzen. Dazu gehören Privatisierungen, Rentenkürzungen, die Fertigstellung eines landesweiten Katasters, Verwaltungs- und Steuerreformen.

Weiterhin werden die *Auflagen kontrolliert,* allerdings weniger scharf als während des Programms selbst. Alle drei Monate soll eine Überprüfung der Entwicklungen durch den ESM, die EZB und den IWF stattfinden. Diese Kontrolle ist restriktiver als in anderen Programmländern wie Portugal oder Irland und wird mit der Schwere und Länge der Krise begründet. 2032 soll eine erneute Überprüfung der Vereinbarung und deren Wirkungen stattfinden, nach der gegebenenfalls weitere Maßnahmen zur Schuldenerleichterung durchgeführt werden.

Berechnung des Barwertes des Schuldennachlasses
Nachfolgend wird der Versuch unternommen, den monetären Wert der Schuldenerleichterungen in einer Modellrechnung auf der Basis der Barwertmethode zu berechnen (Meyer, 2018b). Einschränkend sei angemerkt, dass der Inhalt der Luxemburger Erklärung wenig detailliert und sehr unübersichtlich ist. Zudem ist der Planungshorizont ungewöhnlich lang, sodass einige offene Fragen bleiben:

- Es wird lediglich eine *durchschnittliche Laufzeitver-längerung* von 10 Jahren genannt, ohne diese für die einzelnen Kredite zu spezifizieren.
- Die Verteilung der Zins- und Tilgungszahlungen über die Kreditlaufzeit bleibt unklar, deshalb wird von einer *Gleichverteilung* während der Tilgungsdauer ausgegangen.
- Die *Kreditlaufzeiten reichen bis ins Jahr 2066.* Der angenommene Referenzzins, der geplante Primärüberschuss sowie die weiteren Annahmen hinsichtlich "normal-niedriger" Inflationsraten, unveränderter Anleihebedingungen und eines Fortbestandes der Währungsunion sind für diesen Zeitraum kaum zulässig. Insbesondere die Annahme eines Primärüberschusses von durchschnittlich 2,2 % über ca. 40 Jahre erscheint als unrealistisch.
- Der angenommene Referenzzins von 4,9 % bzw. 4,0 % p. a. – respektive das relativ hohe Rating – beruht auf einer weiterhin bestehenden *EU-Rettungsleine für Griechenland.* Insbesondere die erneute Überprüfung im Jahr 2032 und die dann in Aussicht gestellten weiteren Schuldenerleichterungen lassen *keine freie Bildung des Referenzzinses* zu. Anderenfalls dürfte dieser tendenziell höher liegen, was eine noch umfängliche Schulden-erleichterung zur Folge hätte.

Erlass des Zinsaufschlages auf die EFSF-Kredite

Zusätzlich entfällt ein Zinsaufschlag, den der Rettungs-fonds bisher kalkuliert hatte. Der Rettungsfonds vergibt alle Kredite zum "Selbstkostenpreis". So heißt es in Abschn. 13 Abs. 1 EFSF-Rahmenvertrag: "Die Betriebskosten und Barauslagen der EFSF werden von der EFSF aus ihren all-gemeinen Einnahmen und Ressourcen gezahlt. Gebühren und Auslagen, die unmittelbar mit der Finanzierung ver-bunden sind, können (gegebenenfalls) dem jeweiligen Darlehensnehmer weiterberechnet werden." Auch werden keinerlei Risikoprämien für den als wahrscheinlich zu bezeichnenden Kreditausfall Griechenlands kalkuliert. Die Eurogruppe hatte eine Garantiegebühr für EFSF-Kredite in Höhe von 0,1 Prozentpunkten bereits mit den Beschlüssen von Ende November 2012 abgeschafft. Deshalb kann lediglich der EFSF-Kredit in Höhe von 11,3 Mrd. EUR zur Finanzierung des Schuldenrückkauf-Programms 2012 von der Vereinbarung betroffen sein, für den ursprünglich eine Zinsmarge von 200 Basispunkten vorgesehen war. Diese wurde bislang lediglich für 2017 auf null gesenkt (European Stability Mechanism, 2016). Dieser Kredit endet 2042, die Annuität beginnt 2023 (European Stability Mechanism, 2018f). Der Vorteil der erlassenen Zinsmarge beträgt 1,4 Mrd. EUR.

Laufzeitverlängerung sowie Stundung von Tilgung und Zinsen um je 10 Jahre

Die Laufzeit der EFSF-Kredite aus dem zweiten Hilfsprogramm wurde bereits 2012 gegenüber der ursprünglichen Vereinbarung um 15 Jahre verlängert und jetzt nochmals um weitere 10 Jahre. Die durchschnittliche Laufzeit beträgt damit 42,5 Jahre. Außerdem werden Zinsen und Tilgung um weitere 10 Jahre bis Ende 2032 gestundet. Damit werden alle Kredite erst in 15 Jahren zahlungswirksam. Griechenland muss diese Kredite in den Jahren von 2033 bis 2066 vollständig tilgen, wobei die Liquiditätsbelastung aus diesen Krediten bis etwa 2055 relativ gering bleibt.

Kalkulation Barwertvorteil Laufzeitverlängerung 10 J.

Kredite des EFSF des zweiten Hilfsprogramms im Umfang von 96,4 Mrd. EUR wurden von 2056 auf 2066 verlängert. Zurzeit der Vereinbarung musste Griechenland für die Zinsen der EFSF-Hilfskredite 1,37 % p.a. leisten; demgegenüber betrug die Kapitalmarktrendite (Stand 06.07.2018) für 25-Jährige griechische Staatsanleihen 4,9 % p.a. (European Stability Mechanism, 2018b, f). Diese wird als Referenzzins zur Berechnung des Zinsvorteils als sinnvoll erachtet, da es sich bei den EFSF-Krediten auch um Langläufer handelt. Die Rendite einer zehnjährigen Griechenland-Anleihe lag mit 4,0 % etwas darunter. Der Wert des Zinsvorteils für die Laufzeitverlängerung von 10 Jahren beträgt 28,3 Mrd. EUR.

Kalkulation Barwertvorteil Stundung von Tilgung und Zinsen 10 J.
Die Zinszahlungen und Tilgung beginnen statt bislang 2023 erst 2033. Die EFSF-Kredite wurden zurzeit der Vereinbarung mit 1,37 % p.a. verzinst. Annahmegemäß wird die Rückzahlung über einen Zeitraum von 34 Jahren in gleichen Jahresraten vorgenommen (Annuitätendarlehen). Der Wert des Zinsvorteils der Stundung von Zinsen und Tilgung für 10 Jahre beträgt 4,1 Mrd. EUR.

SMP-Gewinne
Schließlich betrifft die Einigung die Überweisung von Gewinnen, die die EZB und die Notenbanken des Eurosystems aus dem Anleihekaufprogramm für finanzschwache Eurostaaten (SMP) erwirtschaftet haben. Sie entstehen aus der Differenz des Ankaufs griechischer Staatsanleihen zu den in Krisenzeiten relativ niedrigen Marktwerten und einer Einlösung zum Nennwert. Damit werden die Risikoprämien für drohende Kreditausfälle dieser ehemals frei gehandelten Anleihen, die durch das zweite und dritte Hilfsprogramm verhindert wurden, an den Krisenstaat zurückgegeben. Zur Interpretation: Man hilft durch ein weiteres Programm, weil man sonst Ausfallkosten hätte tragen müssen und schreibt die Ersparnisse dem Hilfenehmer gut.

Nach Angaben der Bundesregierung sind im Zeitraum 2010 bis 2017 bei der Bundesbank entsprechend des Kapitalschlüssels der EZB 3,423 Mrd. EUR an Erträgen angefallen, die letztendlich an den Bundeshaushalt abgeführt wurden (Bundesministerium der Finanzen, 2018; Ifo-Institut, 2012). Außerdem wurden von der Kreditanstalt für Wiederaufbau (KfW) aus bilateralen Krediten an den Bundeshaushalt 2010 bis 2016 Erlöse von 0,397 Mrd. EUR überwiesen (Spahn, 2017). Nach einem Beschluss der Euro-Finanzminister vom November 2012 sollten diese Gewinne an Griechenland zurückgeführt werden. 2013 wurden rund 527 Mio. EUR aus dem Bundeshaushalt an Griechenland überwiesen. 2014 erfolgte eine Überweisung von 387 Mio. EUR auf ein Sperrkonto des ESM, da es Probleme in der Umsetzung des zweiten Hilfsprogramms gab. Der entsprechend des Kapitalschlüssels für Deutschland (25,6 %, 2018) hochgerechnete Gewinn des Eurosystems beträgt 13,4 Mrd. EUR, wovon 2,0 Mrd. EUR an Griechenland überwiesen wurden. Für den Zeitraum 2018 bis 2037 werden nochmals Erlöse von 0,423 Mrd. EUR für die Bundesbank erwartet, entsprechend 1,7 Mrd. EUR für das Eurosystem. Damit summieren sich die Gewinne auf insgesamt 15,1 Mrd. EUR, von denen 2013 bereits 2 Mrd. EUR an Griechenland überwiesen worden. Der Verzicht auf SMP-Gewinne zugunsten Griechenlands beträgt demnach 13,1 Mrd. EUR.

10.4 Abschätzung des Gesamtvorteils zwischen 2012 bis 2017

Ein unzureichender Datenzugang, unterschiedliche Berechnungsgrundlagen (beispielsweise Abzinsungszeitpunkte, Bewertung der Risikozuschläge für Griechenland) und eine Abhängigkeit der Prognosen von den Markt-gegebenheiten (beispielsweise Zinsentwicklung) lassen lediglich eine *grobe Abschätzung* des Volumens der Schulden-erleichterungen zu. Die Vorteile für Griechenland bewegen sich zwischen ca. 321 und 337 Mrd. EUR (vgl. Abb. 10.1). Bezogen auf das BIP Griechenlands von 181 Mrd. EUR (August 2018) entsprechen die Schuldenerleichterungen insgesamt *182 % der Jahresproduktion* und erreichen somit die *Höhe der Staatsverschuldung von 325 Mrd. EUR*. Allein die Schuldenerleichterungen bei Auslaufen des dritten Hilfsprogramms zum Juni 2018 betrugen 47 Mrd. EUR.

Die größten Wirkungen von 63 % wurden mit den bei-den Schuldenschnitten 2012 erreicht. Jedoch nicht alle Vorteile bedeuten spiegelbildlich Lasten für die Gläubiger-staaten. So führte das geänderte Schuldenmanagement zu sinkenden Finanzierungskosten, die der EFSF/ESM ledig-

	Vorteil Griechenland	Lasten für Gläubiger	Davon trägt Deutschland Private	Fiskus	Bemerkungen
Schuldenerleichterungen 2012 bis 2017					
1. Schuldenschnitt: private Gläubiger (März 2012)	150 - 154,5	150 - 154,5	6	14	nur teilweise freiwillig
2. Schuldenschnitt: öffentl. Gläubiger (November 2012)	47 - 59	47 - 59	–	13,8	freiwillig, indirekter Schuldenschnitt
Schuldenrückkauf-Programm (Dezember 2012)	20	–	–	–	freiwillig, Ankauf zu Marktkurs 33,8 %
Gewinnabführung aus SMP-Käufen 2013 und 2014	2,0	2,0	–	0,9	freiwillig, weitere Beträge liegen auf Sperrkonto
geändertes Schuldenmanagement von EFSF/ESM	9,9	–	–	–	Weitergabe von Finanzierungs-vorteilen
Schuldenerleichterungen des EFSF/ESM (Januar 2017)	ca. 45	keine genaue Angaben bis zu 45,0	–	ca. 11,5	z.T. Finanzierungsvorteile
Gesamt 2012 bis 2017	273,9 - 290,4	199,0 - 215,5 zusätzlich bis zu 45,0	6	40,2	
Schuldenerleichterungen gemäß Eurogruppe v. 22. Juni 2018					
Laufzeitverlängerung 10 J.	28,3	28,3	–	7,2	
Stundung Tilgung und Zinsen 10 J.	4,1	4,1	–	1,0	
Erlass des Zinsaufschlages	1,4	1,4	–	0,4	Vereinbarung bleibt unklar
Gewinnabführung aus SMP-Käufen (Wiederaufnahme)	13,1	13,1	–	3,4	
Gesamt 2018	46,9	46,9	–	12,0	
Total 2012 bis 2018	320,8 - 337,3	245,9 - 262,4 zusätzlich bis zu 45,0	6	52,2	

Angaben in Mrd. Euro.
Anmerkung: Der zugrunde liegende EZB-Kapitalanteil Deutschlands (eingezahltes Kapital), der auch für den EFSF/ESM gilt, beträgt 25,6 Prozent.

Abb. 10.1 Umfang der Schuldenerleichterungen für Griechen-land (2012–2017) inklusive der Vereinbarung v. 22. Juni 2018. Quelle: European Stability Mechanism, 2016, 2018b, c, d, e, f; Muß-ler, 2012; Mohr et al., 2012; Eurogroup, 2018a; Bundesministerium der Finanzen, 2018; Meyer, 2018a, b; eigene Berechnungen

lich an Griechenland weitergereicht hat. Auch das Schulden-rückkauf-Programm nutzte die für Griechenland günstigen Marktbedingungen aus, die die Halter von Griechen-land-Anleihen zum Verkauf bewegt haben. Unbeachtet bleibt allerdings die hiermit erfolgte Schuldenverlagerung von Privaten in die Rettungsfonds. Als Lasten im Sinne reduzierter Annuitäten tragen die Gläubigerstaaten 246 bis 262 Mrd. EUR, wobei der private Sektor einen Anteil von ca. 60 % hat. Etwas anders sieht es für den Beitrag Deutsch-lands in Höhe von insgesamt 58 Mrd. EUR aus. Hier trägt der öffentliche Sektor 52 Mrd. EUR (90 %). Dies liegt insbesondere daran, dass vom Schuldenschnitt privater Gläu-biger 14 von 20 Mrd. EUR auf Banken mit/in öffentlicher Beteiligung entfielen. Ausblickend lässt sich feststellen, dass jede zukünftige Schuldenerleichterung die Euro-Ret-tungsstaaten und die EZB infolge der Kreditverlagerung vermehrt belasten wird.

10.5 Bewertung der Schuldenerleichterungen

Abschließend sei ein relativierender Blickwinkel angeführt. Kritisch gegenüber der Sichtweise einer Vorteils-Nachteils-Diskussion der gezeigten Schuldenerleichterungen könnte die diesen Berechnungen implizit zugrunde liegende Prä-misse infrage gestellt werden: *Wird Griechenland mit den streng konditionierten Krediten überhaupt nachhaltig ge-holfen?* Wurden nicht vielmehr und insbesondere deutsche und französische Geschäftsbanken gerettet, die aufgrund der griechischen Staatsanleihen in ihren Portfolios eine In-solvenz Griechenlands 2010 kaum überlebt hätten? Würde das Land ohne die bereits erfolgten und gegebenenfalls noch zukünftigen Schuldenschnitte und weiterer Schuldenerleichterungen nicht längst insolvent sein? Und ist die dadurch (bislang) verhinderte Zahlungsunfähigkeit nicht im eigentlichen Interesse der Gläubigerstaaten, die ansonsten ihren Bürgern die offensichtlichen Rettungskosten eingestehen müssten? (Varoufakis, 2017, S. 34 ff.; Meyer, 2010, S. 112).

Besonders kritisch sind die *Vereinbarungen der Eurogruppe vom Juni 2018* zu sehen. Sie stellen de facto ein viertes Hilfsprogramm für Griechenland dar. Allerdings gibt es fünf Unterschiede zu den bisherigen drei Hilfsprogrammen:

1. Der Begriff des "Hilfsprogramms" wird vermieden.
2. Die Auflagen für Griechenland bestehen lediglich in der Einhaltung bisheriger Zusagen.
3. Die Aufsicht soll weniger streng erfolgen als die bisherigen Kontrollen.
4. Für das Jahr 2032 werden bereits weitere Schuldenreduktionen und damit ein fünftes Folgeprogramm in Aussicht gestellt.
5. Keines der beschlussfassenden Organe auf EU- und deutscher Regierungs- und Parlamentsebene kannte die finanziellen Lasten. Für den damaligen haushaltspolitischen Sprecher der CDU/CSU-Fraktion, Eckardt Rehberg, war "entscheidend: Einen Schuldenerlass oder Schuldenschnitt wird es für Griechenland nicht geben."[4]

Mit der Vereinbarung haben die Eurogruppe und die deutsche Regierung mehrere Vorteile erkauft. Der als Erfolg der Hilfsprogramme vermeldete Kapitalmarktzutritt Griechen-

---

[4] Die hier dargelegten Berechnungen bezeichnete Rehberg in der Bundestagsdebatte vom. 29. Juni 2018 als "Unsinn" und "dummes Zeug", ohne dass er auf die ihm zur Verfügung gestellten Unterlagen geantwortet hat. In der Antwort auf eine im Nachhinein vom FDP-BT Abgeordneten Otto Fricke gestellte schriftliche Anfrage an die Bundesregierung zum Wert der Schuldenerleichterungen hat das Finanzministerium die Zahlen des Verfassers nicht widerlegt. Siehe schriftliche Anfrage Nr. 230 für den Monat Juli 2018 (2018/0597404).

lands ("auf eigenen Füßen stehen") findet weitgehend gar nicht statt, da die aktuellen Schuldenvereinbarungen bei zukünftig solider griechischer Haushaltspolitik keine Nettoneuschulden benötigen. Die Belastung aus den laufenden Krediten wurde in die lange Zukunft verschoben. Da das Jahr 2032 als *Überprüfungsdatum* für weitere Maßnahmen festgeschrieben wurde, kann man nach Belieben nachsteuern. Es gilt der ökonomische Zusammenhang, dass ein Kreditpapier mit unendlicher Laufzeit ohne Tilgung bei Nullzins einen *Barwert von 0 EUR* hat. Dies trifft auf die heutigen Kredithilfen für Griechenland annähernd zu, da deren Liquiditätsbelastung durch Tilgung und Zinsen bis Ende 2032 ausgesetzt wurde und sie einen durchschnittlichen Kreditzins von 1,37 % p.a. haben. Hinzu kommt die inflationär Entwertung der Kreditschuld. Die Vereinbarungen der Eurogruppe haben das Schuldenprofil aufgrund des Finanzpolsters und der Verlängerung der Kreditlaufzeiten zwar verbessert, weshalb Standard & Poor's (S&P) nach Abschluss der Vereinbarung das Rating auf B + hochgesetzt hat und auch andere Rating-Agenturen einen positiven Ausblick gaben. Dennoch war das Land vier Stufen vom Investmentgrad entfernt. Bei einer Schuldenstandsquote von 179,9 % (Juli 2018) sah der IWF eine Schuldentragfähigkeit weiterhin als nicht gegeben an. Selbst die Griechische Notenbank warnte in einem Bericht, dass nicht nur die Reformen fortgeführt werden müssten, sondern auch weitere Schuldenerleichterungen zur Stabilisierung notwendig wären (Reuters, 2018). Insofern müsste ein vorsichtiger Kaufmann die Kredite weitgehend abschreiben. Dies betrifft vorrangig die öffentlichen Gläubiger (ESM/EFSF, EZB, nationale Notenbanken, nationale Haushalte und IWF), bei denen etwa 80 % aller griechischen Staatsschulden liegen.

10.6 Zusammenfassung

Von 2012 bis 2018, dem Ende des dritten Hilfsprogramms, hat Griechenland immer wieder Schuldenerleichterungen bzw. Finanzierungsvorteile auf der Basis von Nachverhandlungen erhalten. Ein Schuldenschnitt privater und öffentlicher Gläubiger (2012), ein Schuldenrückkauf-Programm (2012), die Verlängerung der Kreditlaufzeiten, eine Absenkung des Kreditzinses und ein geändertes Schuldenmanagement der Rettungsfonds (2017) summieren die Vorteile bis 2017 auf 274 bis 290 Mrd. EUR. Hinzu kommt ein de facto viertes Hilfsprogramm in Höhe von 47 Mrd. EUR, das mit der Entlassung Griechenlands aus Euro-Hilfen im Sommer 2018 gewährt wurde. Etwa 90 % der insgesamt 321 bis 337 Mrd. EUR stellen öffentliche und private Gläubigerverzichte dar. Auf Deutschland entfallen 58 Mrd. EUR. Es bleibt die Frage, ob Griechenland mit den streng konditionierten Krediten überhaupt nachhaltig geholfen wurde, deren Rückzahlung in den Berechnungen vorausgesetzt wurde.

Literatur

Artikel und Monografien

Armbruster, A. (8. März 2012). Griechenlands Angebot läuft aus. *Frankfurter Allgemeine Zeitung*, 21.

Bundesministerium der Finanzen. (2018). Antwort vom 23. Mai auf die Berichtsanforderung vom 8. Mai 2018 des Abgeordneten Sven-Christian Kindler: Griechenland – Verwendung von ANFA und SMP-Gewinnen, DOK 2018/0387908.

Dijsselbloem, J. (2016). Remarks following the Eurogroup meeting (24 May 2016). https://europa.eu/newsroom/content/remarks-j-dijsselbloem-following-eurogroup-meeting-24-may-2016_en. Zugegriffen am 20.11.2017.

Eurogroup. (2018a). Statement on Greece of 22 June 2018. http://www.con-silium.europa.eu/de/press/press-releases/2018/06/22/eurogroup-state-ment-on-greece-22-june-2018/. Zugegriffen am 27.06.2018.

Eurogroup. (2018b). Specific commitments to ensure the continuity and com-pletion of reforms adopted under the ESM programme. http://www.consilium.europa.eu/media/35749/z-councils-council-configurations-ecofin-eurogroup-2018-180621-specific-commitments-to-ensure-the-continuity-and-completion-of-reforms-adopted-under-the-esm-programme_2.pdf. Zugegriffen am 27.06.2018.

European Commission. (2018). Compliance report – ESM stability support programme for Greece, Fourth review, July 2018, https://ec.europa.eu/info/sites/info/files/economy-finance/compliance_report_4r_2018.06.20.docx.pdf. Zugegriffen am 27.07.2018.

European Stability Mechanism. (2016). Next steps for Greece, FAQ on decisions concerning Greece at Eurogroup meeting on 25 May 2016. https://www.esm.europa.eu/assistance/next-steps-greece. Zugegriffen am 21.11.2017.

European Stability Mechanism. (2018a). How much financial assistance has Greece received since 2010? https://www.esm.europa.eu/content/how-much-financial-assistance-has-greece-received-2010. Zugegriffen am 29.03.2018.

European Stability Mechanism. (2018b). Lending rates. https://www.esm.europa.eu/lending-rates. Zugegriffen am 12.03.2018.

European Stability Mechanism. (2018c). Greece – Ongoing programme. https://www.esm.europa.eu/assistance/greece. Zugegriffen am 12.03.2018.

European Stability Mechanism. (2018d). Explainer on ESM short-term debt relief measures for Greece. https://www.esm.europa.eu/press-releases/explainer-esm-short-term-debt-relief-measures-greece. Zugegriffen am 12.03.2018.

European Stability Mechanism. (2018e). Impact on Budgets. https://www.esm.europa.eu/impact-budgets. Zugegriffen am 12.03.2018.

European Stability Mechanism. (2018f). EFSF programme for Greece (expi-red 30 June 2015). https://www.esm.europa.eu/assistance/greece/efsf-programme-greece-expired. Zugegriffen am 12.03.2018.

Ifo-Institut. (30. November 2012). Die Rettung Griechenlands bedeutet Schuldenschnitt zu Lasten öffentlicher Gläubiger in Höhe von 47 Milliar-den Euro. *Pressemitteilung v.* https://www.cesifo-group.de/de/ifoHome/presse/Pressemitteilungen/Pressemitteilungen-Archiv/2012/Q4/press_20121130_griechenland/featuredDownloadBinary_de/PM-Griechenland-30112012.pdf. Zugegriffen am 22.03.2018.

Meyer, D. (2010). Zur juristischen Begründung des 'Rettungsschirms' – Eine ökonomische Plausibilitätskontrolle. *Jahrbuch für Wirtschaftswissen-schaften, 61*(2), 103–124.

Meyer, D. (2018a). Schuldenerleichterungen für Griechenland – Ein Über-blick. *Wirtschaftsdienst, 98*(6), 405–410. https://doi.org/10.1007/s10273-018-2308-5. Zugegriffen am 12.02.2022.

Meyer, D. (2018b). Schuldenerleichterungen für Griechenland – Ergebnisse einer Studie. *Zeitschrift für das gesamte Kreditwesen, 71*(18), 883–887. https://www.kreditwesen.de/kreditwesen/themenschwerpunkte/aufsaetze/schuldenerleichterungen-fuergriechenland-de-facto-viertes-h-id50767.html. Zugegriffen am 12.02.2022.

Mohr, D., Welter, P., & Mussler, W. (13. Dezember 2012). Schuldenrückkauf verursacht Finanzierungslücke. *Frankfurter Allgemeine Zeitung,* 12.

Mußler, H. (10. März 2012). Griechenland kostet deutschen Steuerzahler 14 Mrd. Euro. *Frankfurter Allgemeine Zeitung,* 12.

Mussler, W. (23. Juni 2018). Athen bekommt einen Schuldennachlass. *Frankfurter Allgemeine Zeitung,* 21.

Plickert, P. (10. März 2012). Ökonomen: Umschuldung für Athen reicht nicht aus. *Frankfurter Allgemeine Zeitung,* 11.

Regling, K. (22. Juni 2018). Eurogroup press conference. *Press releases ESM.* https://www.esm.europa.eu/press-releases/klaus-regling-eurogroup-press-conference-9. Zugegriffen am 27.06.2018.

Reuters. (3. Juli 2018). Griechische Notenbank warnt. *Frankfurter Allgemeine Zeitung,* 18.

Schulz, B., & Kuls, N. (20. Dezember 2012). Die Chuzpe draufgängerischer Hedgefonds. *Frankfurter Allgemeine Zeitung,* 19.

Spahn, J., Antwort des Parlamentarischen Staatssekretärs auf eine Schriftliche Frage des Abgeordneten Manuel Sarrazin (BÜNDNIS 90/DIE GRÜNEN) vom 6. Juli 2017, Deutscher Bundestag, Drucksache 18/13113, S. 40.

Varoufakis, Y. (2017). *Die ganze Geschichte – Meine Auseinandersetzung mit Europas Establishment.* Verlag Antje Kunstmann.

Rechtsquellenverzeichnis

EFSF Rahmenvertrag vom 7. Juni 2010.

Vertrag über die Europäische Union (EU-Vertrag) und Vertrag über die Arbeitsweise der Europäischen Union (AEUV), konsolidierte Fassung aufgrund des am 1.12.2009 in Kraft getretenen Vertrages von Lissabon, zuletzt geändert durch die Akte über die Bedingungen des Beitritts der Republik Kroatien und die Anpassungen des Vertrags über die Europäische Union, des Vertrags über die Arbeitsweise der Europäischen Union und des Vertrags zur Gründung der Europäischen Atomgemeinschaft (ABl. EU L 112/21 vom 24.4.2012) m. W. v. 01.07.2013.

Vertrag zur Einrichtung des Europäischen Stabilitätsmechanismus (ESMESM) v. 1. Febr. 2012 (ESM-Vertrag).

Teil III

Nationalisierte Geldpolitik: ANFA, ELA, TARGET2, PSPP und PEPP – Euro-Geldschöpfung durch die Mitgliedstaaten

Die Mitgliedschaft in der Europäischen Währungsunion (EWU) kennzeichnet einen Automatismus. Dabei übertragen die Mitgliedstaaten, deren Währung der Euro ist, ihre Währungssouveränität auf die Europäische Union (EU). Für die EWU besteht eine zentrale geld- und währungspolitische Zuständigkeit in Form des Europäischen Systems der Zentralbanken (ESZB), das durch das Beschlussorgan der Europäischen Zentralbank (EZB) für die einheitliche Geldpolitik zuständig ist. ELA-Notkredite, ANFA und die TARGET2-Salden ermöglichen den NZBen jedoch die Ausgabe von nationalem Zusatzgeld, das unter anderem der monetären (Zwischen-)Finanzierung von Krisenstaaten und/oder der Unterstützung insolventer Banken dient. Darüber hinaus finanziert es Kapitalflucht und gewährt einen subventionierten Kreditzugang für Importe. Hinzu kommen seit 2015 die Anleihekaufprogramme der EZB als monetäre Rettungsschirme.

Anhand ausgewählter Krisensituationen wird gezeigt, das der EZB-Rat seine Kontrollfunktion im Rahmen der

ELA-Notkredite und ANFA nicht wahrgenommen hat und teilweise wissentlich gegen den AEUV, die EZB-Satzung sowie interne Vorgaben verstoßen hat. Unter Einbezug der PSPP-Anleiheankäufe werden die Wirkungen auf die geldpolitische Steuerung des ESZB hin untersucht. Sodann erfolgt eine Analyse des PSPP-Programms vor dem Hintergrund des Urteils des Bundesverfassungsgerichts 2 BvR 859/15 v. 5. Mai 2020 hinsichtlich der Kriterien der Verhältnismäßigkeit, des Verbots der monetärenStaatsfinanzierungund derVerlustvergemeinschaftungmit einem Ausblick auf das PEPP-Programm. Der Teil endet mit einem Blick auf die Funktionsweise, die Probleme und mögliche Lösungen zum TARGET2-Verbund und den teils erheblichen asymmetrischen Salden.

11

ANFA: Euro-Geldschöpfung durch die Mitgliedstaaten

Die Mitgliedschaft in der Europäischen Währungsunion (EWU) kennzeichnet einen Automatismus.[1] Dabei übertragen die Mitgliedstaaten ihre Währungssouveränität, deren Währung der Euro ist, auf die Europäische Union (EU) (Art. 3 Abs. 1 lit c AEUV). Für die EWU besteht eine *zentrale geld- und währungspolitische Zuständigkeit* in Form des Europäischen Systems der Zentralbanken (ESZB), das durch das Beschlussorgan der Europäischen Zentralbank

---

[1] Dementsprechend hat ein Mitgliedstaat der EU bei Erfüllung der vier Aufnahmekriterien den Euro nach Beschluss des Rates für Wirtschaft und Finanzen als gesetzliches Zahlungsmittel einzuführen (Art. 140 AEUV). Zu den vier Aufnahmekriterien gemäß Art. 140 Abs. 1 AEUV zählen die Preisniveaustabilität, der öffentliche Schuldenstand/die Neuverschuldung, eine Wechselkursstabilität im Rahmen des Wechselkursmechanismus II sowie der langfristige Zinssatz. Siehe hierzu im Einzelnen das Protokoll (Nr. 13) über die Konvergenzkriterien. Spezielle Ausnahmeregelungen (Opt-Out-Klauseln) gibt es für Dänemark (Protokoll Nr. 16) und gab es für Großbritannien (Protokoll Nr. 15). Vor dem Hintergrund, dass Schweden vor Inkrafttreten der dritten Stufe der EU beitrat, wird die Nichtteilnahme Schwedens am WKM II toleriert. Damit hat dieser EU-Mitgliedstaat die Aufnahmekriterien nicht erfüllt und nimmt für sich ein informelles Opt-Out in Anspruch. Diese Möglichkeit dürfte zukünftig für andere Länder ausgeschlossen sein.

© Der/die Autor(en), exklusiv lizenziert durch Springer Fachmedien Wiesbaden GmbH, ein Teil von Springer Nature 2022
D. Meyer, *Europäische Union und Währungsunion in der Dauerkrise I*,
https://doi.org/10.1007/978-3-658-35715-3_11

(EZB) für die einheitliche Geldpolitik zuständig ist. Dies unterscheidet die EWU von historischen Währungsunionen wie der Lateinischen Münzunion (1865), der Skandinavischen Münzunion (1872) und der Kronenzone (1918). Diese kennzeichneten nationale Notenbanken (NZBen), deren geldpolitische Zuständigkeit entweder hinsichtlich einer eigenen Geldschöpfung unklar blieb und/oder nicht zugunsten einer einheitlichen Geldpolitik abgetreten war. Dieser institutionelle Mangel war die wesentliche Ursache für inflationäre Geldschöpfungen und Zentralbankgewinne (Seigniorage) der nationalen Notenbanken zulasten der anderen Mitgliedstaaten (Meyer, 2012a, S. 20 ff.). So verblieb die Emission der Banknoten autonom bei den Zentralbanken der Mitgliedstaaten. Entsprechend intensiv wurde diese Möglichkeit der Geldschöpfung genutzt. Letztendlich führten diese Bedingungen zum Zerfall bzw. zur ungeregelten Beendigung dieser Währungsunionen.

Die Finanzmarkt-, Banken- und Staatsschuldenkrise hat offenbart, dass *Formen nationaler Geldschöpfung* auch in der EWU möglich sind und von einzelnen Mitgliedstaaten in unterschiedlicher Intensität und Absicht genutzt werden. Hierzu zählen die *Notfall-Liquiditätshilfe (Emergency Liquidity Assistance, ELA)*, andere Wertpapierkäufe im Rahmen des *Agreement on Net Financial Assets (ANFA)* sowie im weiteren Zusammenhang auch die Transaktionen über das *Trans-European Automated Real-time Gross Settlement Express Transfer System (TARGET2)*. Entsprechend der (vorläufigen) Krisenhöhepunkte spiegeln die Daten vorrangig den Zeitraum 2009 bis 2015, dem bisherigen Höhepunkt der griechischen Schuldenkrise, wider. Auf aktuelle Entwicklungen wird insbesondere dann eingegangen, wenn sie für das Verständnis rückblickend hilfreich sind. Die Anleihekaufprogramme, die die hier beschriebenen Instrumente teilweise substituieren, werden gesondert in den Kap. 12 und 13 behandelt.

Nachfolgend werden die rechtlichen Grundlagen der einzelnen Instrumente aufgezeigt, die Regelungen sowie deren Funktionsweise beschrieben und Gemeinsamkeiten wie auch Unterschiede herausgearbeitet. Schließlich steht die Frage einer Bewertung an: Was sind die Gefahren? Kann das quasi-nationale Zusatzgeld als Sprengsatz der EWU wirken? Wie sähen mögliche Handlungsoptionen aus? Die weiteren Ausführungen gründen weitgehend auf Meyer (2016a, b, c); Hansen und Meyer (2017a, b).[2]

11.1 Notfall-Liquiditätshilfe (ELA)

Die *Notfall-Liquiditätshilfe (ELA)* ist eine Kredithilfe nationaler Zentralbanken (NZBen) zur Stützung heimischer Finanzinstitute, die sich am Interbankenmarkt oder bei der EZB nicht mehr refinanzieren können. Gemäß Art. 14.4 EZB-Satzung zählt ELA zu den "anderen Aufgaben", die die NZBen in eigener Verantwortung auf eigene Kosten und eigenes Risiko wahrnehmen können. Durch die Bereitstellung von Zentralbankgeld nimmt die jeweilige NZB eine Geldschöpfung auf eigene Rechnung vor. Voraussetzung für diese außerordentliche Hilfe ist die Solvenz des Geldinstitutes, das lediglich *vorübergehende Liquiditätsprobleme* hat. Gegenüber der herkömmlichen Refinanzierung über den Markt oder die EZB wird der Zugang durch einen ermäßigten Zinssatz und niedrigere Sicherheitsanforderungen erleichtert. Durch die zunächst stattfindende Risikoübernahme der NZB entlastet sich die EZB von möglichen Ausfällen.

---

[2] Frau Dr. Anja Behrendt hat die Suche und Aufbereitung der Daten sehr hilfreich unterstützt.

Interne Richtlinien, die seit Oktober 2013 verschärft wurden, geben den NZBen bis zu einem Volumen von 500 Mio. EUR weitgehend freie Hand (Europäische Zentralbank, 2015a). Über jede ELA-Operation hat die NZB spätestens innerhalb von zwei Geschäftstagen nach deren Durchführung die EZB detailliert in Kenntnis zu setzen. Hierzu zählen unter anderem Geschäftspartner, Volumen, Fälligkeit, Währung, Sicherheiten/Abschläge, Zinssatz sowie genauer Grund (beispielsweise Margenausgleich, Abfluss von Einlagen usw.) für die Gewährung der ELA-Kredite. Über diesen Betrag hinaus muss die NZB frühestmöglich vor der Operation informieren. Ab 2 Mrd. EUR wird das Risiko eines möglichen Konfliktes mit den Zielen und Aufgaben des ESZB separat geprüft. Mindestens drei Geschäftstage vor einer EZB-Ratssitzung müssen zudem detaillierte Informationen sowie eine Projektion für jedes Finanzinstitut (erwartetes Szenario und Stressszenario) aufgestellt sein. Beschlüsse zu den Maßnahmen werden vom EZB-Rat mit einer Zweidrittelmehrheit der abgegebenen Stimmen gefasst. Der EZB-Rat kann im Einzelfall einen Schwellenwert vorgeben, bis zu dem die NZB die vorgesehenen ELA-Operationen in kurzer Frist ohne weitere Genehmigung vornehmen kann.

Da die ELA-Notliquidität kurzfristig und krisenbedingt bereitgestellt wird, sind die Bestände zum 31.12 eines jeden Jahres nur bedingt aussagefähig. Ende 2015 wies das Eurosystem einen Umfang von 107,9 Mrd. EUR aus, wobei die Bank of Greece mit 68,9 Mrd. EUR und die Banque de France mit 30,5 Mrd. EUR die größte Positionen hielten (Europäische Zentralbank, 2016). Demgegenüber lagen die Nothilfen für Irland, Italien, Portugal und Spanien zwischen Null und 0,4 Mrd. EUR. Den bisherigen Höhepunkt des Eurosystems markiert Ende 2012 mit 202,8 Mrd. EUR. Bezogen auf die regulären Refinanzierungsgeschäfte zu diesem Zeitpunkt in Höhe von 1126,0 Mrd. EUR hatten die ELA-Nothilfen einen Anteil von 18,0 % (Europäische Zentralbank, 2013). Ende 2019 lagen die ELA-Kredite bei nur noch 18,8 Mrd. EUR. Sie wurden seit 2012 teilweise durch die Rettungskredite und das Anleiheankaufprogramm PSPP ab 2015 ersetzt.

ELA-Notkredite am konkreten Beispiel
Am Beispiel der ELA-Nothilfen für Griechenland (2012 sowie 2014/2015) und für Zypern (2013) werden hier konkrete Ausnahmefälle und deren möglichen Gefahren für die Währungsunion aufgezeigt.

Griechenland (2012): Nach der erfolgreichen Ratifizierung des zweiten Griechenland-Hilfspaketes in den Mitgliedstaaten im Februar/März 2012 und dem Schuldenschnitt privater Gläubiger im Umfang von de facto etwa 76 % im März 2012 stand der griechische Staat immer noch unter erheblichen Zahlungsproblemen, die den Staatsbankrott in greifbare Nähe rückten. Bereits beim Schuldenschnitt im März 2012 konnten sich die öffentlichen Gläubiger, vorrangig die EZB, nur mithilfe geänderter Wertpapierkennnummern der in ihrem Besitz befindlichen Anleihen aus dem Sog der Verluste retten. Dies war deshalb wichtig, um gegenüber der Öffentlichkeit formal keine haushaltswirksamen Rettungskosten entstehen zu lassen und über die so entgangene Zustimmung zum Schuldenschnitt keine monetäre Staatsfinanzierung durch die EZB eingestehen zu müssen.

Da die Auszahlung der Gelder des zweiten Hilfsprogramms aufgrund nicht erfüllter Programmauflagen ins Stocken geraten war, fand die Finanzierung des griechischen Liquiditätsbedarfes ab dem Sommer 2012 nur noch über Kurzläufer, sogenannte Treasury Bills, statt. Diese T-Bills waren Nullkouponanleihen mit einer Laufzeit von

13 Wochen, die mit einmaliger Billigung der EZB im Volumen von 5 Mrd. EUR als Pfand für ELA-Notkredite anerkannt wurden. Nur unter dieser Voraussetzung gelang die Emission Mitte August im Umfang von 4,1 Mrd. EUR, die mangels weiterer Investoren überwiegend an griechische Geschäftsbanken ausgegeben wurde. Der Hintergrund: Dies erlaubte der griechischen Regierung eine fällig werdende Anleihe in Höhe von 3,17 Mrd. EUR zu tilgen. Davon hielten die EZB sowie andere NZBen 3,07 Mrd. EUR, den Rest die Europäische Investitionsbank sowie die EU. Da die EZB seit dem Juli 2012 griechische Staatsschuldtitel im regulären Finanzierungsgeschäft des Eurosystems nicht mehr als Pfand akzeptierte, reichten die Banken die neuen Papiere ihrerseits zwecks Refinanzierung an die griechische Zentralbank als Sicherheit weiter. Obwohl der EZB-Präsident eine Prolongation der ELA-Kredite ursprünglich ausgeschlossen hatte, konnten diese Mitte November fällig gewordenen T-Bills im Rahmen des ELA-Notprogramms bei der weiterhin ausbleibenden Freigabe einer 31 Mrd. EUR-Tranche aus dem Rettungsfonds verlängert werden. Wohl auch um den währungspolitischen Anstand zu wahren, kauften die neuen Geldmarktpapiere überwiegend Londoner Banken, die diese an griechische Geschäftsbanken weiter veräußerten, um sie schließlich zur Refinanzierung wiederum bei der griechischen Notenbank einzureichen. De facto handelte es sich um eine *monetäre Staatsfinanzierung* im Notkreislauf von griechischer Zentralbank, griechischen Geschäftsbanken und Staat (vgl. Abb. 11.1).

Griechenland (2014/2015): Zum Ende des zweiten Hilfsprogramms im Dezember 2014 stand eine letzte Tranche über 1,8 Mrd. EUR der Europäischen Finanzstabilisierungsfazilität (EFSF) noch aus. Darüber hinaus wurde die Freigabe von 10,9 Mrd. EUR an nicht benötigten Hilfsgeldern

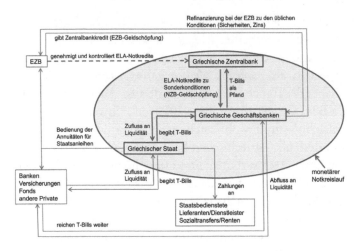

Abb. 11.1   ELA-Notkredite und monetäre Staatsfinanzierung

des griechischen Bankenrettungsfonds diskutiert. Aufgrund der sich hinziehenden Verhandlungen, einer Fristverlängerung für die Programmmittel bis Ende Februar 2015, der Verlängerung des Hilfsprogramms bis zum 30. Juni 2015 sowie der Neuwahlen mit Regierungswechsel wurde die Finanznot Griechenlands zusehends größer. Als Griechenland Anfang Juli eine Kreditrate in Höhe von 1,6 Mrd. EUR des Internationalen Währungsfonds (IWF) nicht bediente, erklärte der EFSF das Land für zahlungsunfähig. In dieser Voraussicht beschloss der EZB-Rat bereits Anfang Februar 2015, keine griechischen Staatspapiere mehr als Sicherheit zu akzeptieren. Ein Austritt aus dem Euro wurde sowohl von griechischer, wie auch von deutscher Regierungsseite ins Gespräch gebracht. Die griechische Bevölkerung bereitete sich auf dieses Szenario durch Barabhebungen und Überweisungen ins Ausland entsprechend vor.

Damit wies die Griechenlandkrise 2014/2015 gegenüber 2012 eine veränderte Sachlage auf. Zum einen brauchte der Staat infolge seiner chronischen Nähe zur Insolvenz Liquiditätshilfen als *monetäre Zwischenfinanzierung* für die ausbleibende Tranche des Rettungsfonds. Allerdings hat die EZB im Gegensatz zur Krise 2012 auf Hinweis der Bankenaufsicht – und wohl auch nach öffentlicher Kritik der Bundesbank – griechischen Banken den Ankauf von T-Bills seit März 2015 verboten. So warnte die Bundesbank bereits im Februar 2015 davor, dass der Ankauf von T-Bills durch griechische Geschäftsbanken einer monetären Staatsfinanzierung entspräche und damit eine anstehende Staatsinsolvenz verschleiern würde (Deutsche Bundesbank, 2015a, S. 30). Eine quasi-monetäre Staatsfinanzierung über kurzlaufende ELA-Notkredite war danach nicht mehr ohne weiteres möglich.

Zum anderen kam es durch den *Bank run auf Raten* wegen des drohenden Euro-Austritts im Finanzsektor zu erheblichen *Mittelabflüssen*. Von November 2014 bis Juni 2015 flossen etwa 40 Mrd. EUR von den Banken ab; dies entsprach ca. 20 % der gesamten Bankeinlagen. Da die Banken nach Bewertung des Marktes zudem über eine völlig *ungenügende Kapitalbasis* verfügten, war eine Liquiditätsversorgung über den Interbankenmarkt nicht mehr möglich. Neben der Pfandsperre der EZB für griechische Staatspapiere, die bislang von den Banken im Umfang von 12 Mrd. EUR als Sicherheiten für ihre Refinanzierungen eingesetzt wurden, entfielen auch staatlich garantierte Bankanleihen in Höhe von 38 Mrd. EUR als Pfänder. Der ehemalige griechische Finanzminister Varoufakis nannte diese Schuldpapiere "Phantomanleihen": Ein bankrotter Staat stützt angeschlagene Banken, die den Staat kurzfristig über T-Bills finanzieren (Plickert, 2015a). Dies erklärt den Anstieg von ELA-Hilfen von 60 Mrd. EUR (Februar 2015) auf 90,5 Mrd. EUR (Juli 2015). Gleichzeitig musste die griechische Notenbank die Sicherheitsabschläge nach Vorgabe der EZB von 30 auf 45 % des Nominalwertes der Pfänder erhöhen.

Das Problem der Genehmigung der ELA-Notkredite lag an der infrage stehenden Voraussetzung von "solventen Finanzinstituten" und "vorübergehenden Liquiditätsproblemen" (Europäische Zentralbank, 2015a). Schon der versperrte Zugang zum Interbankenmarkt mag als Hinweis für eine *ungenügende Kapitalbasis* gelten, die durch eine kurzfristige Liquiditätszufuhr nicht geheilt werden kann. Zwar galten die griechischen Banken nach Prüfung der EZB noch im Herbst 2014 als "solide finanziert" (Plickert, 2015a). Als Eigenkapital wurden jedoch auch Steuerforderungen (Steuergutschriften für Verlustvorträge) gegenüber dem griechischen Staat als Eigenkapital gewertet. Man nutzte eine Ausnahmeregelung von Basel III, die dies für eine Übergangszeit zuließ. 13 Mrd. EUR, entsprechend etwa 25 % des Eigenkapitals, hätten demnach keine Werthaltigkeit mehr gehabt, wäre der Staat zahlungsunfähig geworden. Zudem waren 40 % aller Kredite notleidend. Bei einer Gesamtsumme der Kredite von 210 Mrd. EUR bestand für ca. 80 Mrd. EUR ein Verzug bei Tilgung und Zinsen. Dem standen Rückstellungen von lediglich 40 Mrd. EUR gegenüber (Plickert, 2015a).

Zypern (2013): Die zyprische Krise erklärt sich aus einem überdimensionierten Bankensektor in Verbindung mit einer sehr engen Verflechtung mit den griechischen Finanzinstituten. So hielten zyprische Banken Schuldpapiere im Nominalwert von 6,4 Mrd. EUR des griechischen Staates und dortiger Banken. Dies entsprach 39 % des Bruttoinlandsproduktes (BIP) Zyperns. Entsprechend stark wurden die Banken durch den griechischen Schuldenschnitt im März 2013 getroffen. Wertberichtigungen schmälerten deren *Kapitalbasis* einschneidend. Ein *Bank run auf Raten*, Kapitalflucht und ein sinkender Marktwert zyprischer Staatsanleihen für Sicherheiten bei der EZB brachten den Bankensektor zusätzlich in *Liquiditätsschwierigkeiten*. Der Rekapitalisierungsbedarf der Bank of Cyprus wurde im März 2013 auf 3,4 Mrd. EUR, der der Laiki Bank auf 5,1 Mrd. EUR geschätzt. Von März 2012 wurde die ELA-Nothilfe von 150 Mio. EUR innerhalb eines Jahres auf 9,4 Mrd. EUR erhöht, entsprechend 57 % des BIP bzw. 10 % der Bilanzsumme aller zyprischen Geschäftsbanken. Zur gleichen Zeit ging die reguläre Refinanzierung von 6 auf 0,4 Mrd. EUR zurück (Plickert, 2013a). Die Refinanzierung über Marktkredite musste zulasten von Notenbankkrediten substituiert werden.

Die Laiki Bank erhielt davon bis zum Zusammenbruch im März 2013 etwa 9,2 Mrd. EUR an ELA-Krediten. Überwiegend "besser informierte Investoren" nutzten dies zur Kapitalflucht. Bereits im Jahr 2012 brachten sie etwa 10 Mrd. EUR ins Ausland (Plickert, 2013b). Da die Laiki Bank nicht zu retten war und deren wirtschaftlich gesunder Teil von der Bank of Cyprus übernommen wurde, wurde Kritik an den ELA-Hilfen als ein Verstoß gegen die EZB-Regeln laut. Die EZB lehnte jegliche Verantwortung mit der Begründung ab, diese Geschäfte würden in der Verantwortung der zyprischen Zentralbank liegen und die Prüfung durch die zyprische Bankenaufsicht erfolgen. Allerdings lag die Aufsicht beim EZB-Rat, der zugleich die Kredite hätte stoppen können.

Bewertung

ELA-Notkredite sind zur Sicherung der Finanzstabilität einzelner Banken oder des Bankensektors eines Landes durchaus sinnvoll, wenn es sich um kurzfristige, gegebenenfalls durch extern bedingte Ursachen veranlasste Abflüsse von Einlagen handelt. In diesem Sinne handelt die nationale Zentralbank mit Genehmigung der EZB als *Lender of Last Resort (LoLR) für Banken* (Winkler, 2015, S. 329 f.). So haben nicht nur die sogenannten Krisenländer ELA in der jüngsten Vergangenheit genutzt. Auch die Bundesbank hat in der Finanzkrise ELA-Notkredite vergeben, um das deutsche Bankensystem mit 50 Mrd. EUR zu stabilisieren; ähnlich der Niederlande, um die Institute ING und Dexia zu unterstützen. Die Bedingungen hierfür sind jedoch klar definiert: Die Solvenz der unterstützten Institute muss gegeben sein und die Liquiditätshilfen dürfen nur zeitlich begrenzt vergeben werden.

Die exemplarische Analyse ergab jedoch ein anderes Bild. So fungierten die ELA-Notkredite im Fall Griechenlands (2012; zeitlich eingeschränkt 2014/2015) als *monetäre Zwischenfinanzierung,* wenngleich die Regeln des Verbots der monetären Staatsfinanzierung nach Art. 123 AEUV formal eingehalten wurden (Meyer, 2015; Winkler, 2015). Eine Staatsinsolvenz und gegebenenfalls ein Austritt aus dem Euro konnten damit (vorläufig) abgewendet werden. Weiteren fiskalischen Rettungsmaßnahmen wurde dadurch erst der Weg eröffnet. Im Fall Griechenland (2014/2015) sowie Zypern (2013) stand vorrangig die Vermeidung des Zusammenbruchs der nationalen Bankensysteme im Vordergrund. Aufgrund der isolierten Risiken – ein Großteil der fraglichen Kredite befand sich im Besitz öffentlicher Haushalte bzw. des ESZB – wäre die Finanzstabilität des Eurosystems kaum gefährdet gewesen. Da der Kapitalmangel einzelner Geschäftsbanken bereits frühzeitig bekannt war, haben die NZBen dieser Staaten mit Unterstützung der EZB wissentlich an sich *überschuldete Institute* am Leben gehalten. Durch die ELA-Kredite wurden die *Kapitalflucht und Barabhebungen* Privater finanziert, die sich damit der sogenannten Haftungskaskade entziehen konnten.[3] Im Fall Griechenlands (2014/2015) waren 25 Mrd. EUR des 86 Mrd. EUR umfassenden dritten Hilfspaketes für die Rekapitalisierung der Banken vorgesehen, die die ELA-Hilfen letztendlich vollständig substituieren konnten. Zwar tragen die Kosten und Risiken der ELA-Maßnahmen die NZBen. Im Fall einer Staatsinsolvenz würden die Verluste jedoch das ESZB und jedes Euro-Mitglied im Umfang seines Kapitalanteils an der EZB belasten – eine *quasi-gesamtschuldnerische Haftung*. In den betrachteten Fällen war dieses Risiko durchaus als hoch zu bewerten. So schrieb Varoufakis (2015, Übersetzung D.M.) in seinem Blog im Januar 2015, kurz vor seiner Ernennung zum Finanzminister: "Das ELA-System gestattet einfach nur den bankrotten Banken, die ein bankrotter Fiskus nicht zu retten vermag, sich von der Bank of Greece Geld gegen Pfänder zu leihen, die nicht viel wert sind."

11.2 Agreement on Net Financial Assets (ANFA)

Das sogenannte *ANFA-Geheimprotokoll*[4] ist eine Vereinbarung über Netto-Finanzanlagen zwischen den 19 NZBen und der EZB. Es beinhaltet Regeln und Obergrenzen von Wertpapierbeständen, die die NZBen eigenständig er-

---

[3] Während in Zypern bei der Abwicklung der Laiki-Bank auf Druck der Troika eine Beteiligung der Gläubiger (Inhaber von Anleihen der Bank sowie von Spareinlagen über 100.000 EUR) stattfand, hat Griechenland die Frist zur Umsetzung der EU-Abwicklungsrichtlinie zum 01.01.2015 verstreichen lassen.

[4] Siehe hierzu das Agreement of 19. November 2014 on net financial assets sowie die Erläuterungen der Europäischen Zentralbank (2015c). Zu dem Protokoll scheinen bis zur Veröffentlichung am 5. Februar 2016 nur wenige hochrangige Personen des ESZB-Systems Zugang gehabt zu haben. Neben verschiedenen anderen Personen wandte sich der Verfasser am 4. Januar 2016 an die Bundesbank, um auf der Basis des Informationsfreiheitsgesetzes Einblick in dieses Dokument der EZB zu bekommen. Mit Ablauf der gesetzlichen Antwortfrist am 3. Februar hat die EZB den Wortlaut des Protokolls nach einstimmigem Beschluss vom 3.

werben können. Die Rechtsgrundlage besteht wie bei den ELA-Krediten in Art. 14.4 EZB-Satzung. Zu den "anderen Aufgaben", die die NZBen in eigener Verantwortung, auf eigene Kosten und eigenes Risiko im Rahmen von ANFA-Wertpapierkäufen wahrnehmen können, zählen Anlagen, die im Zusammenhang mit Währungsreserven, Pensionsfonds bzw. Pensionsrückstellungen der NZBen für ihre Mitarbeiter, der Gegenposition zum Grundkapital und zu Rücklagen stehen sowie "allgemeinen Anlagezwecken" dienen.[5] Die EZB rechtfertigt ANFA mit dem Subsidiaritätsprinzip, nach dem die NZBen weiterhin alle nicht der einheitlichen Geldpolitik dienenden, sondern nationale Aufgaben erfüllenden Transaktionen selbstständig ausführen können (Europäische Zentralbank, 2015c). Beschränkung der Anlagegeschäfte der NZBen darüber hinaus müssten gesetzlich geregelt werden.

Zwar unterliegt die Bilanzsumme des Eurosystems durch Festlegung der ANFA-Obergrenze der Kontrolle des EZB-Rates. Dieser Höchstbetrag ergibt sich als Restgröße aus den geldpolitisch relevanten Steuerungsgrößen wie dem Bargeldumlauf, dem Umfang der geldpolitischen Outright-Geschäfte und anderen Parametern. Satzungsgemäß übt der EZB-Rat auch die Kontrolle darüber aus, dass keine monetäre Staatsfinanzierung vorliegt. So dürfen keine

---

Februar am 5. Februar veröffentlicht. Siehe zu den folgenden Ausführungen auch Hansen und Meyer (2017).

[5] Die ANFA-Netto-Finanzanlagen errechnen sich nach der Definition der Europäischen Zentralbank (2015c) – bezogen auf die Gliederung der konsolidierten Bilanz des Eurosystems – auf der Aktivseite aus der Summe der Bilanzpositionen 1 bis 4, 5.6, 6 (ELA), 7.2, 8 und 9 abzüglich der Positionen 2.5 sowie 3 bis 12 auf der Passivseite. Siehe auch Anhang I des ANFA-Abkommens. In den Bilanzen der NZBen finden sich die ANFA-Wertpapierkäufe im Regelfall in den Positionen 7.2 Wertpapiere in Euro von Ansässigen/Sonstige Wertpapiere sowie 11.3 Sonstige Aktiva/Finanzanlagen wieder. Ausnahmen bilden beispielsweise die Banque de France sowie die Central Bank of Ireland, wo die ANFA-Positionen teilweise nur aus den Erläuterungen erschlossen werden können oder sie als Sammelposten mit anderen Wertpapierpositionen verschmolzen sind.

Käufe von Staatsanleihen am Primärmarkt vorliegen oder Transaktionen, die diese Regelung umgehen. Hierzu sollen ihm von den NZBen Informationen über das Anlageportfolio zur Verfügung gestellt werden. Bei Verstößen gegen Ziele und Aufgaben des ESBZ muss er intervenieren.

Zusätzlich wurden 2014 *Leitlinien über Inlandsgeschäfte* der NZBen herausgegeben, die eine regelkonforme Handhabung sicherstellen sollen. Allerdings werden die ANFA-Geschäfte als Transaktionen der NZBen auf eigene Rechnung vorgenommen. Eine Eingriffsmöglichkeit der EZB besteht somit nur ex post, was diese Kontrolle im Einzelfall zu einer pro-forma-Aufsicht mit fragwürdiger Wirkung werden lässt. Zudem besteht bislang bei den meisten Zentralbanken gegenüber der Öffentlichkeit *Intransparenz,* da teils keinerlei Hinweise über die Hintergründe und die Art der Wertpapierkäufe gegeben werden. Eine Ausnahme bilden die deutsche, belgische, irische und die finnische Notenbank, die im Regelfall detaillierte Informationen zu ihren nicht zu geldpolitischen Zwecken gehaltenen Portfolios bereitstellen. Ob diesbezüglich hinreichende Kenntnisse der NZBen untereinander bestehen, kann nur spekuliert werden, da offiziell nur der EZB-Rat Informationsrechte besitzt.

Die Aufteilung der ANFA-Obergrenze auf die einzelnen NZBen soll gemäß dem *Grundsatz der Kapitalanteile* an der EZB erfolgen. In der Praxis scheinen allerdings Abweichungen und *Ausnahmeregelungen* (waiver clause) der Regelfall zu sein. So gibt es drei Arten von Ausnahmeregelungen:

• Gemäß Anhang III des ANFA-Abkommens bestehen *historische Ausnahmeregelungen.* Diese stellen unabhängig vom Kapitalanteil eines Mitgliedstaates sicher, dass keine Absenkung unter die Höhe der Netto-Finanzanlagen er-

folgen muss, die "durch ihre historische Ausgangs-
position bedingt ist" (Europäische Zentralbank, 2015c;
gleichlautend Art. 3.2 des ANFA-Abkommens).

• *Anlagespezifische Ausnahmeregelungen* schützen be-
stimmte Anlagebestände, welche die NZBen aufgrund
vertraglicher Beschränkungen oder sonstiger Einschränkungen nicht ohne weiteres veräußern können.
Als Beispiel werden Goldbestände einer Zentralbank genannt, die im Zusammenhang mit der Vereinbarung der
Zentralbanken über Goldbestände stehen (Anhang IV).

• Eine *dynamische Ausnahmeregelung* trägt Rechnung, dass
die historische Ausnahmeregelung für kleine NZBen im
Zeitverlauf proportional zum Anstieg oder Rückgang
der Obergrenze der Netto-Finanzanlagen des Eurosystems angepasst wird.

Es wird immer diejenige Ausnahmeregelung für eine
Notenbank wirksam, die ihr die höchstmögliche ANFA-
Netto-Finanzanlage gewährt. Bereits die historischen
Ausnahmeregelungen können strukturell bedeutende
Abweichungen in der Inanspruchnahme von ANFA-
Eigengeschäften bezogen auf einen am nationalen Kapitalanteil an der EZB gemessenen Anteil erklären. Anhang III
des ANFA-Abkommens spricht jedem Euro-Mitgliedsstaat
einen fixen Betrag an Netto-Finanzanlagen zu, die für
Eigenanlagen genutzt werden können. Die Gesamtsumme
für alle 19 Eurostaaten beträgt hiernach 397,5 Mrd. EUR
(siehe Abb. 11.2). Insbesondere die Ausnahmeregelungen
kleinerer Mitgliedstaaten betragen ein Vielfaches ihrer nationalen EZB-Kapitalschlüssel: Malta 691 %, Zypern
485 %, Luxemburg 402 %, Slowakei 389 %, Litauen
251 %, Slowenien 249 % und Lettland 231 %. Als Krisenländer werden nur Portugal (143 %) und Griechenland
(190 %) bevorteilt. Unterproportionale Berücksichtigung

Euro-Mitglied-staaten	Kapital-schlüssel EZB (%)	relativer[1] Kapital-schlüssel EZB (%)	historische Ausnahme-regelung (Mrd. Euro)	historische Ausnahme-regelung (%)	Differenz relativer Kapitalschlüssel und historische Ausnahme-regelung	prozentuale Differenz[2]
Belgien	2,48	3,52	15,42	3,88	0,36	10,19
Deutschland	18,00	25,57	71,79	18,06	-7,50	-29,35
Estland	0,19	0,27	1,31	0,33	0,06	20,43
Irland	1,16	1,65	4,63	1,16	-0,49	-29,43
Griechenland	2,03	2,89	21,82	5,49	2,60	90,08
Spanien	8,84	12,56	50,23	12,64	0,08	0,62
Frankreich	14,18	20,14	62,99	15,85	-4,30	-21,32
Italien	12,31	17,49	69,93	17,59	0,10	0,60
Zypern	0,15	0,21	4,14	1,04	0,83	384,84
Lettland	0,28	0,40	3,69	0,93	0,53	131,47
Litauen	0,41	0,59	5,86	1,47	0,89	151,00
Luxemburg	0,20	0,29	4,61	1,16	0,87	302,19
Malta	0,06	0,09	2,53	0,64	0,54	591,47
Niederlande	4,00	5,69	18,41	4,63	-1,06	-18,56
Österreich	1,96	2,79	15,33	3,86	1,07	38,29
Portugal	1,74	2,48	14,07	3,54	1,06	42,92
Slowenien	0,35	0,49	4,86	1,22	0,73	149,12
Slowakai	0,77	1,10	16,95	4,27	3,17	288,69
Finnland	1,26	1,78	8,90	2,24	0,45	25,46
Summe	70,3915	100	397,46	100	0,00	

[1] Kapitalschlüssel der Unterzeichner des ANFA-Abkommens (Mitglieder des Eurosystems).
[2] Prozentuale Differenz bezogen auf den relativen Kapitalschlüssel der EZB.

Abb. 11.2 Kapitalanteil an der EZB (31.12.2015; aktuell leicht abweichend) und historische ANFA-Ausnahmeregel.
Quelle: ANFA-Abkommen, Anhang III; eigene Berechnungen

finden nach dieser Regelung die Niederlande (81 %), Frankreich (79 %), Irland (71 %) und Deutschland (71 %).

Sollten die ANFA-Netto-Finanzanlagen des Eurosystems, wie ab 2008 geschehen, die Gesamtsumme der Ausnahmeregelung von 397,5 Mrd. EUR übersteigen, können sich diese strukturell angelegten Divergenzen relativieren, aber auch durch weitere nationale Zugriffe verstärken. Schließlich lässt Art. 5 Abs. 3/4 des ANFA-Abkommens temporäre Überschreitungen der nationalen Obergrenzen zu. Als Beispiel werden unter anderem ELA-Notkredite (Emergency Liquidity Assistance, ELA) sowie Anforderungen des Internationalen Währungsfonds genannt.

Unabhängig von den Ausnahmeregelungen gilt: Nutzt eine NZB ihre individuelle Obergrenze nicht vollständig aus oder plant bereits zu Jahresanfang einen niedrigeren Betrag, so stehen die unausgenutzten ANFA-Beträge denjenigen nationalen Notenbanken zur Verfügung, die höhere Wertpapierankäufe wünschen (Art. 2 Abs. 2 und Art. 4 des ANFA-Abkommens). Diese Regelung bietet die Grundlage für weitere Divergenzen.

ANFA in der Praxis

Ende 2015, nach Abschluss des dritten Hilfsprogramms für Griechenland, lag das gesamte ANFA-Volumen (netto) bei 489,6 Mrd. EUR, gegenüber 535,5 Mrd. EUR zum 31.12.2014.[6] Die Zuteilung der ANFA-Obergrenze auf die einzelnen NZBen soll sich an ihren *Kapitalanteilen an der EZB* orientieren (Pkt. 3 der Präambel sowie Art. 2 des ANFA-Abkommens). Die Praxis ergibt jedoch ein anderes Bild. So hatte die *Bundesbank* 2015 Wertpapiere im Umfang von lediglich 12,4 Mrd. EUR in ihrem nicht-geldpolitischen Wertpapier-Portfolio, entsprechend 1,2 % ihrer Bilanzsumme. Das Eigenportfolio ist in festverzinsliche gedeckte Euro-Schuldverschreibungen, überwiegend in deutschen Pfandbriefen, angelegt. Staatstitel sind demnach nicht unter den Wertpapieren. Demgegenüber hatte die *Banca d'Italia* 2015 in den entsprechenden Bilanzpositionen 86,2 Mrd. EUR (14,7 % ihrer Bilanzsumme) stehen. Ende 2014 führte die italienische Notenbank nach anderen Berechnungen sogar ca. 125 Mrd. EUR als Eigenanlagen, davon ca. 108 Mrd. EUR in Euro-Staatsanleihen (Plickert, 2015a, b). Hoffmann (2015, S. 190 ff.) ermittelt für Italien einen Anstieg der ANFA-Positionen von ca. 66 Mrd. EUR

---

[6] Siehe Europäische Zentralbank (2015c, 2016) und eigene Berechnungen. Soweit nicht anders vermerkt, beziehen sich die folgenden Angaben auf den Stand 31.12.2015 und sind – bei eigenen Berechnungen – den jeweiligen Jahresabschlüssen der NZBen entnommen.

(2006) auf 112 Mrd. EUR (2012). Nicht unproblematisch ist der im Portfolio enthaltene hohe Anteil an Staatsanleihen in Höhe von 42 bzw. 102 Mrd. EUR. Dies müssen allerdings nicht notwendig Staatstitel des eigenen Landes sein. Denkbar wäre auch, dass Krisenstaaten gegenseitig hochverzinsliche Staatsanleihen erwerben. Dieser Überkreuz-Ankauf von Staatsanleihen anderer Mitgliedstaaten könnte mögliche Rückfragen der interessierten Öffentlichkeit oder gar Verbote umgehen. Darüber hinaus ist der Fall der Banca d'Italia bekannt, die zurzeit der Regierung Berlusconi im Jahr 2010 statt italienischer Staatsanleihen Anleihen anderer Eurostaaten im Eigengeschäft aufkaufte. So sank der Anteil italienischer Papiere am "sonstigen Wertpapierportfolio" von 53 auf 47 %. Dies wurde als eine Zurechtweisung der Regierung durch die Zentralbank gewertet. Wohl auch um zukünftige Kritik zu vermeiden, verzichtet die Banca d'Italia in ihren Geschäftsberichten ab 2012 auf eine detaillierte Information (Häring, 2015). Die *Banque de France* hielt sogar 91,9 Mrd. EUR (12,9 % ihrer Bilanzsumme) in entsprechenden Positionen, ohne dass sich Aussagen über die Art der Anlagen machen lassen. Hohe Bestände an Eigenanlagen bestanden auch in Griechenland (19,1 Mrd. EUR/11,7 %), Spanien (51,7 Mrd. EUR/11,6 %), Portugal (18,2 Mrd. EUR/15,5 %) und Irland (48,5 Mrd. EUR/62,8 %) (siehe Abb. 11.3). Im Zeitraum 2010 bis 2012 lagen bezüglich der Notenbanken in Italien, Griechenland, Portugal, Spanien, den Niederlanden sowie Belgien die Anteile von Staatsschuldpapieren in den entsprechenden Bilanzpositionen zwischen 70 % und 97 % (Hoffmann, 2015, S. 190 ff.). Ein direkter Zugang zu den Anteilen von Staatspapieren ist in den Jahresabschlüssen im Regelfall jedoch nicht möglich (König & Bernoth, 2016, S. 149).

NZBen	Kapitalschlüssel EZB (%)	relativer[1] Kapitalschlüssel EZB (%)	Summe Pos. 7.2/11.3 (Mrd. Euro)	Anteil Pos. 7.2/11.3 an Bilanzsumme (%)	Netto-ANFA (ANFA-Aktiva abzügl. Passiva) (Mrd. Euro)	Anteil Netto-ANFA an Bilanzsumme (%)	Anteil Netto-ANFA (NZB) an Netto-ANFA des Eurosystems (%)	absolute Differenz[2]	prozentuale Differenz[3]
Banque de France	14,18	20,14	91,90	12,94	109,74	15,45	22,41	2,27	11,26
Banca d'Italia	12,31	17,49	86,17	14,66	134,93	22,95	27,55	10,06	57,55
Bank of Greece	2,03	2,89	19,15	11,71	84,81	51,87	17,32	14,43	499,58
Bank of Spain	8,84	12,56	51,74	11,63	78,64	17,68	16,06	3,50	27,86
Bank of Portugal	1,74	2,48	18,18	15,55	16,15	13,81	3,30	0,82	33,13
Central Bank of Ireland	1,16	1,65	48,53	62,83	23,89	30,93	4,88	3,23	195,89
Bundesbank	18,00	25,57	12,38	1,22	-53,56	-5,29	-10,94	-36,50	-142,78

[1] Kapitalschlüssel der Unterzeichner des ANFA-Abkommens (Mitglieder des Eurosystems).

[2] Differenz aus Anteil Netto-ANFA (NZB) an den Netto-ANFA des Eurosystems (%) und relativem Kapitalschlüssel (%).

[3] Prozentuale Differenz bezogen auf den relativen Kapitalschlüssel der EZB.

Abb. 11.3 ANFA-Kennziffern ausgewählter NZBen (Stand 31.12.2015).
Quelle: EZB, Jahresberichte der jeweiligen NZBen sowie der EZB (konsolidiert); eigene Berechnungen

Die umfänglichsten ANFA-Netto-Finanzanlagen (AN-FA-Aktiva abzüglich Passiva, NFA)[7] führten 2015 die nationalen Notenbanken von Italien mit 134,9 Mrd. EUR (23,0 % der Bilanzsumme), Frankreich mit 109,7 Mrd. EUR (15,5 %), Griechenland mit 84,8 Mrd. EUR (51,9 %) und Spanien mit 78,6 Mrd. EUR (17,7 %) (siehe Abb. 11.3). Eine Kennziffer zur Erfassung einer ungleichgewichtigen Inanspruchnahme der ANFA-Eigengeschäfte durch die NZBen bietet das prozentuale Verhältnis ihrer ANFA-Netto-Finanzanlagen zum jeweiligen nationalen Kapitalanteil an der EZB (siehe Abb. 11.3). Dieses betrug für Griechenland 600 %[8], Irland 296 %[9], Italien 158 %, Por-

---

[7] Die Angaben in Klammern beinhalten als Kennziffer die ANFA-Netto-Finanzanlagen (NFA) bezogen auf die jeweilige Bilanzsumme der Notenbank, also den Anteil der nationale-autonom geschaffenen Liquidität (netto). Siehe auch die zeitliche Entwicklung der nationalen ANFA-Netto-Finanzanlagen bei König und Bernoth (2016, S. 145 ff.) für die Jahre 2001 bis 2014.

[8] Hierfür dürfte die Bereitstellung von ELA-Notfallliquidität wesentlich verantwortlich sein.

[9] Möglicherweise resultieren diese überaus hohen Eigengeschäfte aus einem staatlichen Schuldschein in Höhe von 25 Mrd. EUR, der 2013 von der Central Bank of Ireland gegen staatliche Schuldtitel mit einem geringeren Barwert eingetauscht wurde. Zu dieser monetären Staatsfinanzierung siehe weiter unten.

tugal 133 %, Spanien 128 % und Frankreich 111 %.[10] Eine deutlich unterproportionale Inanspruchnahme bestand hingegen für Deutschland (-43 %). Indem sich die Geldschöpfung zunehmend in diejenigen Länder verlagert, in denen die Sicherheitsstandards für Refinanzierungsgeschäfte unter anderem über ELA-Kredite und minder werthaltige Aktiva abgesenkt werden, ergeben sich Parallelen zum Greshamschen Gesetz. Zwar bleibt der Wert des in Griechenland geschöpften Euros gegenüber einem in Deutschland geschöpften Euro gleich, sieht man von in der Vergangenheit bereits praktizierten Kapitalverkehrskontrollen einmal ab. Dennoch ist die Werthaltigkeit der Aktiva in den Krisenstaaten tendenziell geringer, indem beispielsweise statt deutscher Staatspapiere griechische, ausfallgefährdete Papiere als Wertpapiere von den Notenbanken angekauft werden (Kooths & van Roye, 2012, S. 523).

Seit 2015 kaufen die Zentralbanken des Eurosystems in hohem Umfang Staatsanleihen im Rahmen des *PSPP-Programms* auf. Ende 2018 hatten diese Ankäufe bereits ein Volumen von 2171 Mrd. EUR. Es ist zu vermuten, dass manche Ankäufe, die vor 2015 indirekt über ELA-Kredite oder direkt über ANFA-Eigenanlagen vorgenommen wurden, seitdem über das PSPP-Programm getätigt werden. Rechnet man im Zuge einer Neuzuordnung die Ankäufe des PSPP-Programmes deshalb zu den NFA hinzu, dann ergeben sich (Stand 31.12.2017) weiterhin zum Teil erhebliche Asymmetrien zwischen den Ländern. Eine mögliche Kennziffer stellt der nationale NFA-Anteil an den gesamten NFA des Euroraumes inkl. der PSPP-Bestände dar. Italien beansprucht mit 23 % den größten Anteil, während Deutschland mit einem vergleichsweise geringen Anteil

---

[10] Vgl. auch die Ergebnisse für den Durchschnitt der Jahre 2002 bis 2014 bei König und Bernoth (2016, S. 144).

von 7 % auffällt. Als weiterer Indikator einer ungleichgewichtigen Inanspruchnahme durch die NZBen bietet sich das prozentuale Verhältnis ihres Anteils an den NFA des Euroraumes zum jeweiligen nationalen Kapitalanteil an der EZB an, wobei ein Wert von 1,0 (entsprechend 100 % Inanspruchnahme) einem gleichgewichtigen Anteil entsprechen würde. Er beträgt für Griechenland 150 % (wobei der Ankauf griechischer Staatsanleihen mangels Bonität im Rahmen des PSPP-Programmes ausgeschlossen war), Irland 149 %, Italien 131 %, Spanien 126 % und Portugal 118 %. Während Belgien und Österreich mit jeweils 107 % sowie Frankreich mit 103 % ungefähr entsprechend ihres Kapitalanteils agierten, bestand für Deutschland eine deutlich unterproportionale Inanspruchnahme mit nur 29 %. Insgesamt sind dies Indikatoren, die die weiter unten zu diskutierende Hypothese eines Auseinanderfallens von Geldannahmegemeinschaft und Emissionsgemeinschaft im Euroraum unterstützen (Hansen & Meyer, 2019).

ANFA am konkreten Beispiel

Einen besonderen Fall bietet *Irland (2013)*, der zugleich einen Bezug zwischen ELA-Notkrediten und ANFA-Staatsanleihekäufen deutlich werden lässt. 2010 vergab der irische Staat eine Kapitaleinlage in Form eines Schuldscheines an die Anglo Irish Bank in Höhe von 30 Mrd. EUR zur geordneten Abwicklung des Geldinstitutes. Die Anglo Irish Bank reichte den Schuldschein an die irische Zentralbank im Rahmen eines ELA-Notkredites als Sicherheit weiter, um sich zu refinanzieren. Die beabsichtigte Abwicklung der Bank dürfte bereits den ELA-Bedingungen einer solventen Bank mit lediglich kurzfristigen Liquiditätsproblemen widersprochen haben. Auch aufgrund der nachträglichen Konditionenerleichterungen für die griechischen Rettungskredite im Frühjahr 2012 bestand 2013 in der irischen Bevölkerung großer Unmut über die hohen Annuitäten zur Bedienung des Schuldscheines, da vornehmlich ausländische Anleihegläubiger durch die Abwicklung bevorteilt wurden. Um die Jahresrate von 3,1 Mrd. EUR Ende März 2013 zu vermeiden – sie entsprach in etwa den Haushaltskürzungen und Steuererhöhungen von 2012 – und um eine Streckung der Tilgung von 10 auf mehr Jahre zu erreichen, wäre eine Umschuldung notwendig geworden. Ein langfristiger Zahlungsaufschub hätte jedoch nach Meinung des EZB-Rates gegen das Verbot der monetären Staatsfinanzierung verstoßen, da der Staat durch die Notenbank eine Entlastung erfahren hätte (Theurer et al., 2013). Obwohl die Verhandlungen mit der EZB durch das Direktoriumsmitglied Asmussen bereits ca. eineinhalb Jahre liefen, wurde der Schritt einer *Umschuldung* in einer Art "Nacht und Nebel-Aktion" der irischen Regierung und des Parlaments einseitig vollzogen: Der Schuldschein wurde in langlaufende Staatsanleihen umgewandelt, der Tilgungszeitraum bis 2053 verlängert und der Zinssatz reduziert. Einher ging ein gesunkener Barwert der Schuld, d. h. eine *monetäre Staatsfinanzierung*.

Für die Transaktion wurde ein trickreiches Vorgehen gewählt: Die Auffanggesellschaft für die Bankenaltlasten, die unter anderem auch für die Abwicklung der Anglo Irish Bank fungierte, wurde für insolvent erklärt. Das irische Parlament erklärte in einer Nachtsitzung am 07.02.2013 durch einen einseitigen Parlamentsbeschluss die Insolvenz der Abwicklungsgesellschaft IBRC. Zu diesem nächtlichen Coup musste Staatspräsident Higgins wegen seiner Unterschrift aus Italien eingeflogen werden. Nicht der Zwang des Marktes, sondern die Opportunität des irischen Parlamentes führte somit zur Insolvenz. Damit fiel der als Pfand im Besitz der irischen Notenbank befindliche Schuldschein des irischen Staates der Notenbank zur Verwertung zu. Diese tauschte den Schuldschein auf politischen Druck in acht langlaufende Staatsanleihen im Nominalwert von 25 Mrd. EUR um. Der Tilgungszeitraum wurde bis 2053 verlängert und war damit etwa viermal so lang wie zuvor. Zudem wird die erste Rate erst 2038 fällig. Die mittlere Laufzeit der Anleihen beträgt mehr als 34 Jahre im Vergleich zu 8 Jahren bisher. Zwar ist der neue, variable Zinssatz an den europäischen Geldmarktzins Euribor gekoppelt und somit gegenüber den ehemals nominal 8 % wesentlich niedriger. Effektiv ändert sich jedoch kaum etwas, da die Zinserträge über den Gewinn der Notenbank – zuvor über die staatliche Bankenauffanggesellschaft – dem Staatshaushalt nach wie vor zufließen (Theurer & Ruhkamp, 2013).

Was sind die pekuniären Wirkungen dieser Umschuldung? Der Tilgungsaufschub sowie die Verlängerung der Rückzahlung des Kredites führen in Verbindung mit einer Absenkung des Zinssatzes zu einem erheblich geringeren Barwert der neuen Schuldtitel. Da durch die Anbindung an den Euribor der zukünftige Zinssatz nicht bekannt ist, kann das Ausmaß der Barwertminderung nicht konkret benannt werden. Allein für die folgenden 10 Jahre dürfte die Umschuldung den irischen Staat von Anleiheemissionen in Höhe von 20 Mrd. EUR entsprechend 12 % des BIP 2013 entlasten. Dies ermöglichte Irland den vorzeitigen Ausstieg aus dem Hilfsprogramm im Dezember 2013. Anders ausgedrückt: Die Umschuldung wirkt wie ein Vorschuss auf zukünftige Notenbankgewinne. Der Tausch eines relativ wertvollen Schuldscheines gegen Staatsanleihen mit längerer Laufzeit und niedrigerer Verzinsung macht bei der irischen Notenbank Wertberichtigungen notwendig, die über die Auflösung von Rücklagen finanziert werden müssen.

Die neuen Anleihen werden als ANFA-Wertpapiere bilanziert. Das technische Problem hierbei: Die für Irland geltende ANFA-Obergrenze wurde stark überschritten. Auch wegen der vom EZB-Rat selbst als monetäre Staatsfinanzierung gewerteten Transaktion hätte dieser sofort einschreiten müssen. Stattdessen hat der EZB-Rat die Lösung "einstimmig zur Kenntnis genommen", was de facto einer Billigung infolge politischen Drucks gleichkommt (Theurer & Ruhkamp, 2013). In ihren Erläuterungen zu ANFA stellt die Europäische Zentralbank (2015c) demgegenüber fest: "Bislang ist es noch nie zu einer ungerechtfertigten Abweichung von den Obergrenzen für Netto-Finanzanlagen gekommen." Indirekt wurde mit der Umschuldung zu günstigeren Konditionen auch gegen die früheren Auflagen des ELA-Notkredites verstoßen.

Bewertung

Insbesondere die *Unabhängigkeit* der EZB und der NZBen gebieten ein transparentes Geschäftsgebaren. Das ANFA-Zusatzgeld kennzeichnet jedoch *Intransparenz*. Nicht nur blieben das ANFA-Protokoll und damit die Bedingungen dieser Eigengeschäfte der Öffentlichkeit jahrelang verborgen. Auch über den konkreten Umfang sowie die Art der Wertpapiere müssen die NZBen keine detaillierte Rechenschaft ablegen. Seit der Offenlegung des ANFA-Protokolls gibt es jedoch eine Selbstverpflichtung der NZBen, die allerdings nicht von allen Notenbanken befolgt wird (Europäische Zentralbank, 2015e). Diese Intransparenz untergräbt die Glaubwürdigkeit des ESZB-Systems nicht nur gegenüber der Öffentlichkeit. Sie kann auch zu Misstrauen der einzelnen NZBen untereinander führen, da nicht jederzeit sichtbar wird, in welchem Umfang, in welchen Anlagen und für welche Gegenpositionen die jeweilige NZB Wertpapierkäufe auf eigene Rechnung tätigt.

Sodann kann jede NZB *Sondervorteile* durch den mit den Eigengeschäften erzielten Seigniorage verbuchen. Sie sind eine zusätzliche Einnahmequelle nationaler Notenbanken, die mit eigener Geldschöpfung Wertpapiererträge generieren. Die entstehenden Gewinne unterliegen nicht den zwischen den NZBen des Eurosystems zu verteilenden monetären Einkünften. Der jeweilige Staat wird durch eine entsprechende Gewinnüberweisung bevorteilt. Darüber hinaus bewirken Ankäufe von Staatsschuldpapieren tendenziell eine *Zinssenkung*. Eine Marktkontrolle für Staatskredit findet deshalb nur eingeschränkt statt. Da die Zentralbank die Zinserträge an den Staatshaushalt abführt, erlangt der Fiskus quasi eine *Nullzins-Finanzierung*. Insbesondere für Krisenstaaten führt dies zu Fehlanreizen hinsichtlich einer Haushaltskonsolidierung. Aus nationalem Interesse wird die Geldpolitik zunehmend mit der Fiskalpolitik verschmolzen, ohne dass die EZB eingreift. Den ELA-Notkrediten gleich, haftet letztendlich bei einem Staatskonkurs das gesamte ESZB-System anteilig.

11.3 TARGET2-Salden

TARGET2 ist ein Verbund der NZBen des Euroraumes zu einem *einheitlichen Zahlungsverkehrssystem,* um Überweisungen in Echtzeit zwischen den einzelnen NZBen abzuwickeln. Hierüber werden sowohl nationale wie auch grenzüberschreitende Zahlungen in Zentralbankgeld vorgenommen. Für die nachfolgenden Ausführungen sind nur die Zahlungsvorgänge zwischen einzelnen nationalen Zentralbanken des Eurosystems von Bedeutung. In geringem Umfang übernehmen einzelne Notenbanken des Eurosystems auch Zahlungsabwicklungen für Nicht-Mitglieder, so beispielsweise für Großbritannien, Dänemark, Polen, Bulgarien und Rumänien (siehe auch Kap. 14).

Die den Zahlungen zugrunde liegenden Transaktionen Privater sind beispielsweise grenzüberschreitende Warenlieferungen, Dienstleistungen, Wertpapiertransaktionen oder Zahlungen in Verbindung mit einem Kredit, aber auch Überweisungen zum Zwecke einer Kapitalflucht. Zudem werden Zahlungen öffentlicher Stellen sowie Offenmarktgeschäfte über TARGET2 abgerechnet. Da die Zahlungsein- und -ausgänge zwischen den jeweiligen Notenbanken am Ende eines jeden Geschäftstages im Regelfall mit einen *positiven/negativen Saldo* schließen, entstehen entsprechende Verbindlichkeiten/Forderungen. Gemäß den TARGET2-Regularien wird die Gegenposition dieser Salden am Tagesende auf die EZB – genauer: dem Europäischen System der Zentralbanken – übertragen, sodass die Forderung/Verbindlichkeit der einzelnen nationalen Notenbank gegenüber der EZB fortbesteht.

Ende 2018 betrugen die gesamten Forderungen der einzelnen NZBen des Euroraumes aus dem TARGET2-Zahlungsverkehr 1354,5 Mrd. EUR (aus den Jahresabschlüssen der jeweiligen Notenbanken). Gegenüber 2014 ist dies eine Steigerung um 124 %, also mehr als eine Verdoppelung. Dem standen Verbindlichkeiten in gleicher Höhe durch die TARGET-kreditnehmenden Notenbanken gegenüber, da der Saldo im gesamten Euroraum null ist. Bei einer Bilanzsumme des Eurosystems von 4702,7 Mrd. EUR (31.12.2018) hatten die TARGET-Forderungen/Verbindlichkeiten einen Umfang von 28,8 % – einem knappen Drittel. Mit 966,2 Mrd. EUR hatte die Bundesbank hieraus die größte Gläubigerposition inne, entsprechend 52,5 % ihrer Bilanzsumme. Die nationale Dimension der TARGET-Salden lässt sich für Deutschland auch daran festmachen, dass zum Jahresende 2018 die TARGET-Forderungen der Bundesbank 47 % des gesamten Nettoauslandsvermögens von 2051 Mrd. EUR ausmachten. Als herausragender Gläubigerstaat ist mit 213,0 Mrd. EUR (89,2 % an der Bilanzsumme) auch Luxemburg zu nennen. Die größten Kreditpositionen führten die Banca d'Italia mit 482,0 Mrd. EUR (49,8 %) sowie die Banco de España mit 402,0 Mrd. EUR (54,0 %). Die Bank of Greece besaß einen Negativsaldo in Höhe von 28,6 Mrd. EUR (26,2 %). Auch aufgrund der Anleihekaufprogramme der EZB stieg der TARGET2-Saldo für Deutschland weiter auf 1150 Mrd. EUR (31.01.2022) an. Indem über Frankfurt bspw. britische Investoren italienische Staatsanleihen an die Banca d'Italia abgeben, erhöhen sich die deutschen TARGET2-Forderungen.

Diese Daten belegen eine starke Diskrepanz in der Inanspruchnahme des TARGET-Systems für eine nationalautonom initiierte Geldschöpfung einzelner kreditnehmender Eurostaaten und sind Ausdruck einer Krise in einem nicht-optimalen Währungsraum. Gegen eine Interpretation als Kriseninstrument spricht jedoch die Funktion von TARGET als transeuropäisches Zahlungsabwicklungsinstrument. Hansen und Meyer (2019) haben hierzu einen pragmatischen Vorschlag der Abgrenzung zwischen reinen Zahlungsabwicklungs-Aktivitäten und einem Krisen-Kreditinstrument entwickelt. Sie legen als Referenz einen *zahlungsabwicklungsbedingten Normalzustand* zugrunde. Vom Start des Eurosystems 1999 bis zur Finanzmarktkrise 2008 bewegten sich die TARGET-Salden für alle Länder im niedrigen, unauffälligen Bereich. Die 100-Mrd.-EUR-Grenze überschritt Deutschland als einziges Land erstmalig im Februar 2008. Definiert man deshalb – im Rahmen eines Gedankenexperiments – den Median der TARGET-Salden vom Beitritt bis zum Stand 31.12.2008 als den zahlungsverkehrsbedingten Normalsaldo eines Euro-Mitgliedstaates, so wären die Differenzbestände zu den aktuellen Salden ab 2009 den nicht-geldpolitischen, eher krisenbedingten Aktivitäten zuzurechnen.

TARGET2-Saldo am Beispiel
Am Beispiel des griechischen Logistikunternehmens Geodis, das einen Mercedes-Actros-Lkw aus Deutschland für 100.000 EUR beziehen will, sollen die Vorgänge hinsichtlich der Schaffung nationalen Zusatzgeldes analysiert werden (Sinn & Wollmershäuser, 2011, S. 13 f.). Über das Konto der Alpha Bank weist Geodis den Kaufpreis an den deutschen Händler an. Die Ausführung der Überweisung macht ein ausreichendes Guthaben an *Zentralbankgeld* bei der Alpha Bank notwendig. Hierzu bestehen verschiedene Möglichkeiten:

a) Die Bank verfügt über ein Zentralbankguthaben bei der Bank of Greece.
b) Die Bank kann sich auf dem Interbankenmarkt mit Zentralbankgeld versorgen und damit ihr Konto bei der Bank of Greece auffüllen.
c) Die Bank reicht der Notenbank Wertpapiere als Sicherheit ein und bekommt dafür einen regulären Zentralbankkredit.
d) Die Bank gilt als kurzfristig illiquide und bekommt einen ELA-Notkredit bei der Bank of Greece.
e) Die Bank ist überschuldet, bekommt aber trotzdem einen ELA-Notkredit bei der Bank of Greece.

In allen fünf Fällen führt die *Anweisung* des Betrages über die Alpha Bank an die Bank of Greece zu einer *Geldvernichtung* in Griechenland. Umgekehrt findet durch die Zahlung der Bundesbank an die Commerzbank, die den Betrag auf das Konto des Händlers gutschreibt, eine *Geldschöpfung* in Deutschland statt. Die mit dieser Transaktion verbundene TARGET-Forderung der Bundesbank in Höhe von 100.000 EUR gegenüber der griechischen Notenbank wird am Tagesende zu einer Forderung gegenüber der EZB. Entsprechend verhält es sich bei der Bank of Greece mit der TARGET-Verbindlichkeit. In allen Fällen beansprucht die Alpha Bank mehr Zentralbankgeld, als sie für ihre Inlandsgeschäfte benötigt. Nur im Fall a verfügt die Bank über das für die Ausführung notwendige Zentralbankgeld. In allen anderen Fällen b-e muss sich die Bank für das Importgeschäft zusätzliches Basisgeld beschaffen. Über reguläre geldpolitische Refinanzierungsgeschäfte des Eurosystems geschieht dies entweder direkt über die Notenbank (Fall c) oder indirekt über den Interbankenmarkt (Fall b). Erst bei der Vergabe von ELA-Krediten durch die griechische Zentralbank (Fall d/e) hat die griechische Notenbank für eigen *initiiertes nationales Zusatzgeld* gesorgt, wobei der Fall e ein Rechtsverstoß darstellt.[11]

Die obige Feststellung bedarf jedoch einer Relativierung. Die *"besonderen Politiken"* der EZB, wie bspw. eine Vollzuteilung bei einem auf 0,00 %/p. a. abgesenkten Hauptrefinanzierungssatz unter länderspezifisch abgesenkten Sicherheiten, sind vor dem Hintergrund der Banken- und Staatsschuldenkrise auf die Krisenmitglieder ausgerichtet.

---

[11] An dieser Stelle wird wiederum die Verbindung zur ELA-Notfallliquidität deutlich: Ein Teil der TARGET-Salden entsteht erst durch diese besondere nationale Refinanzierungsquelle. Dies unterscheidet die Analyse/Bewertung der TARGET-Salden bei Sinn und Wollmershäuser (2011, S. 1, 10 ff.) Die Autoren stellen ohne eine Unterscheidung zutreffend fest, TARGET-Salden "messen das Zusatzgeld, das ihre Notenbanken über das Maß hinaus verliehen haben, das für die eigene, innere Geldversorgung benötigt wurde." Ebenda, S. 1. Neben dem bei der Bank vorhandenem Zentralbankgeld (Fall a) beschreiben die Fälle b/c jedoch reguläre geldpolitischen Refinanzierungsgeschäfte, die unabhängig vom Einfluss der griechischen Zentralbank durch die Konditionenvorgabe der EZB stattfinden. Erst die Kombination mit ELA-Krediten (Fall d/e) ermöglicht grenzüberschreitende Transaktionen, die regulär nicht stattfinden würden. Kooths und van Roye (2012, S. 523) verweisen in diesem Zusammenhang auf Parallelen zum Greshamschen Gesetz, indem sich die Geldschöpfung zunehmend in diejenigen Länder verlagert, in denen die Sicherheitsstandards für Refinanzierungsgeschäfte abgesenkt werden.

Insofern gelangen die dortigen Banken durch diese Maßnahmen an Refinanzierungen, die sie sonst nicht bekommen würden. Von daher kann man auch hier von *nationalem Zusatzgeld* sprechen, dessen Quantifizierung jedoch schwerfällt, da eine eindeutige Referenz fehlt.

Bewertung der TARGET2-Salden

Problematisch wird dieses nationale Zusatzgeld deshalb, weil die Krisenstaaten hierdurch Importe und Vermögensobjekte/-titel aus den Kernländern erlangen, die sie mangels markgängiger privater Finanzierung sonst nicht erlangen könnten. Darüber hinaus wird die Bundesbank durch das TARGET-System zur Annahme einer Euro-Forderung gegen die EZB genötigt, die als Gegenposition zu einer ebenfalls erzwungenen *sekundären Geldschöpfung* aufgrund der Überweisung des griechischen Importeurs entsteht. Die Geldschöpfung wird als *sekundär* bezeichnet, da die *primäre Geldschöpfung* bereits im Rahmen der Liquiditätsversorgung der Alpha Bank stattfand. Nach der Geldvernichtung durch die Anweisung der Zahlung durch die griechische Notenbank schöpft die Bundesbank in Deutschland quasi zum zweiten Mal und erzwungenermaßen den Betrag als Basisgeld (Sinn & Wollmershäuser, 2011, S. 18 ff.). Der *erzwungene Kapitalexport* ist ein Substitut für den privaten Kapitalexport, der mangels Sicherheiten/Vertrauen nicht stattfindet. Dies kann als ein systemgefährdender Konstruktionsfehler von TARGET2 angesehen werden, der eine Selbstbedienung der Krisenstaaten zulasten der Kernländer ermöglicht (Kooths & van Roye, 2012, S. 520 ff.). Nicht nur die *Werthaltigkeit* der Euro-Forderung steht gerade bei Instabilitäten des Eurosystems infrage. Bei einem Ausfall Griechenlands haftet Deutschland anteilig oder muss im Falle eines Zusammenbruches des Eurosystems einen Totalausfall seiner

TARGET2-Forderungen in Kauf nehmen. Zudem kommt die *niedrige Verzinsung* oder gar Nullverzinsung der TARGET2-Forderung zum Hauptrefinanzierungssatz einer Besteuerung gegenüber privaten Kapitalmarktkonditionen gleich.

Besonders problematisch werden TARGET2-Salden im Zusammenhang mit *ELA-Krediten* (Fall d/e) und einer hierdurch ermöglichten Kapitalflucht. Hierbei finanziert das Eurosystem gegebenenfalls indirekt die Abwicklung einer Bank, die gemäß der Haftungskaskade auch Kunden mit Einlagen über 100.000 EUR treffen würde. Zugleich sichert der Mechanismus die Einlagen der Anleger in Krisenstaaten vor einer Entwertung durch eine drohende Währungsumstellung. Die Beispiele Griechenland (2014/2015) und Zypern (2013) wurden oben ausgeführt.

11.4 ELA, ANFA und TARGET2-Salden im Vergleich

Die nachfolgende Analyse beschränkt sich auf die Krisenjahre 2008 bis 2015. Gemeinsam ist den drei geldpolitischen Maßnahmen eine *Intransparenz* gegenüber der Öffentlichkeit. Bezüglich ANFA ist der tatsächliche Umfang der Wertpapierkäufe in den Jahresabschlüssen zumeist nicht direkt ersichtlich. Zudem sind weder die nationalen Höchstbeträge, noch die Anlagen und deren Gegenpositionen hierzu bekannt. Bei den ELA-Nothilfen als spezielle ANFA-Position sind im Regelfall die vom EZB-Rat genehmigten nationalen Obergrenzen, zumeist der tatsächliche Umfang (Position 6 in den Jahresabschlüssen), nicht aber die Konditionen und die eingereichten Sicherheiten öffentlich. Als Eigengeschäfte werden die Anlagen beider Maßnahmen in den jeweiligen nationalen Jahresabschlüssen als Sammelpositionen ausgewiesen. Auf die Höhe der TAR-GET2-Forderungen/Verbindlichkeiten verweist die EZB lediglich in ihren Erläuterungen zum Jahresabschluss.[12] Die nationalen TARGET2-Nettosalden sind den Bilanzen jeder NZB zu entnehmen.

Zwar gelten die International Financial Reporting Standards (IFRS) grundsätzlich auch für die Rechnungslegung im Eurosystem und wurden in zwei Leitlinien der Europäischen Zentralbank zur Rechnungslegung 2010 und 2015 umgesetzt. Allerdings sind nicht alle Regelungen für die nationalen Jahresabschlüsse bindend. Abweichungen auch hinsichtlich der verpflichtenden Angaben bestehen vor allem bei der Banque de France sowie der Central Bank of Ireland. Hinzu kommt ein Wechsel der Bilanzierungsregeln in den Jahren 2008, 2009, 2010 sowie 2012, der einen Vergleich verschiedener Jahre erschwert. Erst ab dem Jahr 2012 lassen sich einzelne Bilanzpositionen der ELA-Notliquidität (Position 6) sowie den ANFA-Eigengeschäften (vor allem die Positionen 7.2 und 11.3 der NZBen sowie 7.2 und 9 des konsolidierten Eurosystems) eindeutig zuordnen (Hoffmann, 2015, S. 180, 183, 200, 235).

Gemäß dem *Brutto-Konzept*[13] sind von vor Beginn der Finanzmarktkrise 2005 bis Ende 2011 die *Wertpapierbestände im Eigenportfolio* (ANFA-Aktiva) der NZBen des Euroraumes von 632,7 Mrd. EUR um 963,2 Mrd. EUR auf 1595,9 Mrd. EUR angestiegen. Ende 2015 betrugen sie 1419,0 Mrd. EUR, was unter anderem auf die gesunkenen

---

[12] Siehe Europäische Zentralbank (2015d, S. 40). Erst seit September 2015 führt die EZB eine öffentlich zugängliche Statistik der monatlichen TARGET2-Salden der Euro-Mitgliedstaaten (European Central Bank, 2016). Bis zu diesem Zeitpunkt wurden sie vom Institut für empirische Wirtschaftsforschung an der Universität Osnabrück (2016) öffentlich bereitgestellt.

[13] Das Brutto-Konzept umfasst die ANFA-Aktiva (Positionen 1 bis 4, 5.6, 6, 7 (bis 2007), 7.2 (ab 2008) und 9 der konsolidierten Bilanz des Eurosystems). Das Nettokonzept umfasst die ANFA-Aktiva abzüglich der ANFA-Passiva (Positionen 2.5 sowie 3 bis 12).

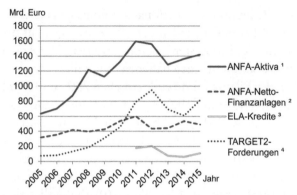

Mrd. Euro

Abb. 11.4   Nationales Zusatzgeld der NZBen des Euroraumes und TARGET2-Saldo gemäß dem Ausweis der konsolidierten Bilanz des Eurosystems.
Quelle: EZB-Jahresberichte (jeweils aktuellste Zahlen), eigene Berechnungen

ELA-Nothilfen zurückzuführen ist (siehe Abb. 11.4). Das Brutto-Konzept gibt Aufschluss über die tatsächlichen national-autonomen Wertpapier-Ankaufaktivitäten der NZBen. Da hiermit im Regelfall Zinserträge verbunden sind, gibt deren Umfang zugleich Hinweise auf die national-internalisierte Seigniorage. Darüber hinaus wird über diesen Ansatz die Art der Wertpapierkäufe, beispielsweise der Umfang angekaufter Staatsanleihen, zugänglich. Demgegenüber vertritt die EZB das *Netto-Konzept*. Sie rechtfertigt das Netto-Konzept damit, dass das Aufrechnen aller nicht mit der Geldpolitik zusammenhängenden Aktiva und Passiva die gesamte Liquidität misst, die eine Zentralbank über ihre nicht geldpolitischen Operationen bereitstellt (Europäische Zentralbank, 2015c). Demnach stiegen die *ANFA-Netto-Finanzanlagen* in dem betrachteten Zeitraum 2005 bis 2011 von 314,8 Mrd. EUR auf 599,8 Mrd. EUR und beliefen sich 2015 auf 489,7 Mrd. EUR.

Um die Bedeutung der national-autonom geschaffenen Liquidität zu beurteilen, sollen die ANFA-Anlagen auf die Bilanzsumme des Eurosystems bezogen werden. Der Anteil der national-autonom geschaffenen Liquidität (Netto-ANFA) an der Bilanzsumme sank zwischen 2005 und 2008 zunächst von 30,3 % auf 19,0 %. Der Wert stieg dann wieder bis auf 26,8 % (2010) und belief sich 2014 auf 24,3 %. Ende 2015 sank er auf 17,6 %. Entsprechend dem Brutto-Konzept betrug die national-autonom geschaffene Liquidität (Brutto-ANFA-Aktiva) an der Bilanzsumme 60,9 % (2005), stieg auf 66,0 % (2010) und belief sich 2014 auf 61,6 %. 2015 sank der Anteil auf 51,0 %. Die Kennzahlen spiegeln die Krise des Eurosystems allerdings nur bedingt wider, da die Bilanzsumme als Basiswert entsprechend den Liquiditätserfordernissen ausgeweitet bzw. angepasst wurde.

Die *TARGET2-Forderungen bzw. Verbindlichkeiten (netto)* sind von den Eigenportfolios getrennt zu betrachten, da sie zum einen überwiegend auf einer regulären Refinanzierung durch die NZBen beruhen, zum anderen eine Überlagerung mit der außergewöhnlichen Refinanzierung über ELA-Kredite stattfindet. Aufgrund der erzwungenen sekundären Geldschöpfung bei der TARGET-finanzierenden NZB zählen diese Salden dennoch zu den "besonderen Geldpolitiken" national-autonom initiierter Geldschöpfung der Notenbank des importierenden Landes und können damit im weiteren Sinne dem nationalen Zusatzgeld zugerechnet werden. Die TARGET2-Salden stiegen in dem Zeitraum von 71,5 Mrd. EUR (2005) auf 946,1 Mrd. EUR (2012) und fielen wieder auf 812,7 Mrd. EUR (2015) (siehe Abb. 11.4).[14] Der Anteil an

---

[14] Im Regelfall weichen die Forderungen und die Verbindlichkeiten aus TAR-GET2 bei der EZB voneinander ab. Hintergrund sind vornehmlich geldpolitische Transaktionen zwischen der EZB und den NZBen. So weist die Europäische Zentralbank (2009, S. 246, 248) für das Jahr 2008 unter der Position

der Bilanzsumme des Eurosystems stieg entsprechend von 6,9 % (2005) auf 31,9 % (2012) und sank leicht auf 29,2 % (2015). Auf die aktuelle Entwicklung wurde bereits oben hingewiesen.

Die national-autonome Geldschöpfung erzeugt *nationales Zusatzgeld* weitgehend unabhängig von der EZB. Im engeren Sinne trifft dies zwar nur bei Geschäften auf Rechnung und Risiko der nationalen Notenbank zu, d. h. auf ANFA und speziell auf ELA. Im weiteren Sinne sind jedoch auch die negativen TARGET2-Salden der NZBen nationales Zusatzgeld, soweit die "besonderen Politiken" der EZB (quantitatives/qualitatives Easing) hier einen Anstieg der Geldschöpfungsaktivitäten – gerade mit Blick auf die Krisenländer – möglich machen. Im Ergebnis ist die Währungsunion eine *Geldannahmegemeinschaft,* aber keine vollständige *Emissionsgemeinschaft.* Dies führt dann zu Gefahren, wenn eine gemeinsame Zielvorstellung fehlt und/oder die fiskalisch-ökonomische Heterogenität der Mitgliedstaaten nationalen Interessen Vorrang gebietet: die Substitution einer marktlich-fiskalischen Staatsfinanzierung über Steuern und Marktkredite durch eine fiskalisch-unterstützte sowie eine rein monetäre (Zwischen-)Finanzierung des Staatshaushalts; die Rettung überschuldeter Banken sowie die Finanzierung einer Kapitalflucht/eines Bank runs; die Erzielung nationale Seigniorage. Theurl (2012, S. 69) verweist auf ähnliche Strukturelemente historischer Währungsunionen, die eine wesentliche Ursache ihres Zu-

---

Sonstige Intra-Eurosystem-Forderungen (netto) Back-to-back-Swapgeschäfte im Zusammenhang mit liquiditätszuführenden Transaktionen in US-Dollar zwischen der EZB und den NZBen im Volumen von 234,1 Mrd. EUR aus. Diese erklären die außergewöhnlich hohe Differenz zwischen den Forderungen an die NZBen des Euroraums (420,8 Mrd. EUR) und den Verbindlichkeiten gegenüber den NZBen des Euroraums (185,5 Mrd. EUR) aus dem TARGET2-Zahlungsverkehr fast vollständig. Die hier und in der Abb. 11.4 gewählten Daten sind die Verbindlichkeiten der EZB, entsprechend die Forderungen der NZBen des Eurosystems aus TARGET2.

sammenbruches darstellten – so bspw. die Kronenzone (1918) und die Rubelzone nach dem Zerfall der Sowjetunion (1991).

Welche *Folgen* hat das nationale Zusatzgeld insbesondere in den Krisenstaaten und für die EWU?

1. Tendenziell niedrigere Zinsen steigern die Kreditnachfrage seitens des Krisenstaates sowie der dortigen Unternehmen. Für den Fiskus führt der Ankauf von eigenen Staatsanleihen durch die NZB im Rahmen von ANFA zu einer *Quasi-Nullzins-Finanzierung,* da die Zinserträge dem Staatshaushalt wieder zufließen. Die Einreichung von Staatspapieren als Pfänder für Refinanzierungskredite bei ELA und TARGET2 begünstigt den *Absatz neuer Staatsschuldpapiere,* die sonst keine Käufer gefunden hätten.

2. Gemäß der volkswirtschaftlichen Verwendungsrechnung finanziert die Ersparnis der privaten Haushalte und der Unternehmen die volkswirtschaftlichen Nettoinvestitionen, ein Staatsdefizit sowie einen Exportüberschuss. Der erzwungene Kapitalexport der Kernländer zugunsten einer Finanzierung der Importüberschüsse der Krisenstaaten ermöglicht diesen deshalb einen *Ressourcenzufluss,* der a) die inländische Ersparnis substituiert, b) ein Defizit des Staatshaushaltes ermöglicht sowie c) inländische Nettoinvestitionen finanziert. Der Bevölkerung des Krisenstaates werden weniger Lasten abverlangt als es marktliche Bedingungen notwendig machen würden.

3. Die Verwendung des Zusatzgeldes zugunsten der inländischen Nachfrage führt tendenziell zu *Lohn- und Preissteigerungen* im Krisenstaat. Die Wettbewerbsfähigkeit gegenüber dem Ausland sinkt.

4. Würde die primäre Geldschöpfung nicht im Krisenstaat im Rahmen der TARGET2-Kredite über eine Be-

sicherung mit heimischen Staatstiteln, sondern in den Kernländern über die Einreichung von Anleihen dortiger Unternehmen stattfinden, würde deren Kreditzugang erleichtert werden. Investitionen von Unternehmen der Kernländer werden deshalb erschwert. Die TARGET2-Salden beeinflussen somit auch den *Kreditzugang* und die *Produktion* im Euroraum (Sinn & Wollmershäuser, 2011, S. 29).

5. Durch die Schöpfung nationalen Zusatzgeldes fließen der NZB *Seigniorage-Erträge* zu (ANFA, ELA) und/oder die Refinanzierung erfolgt zu *vergünstigten Konditionen* (ELA, TARGET2). Die nationale Geld-/Kreditschöpfung kommt einer *quasi-gesamtschuldnerischen Haftung* von Eurobonds gleich. Bei einer Staatsinsolvenz haften die Eurostaaten anteilig gemäß ihrem Kapitalschlüssel. Kommt es gar zu einer Auflösung der Eurozone, fällt die EZB bzw. das ESZB als Kontrahent ganz aus. Damit entsteht im Falle von Verhandlungen über Euro-Rettungshilfen der Mitgliedstaaten oder gar Austrittsverhandlungen ein hohes Erpressungspotenzial der Krisenstaaten (Kooths & van Roye, 2012, S. 524).

Ergebnis: Das nationale Zusatzgeld führt zu einer *Krisenperpetuierung* und gegebenenfalls sukzessiver *Krisenintensivierung*. Es entbindet von den Kosten und Sanktionen einer regelwidrigen Staatsschulden- und nicht wettbewerbskonformer Wirtschaftspolitik. Die Währungsunion kann im Sinne nationaler Interessen in Verbindung mit einer Kostenexternalisierung für einen nicht regelkonformen *Bail out für Banken und Staaten* missbraucht werden. Einher geht ein hohes Erpressungspotenzial für zukünftige Rettungshilfen.

11.5 Handlungsoptionen

Lässt man die Möglichkeit einer politischen Union mit fiskalischer Zentralisierung in Verbindung mit erheblichen regionalen Umverteilungen – so der Vorschlag der Europäischen Kommission (2015) – als derzeit eher unrealistischen Alternative außer Acht, so bedarf es strenger, mit Sanktionen belegten Verhaltensregeln, die eine Verletzung monetärer Ordnungsinterdependenzen durch eine Aushöhlung des Zentralbankgeldschaffungsmonopols unmöglich machen (Theurl, 2012, S. 69 ff.). Die Geldannahmegemeinschaft muss wieder zu einer *vollständigen Emissionsgemeinschaft* werden, indem die Geldemission ausschließlich zentral durch das ESZB durchgeführt und kontrolliert wird. Dies betrifft sowohl institutionelle Konstruktionsfehler als auch Managementfehler "im Krisenmodus", die auf eine fiskalisch motivierte, die Unabhängigkeit der EZB gefährdende Geldpolitik hinauslaufen. Was heißt das für die Möglichkeiten des nationalen Zusatzgeldes?

ELA-Notkredite: Eine völlige Suspendierung der ELA-Notkredite hätte gegebenenfalls hohe volkswirtschaftliche Kosten zur Folge. Im Fall einer nicht selbst verschuldeten, kurzfristigen Instabilität einzelner Großbanken könnte bei ausbleibenden Liquiditätshilfen die Finanzstabilität des gesamten Bankensektors eines Landes oder sogar der Eurozone gefährdet werden. Um einen Missbrauch hinsichtlich der Stützung insolventer Banken oder einer monetären Zwischenfinanzierung der Staaten entgegenzutreten, wären jedoch folgende Restriktionen überlegenswert:

1. In Anlehnung an Art. 10.3 EZB-Satzung sollte der Beschluss "im EZB-Rat nach den Anteilen der nationalen Zentralbanken am gezeichneten Kapital der EZB gewogen" werden und für die Genehmigung konkreter ELA-Kredite eine Zweidrittelmehrheit notwendig sein.

Begründung: Die dort vorgesehene Stimmengewichtung entspräche dem Haftungsschlüssel bei ausfallenden Staaten, wobei die Stimmen der EZB-Direktoren mit Null zu gewichten wären. Für den Gegenbeschluss einer sofortigen Aufhebung sollte eine einfache Mehrheit genügen. Dies würde den Zugang eines Landes zu ELA-Krediten erschweren.

2. Um eine Inanspruchnahme seitens der in Liquiditätsnöten befindlichen Bank zu ermöglichen, müssten zwar die Sicherheiten der eingereichten Pfänder gegenüber einer herkömmlichen Refinanzierung abgesenkt werden. Da die Bank jedoch als solvent gilt, könnte der Kreditzins entsprechend der eingereichten Sicherheiten einen Risikoaufschlag enthalten. Ein subventionierter Zins wäre nicht zu rechtfertigen.

3. Es sollte uneingeschränkte Transparenz gegenüber der Öffentlichkeit bestehen.

ANFA: Die ANFA-Geschäfte müssen "mit den Zielen und Aufgaben des ESZB vereinbar" sein (Art. 14.4 EZB-Satzung). Juristisch gesehen dürften sie damit solange nicht angreifbar sein, wie eine Billigung des EZB-Rates vorliegt und kein Verstoß gegen Art. 123 AEUV besteht. Im Gegensatz zu den ELA-Krediten steht die ökonomische Notwendigkeit der weiteren ANFA-Eigengeschäfte grundsätzlich infrage. So ist kaum einsichtig, warum Rückstellungen für Pensionen und Beihilfen über eine eigene Geldschöpfung (Bilanzverlängerung) finanziert werden. Die Alternative wäre eine Alimentierung aus dem Jahresüberschuss bzw. aus den Rücklagen der NZB (Passivtausch). Das Grundkapital der NZB kann über Steuermittel des Staates aufgebracht und eingestellt werden. Lediglich für die Gegenposition der Einstellung des Jahresüberschusses in die Rücklagen wäre ein Wertpapierkauf im Rahmen eines Eigengeschäftes notwendig. Der Ankauf von nationalen Währungsreserven könnte über einen Aktivtausch statt-finden. Der Begriff der "allgemeinen Anlagezwecke" (Europäische Zentralbank, 2015c) erscheint daher eher als ein Restposten für nicht näher begründbare nationale Geld-schöpfungen (Bilanzverlängerung).

TARGET2-Salden: Ohne die TARGET-Salden müssten die Defizite der Leistungsbilanz eines Landes den markt-fähigen Kapitalimporten entsprechen. So sind beispiels-weise in den USA negative Salden des Interdistrict Settle-ment Accounts durch *Goldzertifikate* oder goldgedeckte, marktfähige Wertpapiere mit üblicher Verzinsung abzu-lösen (Sinn & Wollmershäuser, 2011, S. 4, 41 f., 48 ff.). Im Rahmen der Lockerung der Kreditpolitik ist diese strenge Regel allerdings erheblich aufgeweicht worden. So werden auch US-Staatsanleihen sowie hypothekenbesicherte Wert-papiere anerkannt. Die Marktgängigkeit der Schuldver-schreibungen als wesentlicher Unterschied zum TAR-GET2-System bleibt jedoch weiterhin bestehen. Eine entsprechende TARGET-Regel würde nicht nur den Res-sourcen abgebenden Mitgliedstaat schützen, sondern auch automatisch zu einem Rückgang der Importüberschüsse des Krisenstaates führen. In Anlehnung an diese Regelung sollten die zum relativ niedrigen Hauptrefinanzierungssatz verzinsten TARGET2-Salden mindestens einmal jährlich durch marktgängige, sichere und gegebenenfalls besicherte Wertpapiere abgelöst werden. Wesentliches Kriterium ist die *Marktgängigkeit* der Forderung, denn diese garantiert eine marktliche Bewertung des Vermögenswertes, der als Gegenwert für den Importüberschuss geleistet wird. Das unterschiedliche Risiko des Wertpapieres würde sich im Zins bzw. im Kurswert widerspiegeln. Da hochspekulative Schuldpapiere aber zumeist bei starker Schwankung auf eine gewisse Marktenge treffen, ist auch das Kriterium der *Sicherheit* durchaus von Relevanz. Eine *Realwertsicherung* durch goldbesicherte Wertpapiere wie historisch in den

USA oder über immobilienbesicherte Pfandbriefe ist bei Wertverfall der Sicherheit demgegenüber ein eher vernachlässigbares Kriterium. Für weitere Lösungsmöglichkeiten siehe Kap. 14.

11.6 Zusammenfassung

ELA-Notkredite, ANFA und die TARGET2-Salden ermöglichen den NZBen die Ausgabe von nationalem Zusatzgeld, das unter anderem der monetären (Zwischen-)Finanzierung von Krisenstaaten und/oder der Unterstützung insolventer Banken dient. Darüber hinaus finanziert es Kapitalflucht und gewährt einen subventionierten Kreditzugang für Importe. Das nationale Zusatzgeld unterstützt eine Krisenperpetuierung und mindert die Anreize für Anpassungen. Die mit der Geldschöpfung der NZB einhergehende Seigniorage wird von ihr vereinnahmt. Demgegenüber fällt die Haftung bei einer Insolvenz des Krisenstaates den Euro-Mitgliedstaaten anteilig zu. Anhand ausgewählter Krisensituationen wurde gezeigt, dass der EZB-Rat seine Kontrollfunktion nicht wahrgenommen hat und teilweise wissentlich gegen den AEUV, die EZB-Satzung sowie interne, selbst gesetzte Vorgaben verstoßen hat. Die Behebung dieser strukturellen Ordnungsmängel sollte eine Kongruenz von Geldannahmegemeinschaft und vollständiger Emissionsgemeinschaft im Fokus haben.

Literatur

Artikel und Monografien

Deutsche Bundesbank. (2015a). *Monatsbericht Februar 2015, 67*(2), 25–39.
Deutsche Bundesbank. (2015b). *Geschäftsbericht 2014*. Deutsche Bundesbank.

Deutsche Bundesbank. (2016a). Zur Bedeutung und Wirkung des Agreement on Net Financial Assets (ANFA) für die Implementierung der Geldpolitik. *Monatsbericht März 2016, 68*(3), 87–97.

Deutsche Bundesbank. (2016b). *Geschäftsbericht 2015*. Deutsche Bundesbank.

Europäische Kommission. (2015). Die Wirtschafts- und Währungsunion Europas vollenden, vorgelegt von Jean-Claude Juncker in enger Zusammenarbeit mit Donald Tusk, Jeroen Dijsselbloem, Mario Draghi und Martin Schulz, o. O.

Europäische Zentralbank. (2009). *Jahresabschluss 2008*. Europäische Zentralbank.

Europäische Zentralbank. (2013). *Jahresbericht 2012*. Europäische Zentralbank.

Europäische Zentralbank. (2015a). Verfahren für die Gewährung von Notfall-Liquiditätshilfe (Emergency Liquidity Assistance – ELA). https://www.ecb.europa.eu/pub/pdf/other/201402_elaprocedures.de.pdf?1d27f62d7c0f2824d59d593f9c758604. Zugegriffen am 22.12.2015.

Europäische Zentralbank. (2015b). *Konsolidierte Bilanz des Eurosystems zum 31. Dezember 2014*. Europäische Zentralbank.

Europäische Zentralbank. (2015c). Was bedeutet ANFA? http://www.ecb.europa.eu/explainers/tell-me-more/html/anfa_qa.de.html. Zugegriffen am 08.02.2016.

Europäische Zentralbank. (2015d). *Jahresabschluss 2014*. Europäische Zentralbank.

Europäische Zentralbank. (2015e). EZB erläutert Vereinbarung über Netto-Finanzanlagen (ANFA). http://www.ecb.europa.eu/press/pr/date/2016/html/pr160205.de.html. Zugegriffen am 08.02.2016.

Europäische Zentralbank. (2016). *Konsolidierte Bilanz des Eurosystems zum 31. Dezember 2015*. Europäische Zentralbank.

European Central Bank. (2016). TARGET Balances. http://sdw.ecb.europa.eu/reports.do?node=1000004859. Zugegriffen am 15.01.2019.

Hansen, A., & Meyer, D. (2019). ANFA und die Anleihekaufprogramme – Gefahr für die Unabhängigkeit der EZB? *Zeitschrift für das gesamte Kreditwesen., 72*(21), 20–25. https://www.kreditwesen.de/kreditwesen/themenschwerpunkte/aufsaetze/anfa-anleihekaufprogramme-gefahr-fuer-unabhaengigkeit-ezb-id60204.html. Zugegriffen am 08.02.2022.

Häring, N. (15. Dezember 2015). Warum das heimliche Gelddrucken in Rom und Paris wichtig ist. Handelsblatt, Düsseldorf. http://norberthaering.de/de/27-german/news/514-anfa. Zugegriffen am 08.01.2016.

Hoffmann, D. (2015). *Die EZB in der Krise*. Dissertation.

Institut für empirische Wirtschaftsforschung an der Universität Osnabrück. (2016). Euro crisis monitor. http://www.eurocrisismonitor.com/Data.htm. Zugegriffen am 27.01.2016.

König, P., & Bernoth, K. (2016). The Eurosystem's Agreement on Net Financial Assets (ANFA): Covert Monetary Financing or Legitimate Portfolio Management? *DIW. Economic Bulletin, 12 + 13*, 141–150.

Kooths, S., & van Roye, B. (2012). Nationale Geldschöpfung zersetzt den Euroraum. *Wirtschaftsdienst, 92*(8), 520–526.

Meyer, D. (2012a). *EURO-Krise – Austritt als Lösung?, Reihe Wirtschaft aktuell* (Bd. 1). LIT.

Meyer, D. (Hrsg.). (2012b). *Die Zukunft der Währungsunion – Chancen und Risiken des Euros, Reihe Wirtschaft aktuell (Bd. 2)*. LIT.

Meyer, D. (2015). Comment on Adalbert Winkler, The ECB as Lender of Last Resort: Banks versus Governments. *Jahrbücher für Nationalökonomie und Statistik, 235*(*3*), 345–347.

Meyer, D. (2016a). Euro-Geldschöpfung durch die Mitgliedstaaten – Gefahren aus nationalem Zusatzgeld. *ifo-schnelldienst, 69*(6), 30–40. http://www. cesifo-group.de/de/ifoHome/publications/docbase/DocBase_Content/ZS/ ZS-ifo_Schnelldienst/zs-sd-2016/zs-sd-2016-06/11012016006005.html. Zugegriffen am 08.02.2022.

Meyer, D. (2016b). ANFA-Protokoll – Gefahren für die Währungsunion durch nationale Geldschöpfung. *Orientierungen zur Wirtschafts- und Gesellschaftspolitik, 143*(2), 70–77.

Meyer, D. (2016c). ANFA – Nationale Geldschöpfung als Sprengsatz für die Währungsunion? *Wirtschaftsdienst, 96*(6), 413–421. https://doi. org/10.1007/s10273-016-1991-3. Zugegriffen am 08.02.2022.

Plickert, P. (15. Januar 2013a). Zyperns Banken auf Notkredit angewiesen. *Frankfurter Allgemeine Zeitung,* 9.

Plickert, P. (25. Juni 2013b). Kritik an EZB-Notkrediten für Pleitebank auf Zypern. *Frankfurter Allgemeine Zeitung,* 11.

Plickert, P. (25. Juni 2015a). Konkursverschleppung durch die EZB. *Frankfurter Allgemeine Zeitung,* 15.

Plickert, P. (10. Dezember 2015b). Bundesbank: Aus „Anfa" kein Geheimnis machen. *Frankfurter Allgemeine Zeitung,* 23.

Sinn, H.-W., & Wollmershäuser, T. (2011). *Target-Kredite, Leistungsbilanzsalden und Kapitalverkehr: Der Rettungsschirm der EZB* (ifo Working Paper No. 105). München.

Theurer, M., & Ruhkamp, S. (8. Februar 2013). Irland bekommt 25 Jahre Zahlungsaufschub. *Frankfurter Allgemeine Zeitung,* 13.

Theurer, M., Kafsack, H., & Ruhkamp, S. (30. Januar 2013). Hilfe für den Musterschüler. *Frankfurter Allgemeine Zeitung,* 11.

Theurl, T. (2012). Die Zukunft des Euro. In D. Meyer (Hrsg.), *Die Zukunft der Währungsunion – Chancen und Risiken des Euros, Reihe Wirtschaft aktuell* (Bd. 2, S. 61–81). LIT.

Varoufakis, Y. (2015). Blogbeitrag. http://yanisvaroufakis.eu/. Zugegriffen am 08.02.2016.

Winkler, A. (2015). The ECB as Lender of Last Resort: Banks versus Governments. *Jahrbücher für Nationalökonomie und Statistik, 235*(*3*), 329–338.

Rechtsquellen

Agreement of 19. November 2014 on net financial assets (ANFA-Abkommen). http://www.ecb.europa.eu/ecb/legal/pdf/en_anfa_agreement_19nov2014_f_sign.pdf?208a41defab3909e542d83d497da43d2. Zugegriffen am 08.02.2016.

Hansen, A., & Meyer, D. (2017a). ANFA – A National Licence to Print Money within the Eurosystem? *Journal of International Banking Law & Regulation, 32*(12), 513–525. https://leronglu.com/2017/11/14/index-journal-of-international-banking-law-regulation-2017-vol-3210-12/. Zugegriffen am 08.02.2022.

Hansen, A., & Meyer, D. (2017b). ANFA – National Money Creation as an Existential Threat to the Currency Union? *Intereconomics, 52*(4), 230–237. https://doi.org/10.1007/s10272-017-0680-9. und https://archive.intereconomics.eu/year/2017/4/. Zugegriffen am 08.02.2022.

Leitlinie (EU) 2015/1197 der Europäischen Zentralbank vom 2. Juli 2015 zur Änderung der Leitlinie EZB/2010/20 über die Rechnungslegungsgrundsätze und das Berichtswesen im Europäischen System der Zentralbanken (EZB/2015/24).

Leitlinie der Europäischen Zentralbank. vom 11. November 2010 über die Rechnungslegungsgrundsätze und das Berichtswesen im Europäischen System der Zentralbanken (Neufassung) (EZB/2010/20).

Leitlinien der Europäischen Zentralbank. vom 20. Februar 2014 über Inlandsgeschäfte zur Verwaltung von Aktiva und Passiva durch die nationalen Zentralbanken (EZB/2014/9) (2014/304/EU).

Protokoll. (Nr. 4) über die Satzung des Europäischen Systems der Zentralbanken und der Europäischen Zentralbank (EZB-Satzung).

Protokoll. (Nr. 13) über die Konvergenzkriterien.

Protokoll. (Nr. 15) über einige Bestimmungen betreffend das Vereinigte Königreich Grossbritannien und Nordirland.

Protokoll. (Nr. 16) über einige Bestimmungen betreffend Dänemark.

Vertrag über die Arbeitsweise der Europäischen Union (AEUV), Fassung aufgrund des am 1.12.2009 in Kraft getretenen Vertrages von Lissabon (Konsolidierte Fassung bekanntgemacht im ABl. EG Nr. C 115 vom 9.5.2008, S. 47) zuletzt geändert durch die Akte über die Bedingungen des Beitritts der Republik Kroatien und die Anpassungen des Vertrags über die Europäische Union, des Vertrags über die Arbeitsweise der Europäischen Union und des Vertrags zur Gründung der Europäischen Atomgemeinschaft (ABl. EU L 112/21 vom 24.4.2012) m. W. v. 1.7.2013.

Vertrag über die Europäische Union (EUV), Fassung aufgrund des am 1.12.2009 in Kraft getretenen Vertrages von Lissabon (Konsolidierte Fassung bekanntgemacht im ABl. EG Nr. C 115 vom 9.5.2008, S. 13), zuletzt geändert durch die Akte über die Bedingungen des Beitritts der Republik Kroatien und die Anpassungen des Vertrags über die Europäische Union, des Vertrags über die Arbeitsweise der Europäischen Union und des Vertrags zur Gründung der Europäischen Atomgemeinschaft (ABl. EU L 112/21 vom 24.4.2012) m. W. v. 1.7.2013.

12

PSPP-Ankäufe als nationales Zusatzgeld mit geldpolitischer Relevanz: Eine Neuinterpretation der ANFA-Bestände aus aktuellem Anlass

Das ANFA-Abkommen (Agreement on Net Financial Assets) ermöglicht den nationalen Zentralbanken des Euroraumes Eigenanlagen abseits geldpolitischer Zwecke zugunsten nationaler, auch fiskalischer Aufgaben, soweit diese mit den geldpolitischen Zielen und Aufgaben des Europäischen Systems der Zentralbanken (ESZB) vereinbar sind. Der Beitrag geht der Frage nach, inwieweit die PSPP-Staatsanleihekäufe (Public Sector Purchase Programme) sachlich-funktional zu den ANFA-Eigenanlagen rechnen. Sodann werden die Wirkungen auf die geldpolitische Steuerung des ESZB unter Einbezug der PSPP-Ankäufe untersucht. Die Ergebnisse der Analyse erlangen vor dem Hintergrund des Urteils des Bundesverfassungsgerichtes v. 5. Mai 2020 eine besondere Relevanz. Die weiteren Ausführungen gründen weitgehend auf Hansen und Meyer (2020a) (siehe auch Kap. 11.2).

D. Meyer, *Europäische Union und Währungsunion in der Dauerkrise I*, https://doi.org/10.1007/978-3-658-35715-3_12

12.1 Neubewertung der PSPP-Ankäufe: fiskalisch-wirtschaftspolitisch statt geldpolitisch

Als eine grundlegende Stabilitätsvoraussetzung einer Währungsunion gilt der Grundsatz der *Kongruenz von Emissions- und Geldannahmegemeinschaft.* Deshalb zählt die Währungspolitik für die Euro-Mitgliedstaaten zu den ausschließlichen Unionszuständigkeiten (Art. 3 Abs. 1 lit c Vertrag über die Arbeitsweise der Europäischen Union, AEUV). Diese Zentralität verhindert eine Aushöhlung des Zentralbankmonopols der Geldschaffung durch einzelne Staaten. Ein historisches Gegenbeispiel bieten die Kronen- (1918) und die Rubelzone (1991), wo eine nationalisierte Zentralbankgeldschaffung zum Auseinanderbrechen führte (Theurl, 2012, S. 69 ff.). Gemäß Art. 127 Abs. 1 AEUV obliegt es dem Europäischen System der Zentralbanken (ESZB), "die Geldpolitik der Union festzulegen und auszuführen". Bei zentraler Leitungsinstanz durch das Direktorium sowie die Präsidenten aller nationalen Zentralbanken (NZBen) ist die Aufgabenteilung zwischen der Europäischen Zentralbank (EZB) und den NZBen Ausdruck einer dezentral-föderalen Struktur, so im Falle der Bankenaufsicht, der Sicherstellung der Finanzstabilität und der statistischen Datenerfassung praktiziert. Auf der Grundlage von Art. 12 Abs. 1 ESZB-Satzung kann der EZB-Rat zudem Leitlinien und Beschlüsse erlassen, "die notwendig sind, um die Erfüllung der dem ESZB nach den Verträgen und dieser Satzung übertragenen Aufgaben zu gewährleisten" – dies trifft auch auf das sog. ANFA-Abkommen zu. Gemäß den dortigen Regularien können die NZBen innerhalb von Grenzen eine *national separierte und ggf. erweiterte Geld-*

schöpfung abseits des gemeinschaftlich agierenden Euro-systems auf eigene Rechnung vornehmen (Deutsche Bundesbank, 2016; Europäische Zentralbank, 2016). Hierzu zählen Aktiva- und Passiva-Geschäfte, mit denen keine geldpolitische Zwecke verfolgt werden, sondern na-tionale, also auch fiskalischen Aufgaben angestrebt werden. Allerdings müssen diese Aktivitäten mit den geldpolitischen Zielen und Aufgaben des ESZB vereinbar sein.

Nun stellt sich die Frage, welche Geschäfte/Bilanz-positionen zu diesen ANFA-Geschäften rechnen (Hansen & Meyer, 2019a, S. 21 f.). In Annex 1 des ANFA-Abkommens sind die Eigengeschäfte als Nettogröße in Gestalt der Netto-finanzanlagen (NFA) eindeutig in Bilanzpositionen hinter-legt – im Weiteren als originäre NFA bezeichnet. Demge-genüber werden die Ankäufe des Anleihekaufprogramms PSPP (Public Sector Purchase Programme) bspw. unter der Position Aktiva 7.1 "Wertpapiere für geldpolitische Zwecke" ausgewiesen. Funktional ist diese bilanziell-formale Zu-rechnung jedoch generell zu hinterfragen, da entweder die bilanzielle Zuordnung mancher Transaktion nicht eindeutig ist und/oder eine Bilanzposition sowohl geld- wie auch fiskalpolitische Vermögenswerte enthält. Diese Über-legungen greift das Bundesverfassungsgericht (BVerfG) in seinem PSPP-Urteil auf, indem es die Prüfung der Ver-hältnismäßigkeit durch den Europäischen Gerichtshof (EuGH) als "methodisch nicht mehr vertretbar" bewertet.[1] An dieser Stelle wird deshalb zunächst eine sach-lich-funktionale Abgrenzung anhand von Kriterien versucht.

Für gemeinsame geldpolitische Maßnahmen gilt eine *ge-meinschaftliche Haftung*. Entsprechend lauten die Vorgaben zur Verteilung der monetären Einkünfte der NZBen und

---

[1] BVerfG, Urteil des Zweiten Senats vom 05. Mai 2020 – 2 BvR 859/15 –, Rn. 119. Im Ergebnis sei "das Urteil in diesem Punkt schlechterdings nicht mehr nachvollziehbar und insoweit ultra vires ergangen" (Rn. 116).

die Verteilung der Nettogewinne und -verluste der EZB
(Art. 32 f. ESZB-Satzung). Anteilig am PSPP-Programm
kaufen die NZBen 80 % in Staatsanleihen des eigenen Landes und 10 % in Wertpapieren von internationalen Organisationen, vorrangig von EU-Institutionen wie bspw. die des
Europäischen Stabilitätsmechanismus (ESM) oder die der
Europäischen Investitionsbank (EIB). Die EZB kauft die
restlichen 10 % vom gesamten Buchwert der Nettoankäufe
weitgehend in nationalen Staatsanleihen. Allerdings lag der
tatsächliche Anteil der EZB-Ankäufe bisher eher unter
10 %, während der Anteil der NZB-Ankäufe von supranationalen Einrichtungen eher über 10 % lag. Mit Ausnahme der Schuldtitel internationaler Organisationen
(10 %-Anteil) und den EZB-Ankäufen von nationalen
Staatstiteln (10 %-Anteil), für die bei etwaigen Verlusten
gemeinschaftlich gehaftet wird, haften die NZBen für ihre
Staatsanleihekäufe (80 %-Anteil) jeweils selbst.[2] Dies widerspricht dem obigen *Grundsatz der Gemeinschaftshaftung*
und lässt auf eine Ablehnung im EZB-Rat schließen,
schlechte fiskalische Risiken vergemeinschaften zu wollen.
Gleichfalls sind *Restlaufzeiten* der angekauften Wertpapiere
des PSPP-Programmes von bis zu 30 Jahren für eine geld-
politische Maßnahme eher unüblich. Schließlich wird eine
Haltung bis zur Endfälligkeit angenommen, die zwar nicht
in den Programmen festgeschrieben steht, aber im Regelfall
Anwendung finden dürfte. Indem das Eurosystem die
Wertpapiere endgültig kauft, werden Repogeschäfte mit
Rückkaufvereinbarungen ausgeschlossen. Hingegen spricht
die Beschluss-Vorgabe eines symmetrischen Ankaufs im
Verhältnis des EZB-Kapitalschlüssels für eine geldpolitische
Maßnahme. Dieses Kriterium sieht das BVerfG – neben der

---

[2] "Im Ergebnis unterliegen somit weiterhin 20 % der Ankäufe von Vermögenswerten im PSPP dem Prinzip der Risikoteilung, während die Risikoteilung für
80 % der erworbenen Titel ausgeschlossen ist." Deutsche Bundesbank (o. J.).

Ankaufobergrenze von 33 % – als eine entscheidende Garantie, "an denen sich die mangelnde Offensichtlichkeit eines Verstoßes gegen das Umgehungsverbot aus Art. 123 AEUV festmachen lässt" – gemeint ist das *Verbot der monetären Staatsfinanzierung* (BVerfG, 2020, Rn. 217). Die Praxis zeigt hingegen erhebliche Abweichungen.[3] Diese unterstützen die Aussage des BVerfG, dass hierdurch die Refinanzierungsbedingungen von Mitgliedstaaten verbessert werden, also eine fiskalpolitisch motivierte Maßnahme vorliegen würde. Aus geldpolitischer Sicht geeigneter wäre darüber hinaus eine Allokation der Ankäufe gemäß den Anteilen am Eurostaaten-Bruttoinlandsprodukt (BIP). Im Zuge der PSPP-Ankäufe könnte zudem der Sachverhalt einer Zwangskreditierung von Staatsschulden über die TARGET-Salden durch andere Eurostaaten bestehen, vornehmlich der Bundesrepublik (Hansen & Meyer, 2019b, S. 12).

Damit liegt eine Einordnung der PSPP-Ankäufe von Staatsanleihen durch die NZBen (80 % des PSPP-Gesamtvolumens) zu den nicht-geldpolitischen Maßnahmen und damit zu den NFA (inklusive PSPP) nahe. Im Folgenden werden die Konsequenzen einer dementsprechenden NFA-Zuordnung untersucht.

---

[3] Siehe Heinemann (2018), S. 3 ff. Darüber hinaus hat sich die Asymmetrie der Ankäufe im Zeitablauf weiter manifestiert: Unter den fünf anteilig größten PSPP-Ländern hielt das Eurosystem Ende Juli 2020 überproportional viele italienische (um 10,2 % abweichend vom relevantem Kapitalanteil), spanische (8,0 %) und französische (6,8 %) Staatstitel, während zu wenig niederländische (minus 11,6 %) und deutsche (minus 4,5 %) Anleihen im PSPP-Portfolio waren. Quelle: Eigene Berechnungen basierend auf EZB-Angaben zum Kapitalschlüssel und zu PSPP-Ankäufen.

12.2 PSPP-Ankäufe als NFA: Nationales Zusatzgeld mit geldpolitischer Relevanz

Neben den originären NFA-Ankäufen ermöglichen die Staatsanleihekäufe der NZBen im Rahmen des PSPP-Programms eine *zusätzliche nationale Geldschöpfung* im Euroraum. Wie wirkte sich die Nutzung dieser beiden Instrumente im Zeitablauf auf die Geldschöpfung aus? Das gesamte Ausmaß der nationalen Geldschöpfung stieg auch im Jahr 2019 weiter – mithin seit Einführung des PSPP-Programmes im Jahr 2015 nahezu kontinuierlich – an (vgl. Abb. 12.1). Die steigenden Netto-Ankäufe im Rahmen des PSPP-Programms (Stand 31.12.2019 kumulierte Netto-Ankäufe von 2198 Mrd. EUR) konnten dabei den ab 2015 zu beobachtenden Rückgang der originären NFA deutlich überkompensieren. Letztere wiesen ab 2017 sogar negative

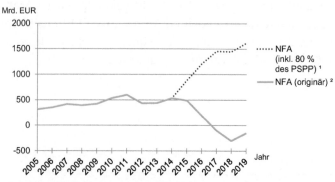

¹ Entspricht den ANFA-Netto-Finanzanlagen (NFA) zuzüglich der Ankäufe von Staatsanleihen durch NZBen im Rahmen des PSPP (Public Sector Purchase Programme, ab 2015).

² Entspricht den ANFA-Netto-Finanzanlagen (NFA): Positionen 1 bis 4, 5.6, 6, 7 (bis 2007), 7.2 (ab 2008), 8 und 9 (ANFA-Aktiva) abzüglich der Positionen 2.5 sowie 3 bis 12 (ANFA-Passiva) der konsolidierten Bilanz des Eurosystems.

Quelle: Jahresberichte der EZB und EZB-Daten zum PSPP-Programm (https://www.ecb.europa.eu/mopo/implement/omt/html/index.en.html#pspp), eigene Berechnungen.

Abb. 12.1 Nationales Zusatzgeld der NZBen des Euroraumes

Bestände auf, wobei der anhaltende Rückgang in 2019 (minus 150 gegenüber minus 301 Mrd. EUR in 2018) zunächst beendet wurde. Die negativen NFA kamen wesentlich durch die negativen NFA der Deutschen Bundesbank zustande. So stieg die Position Passiva 5 "Verbindlichkeiten in Euro gegenüber Ansässigen außerhalb des Euro-Währungsgebiets" erheblich an. Hier werden auch die Verkäufe von Anleihen in den Händen von Euro-Ausländern an die EZB oder andere NZBen des Euroraumes notiert, die ein Verrechnungskonto bei der Bundesbank haben. Einher gehen damit steigende *TARGET2-Forderungen* der Bundesbank.

Im Ergebnis kam es durch die PSPP-Staatsanleihekäufe zu einer bedeutend höheren Schöpfung von *nationalem Zusatzgeld*. Wie aus Abb. 12.2 ersichtlich wird, beruhten Ende 2019 (unter Berücksichtigung von NFA und 80 % des

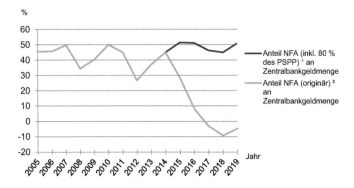

[1] Anteil der ANFA-Netto-Finanzanlagen zuzüglich der Ankäufe von Staatsanleihen durch NZBen im Rahmen des PSPP (Public Sector Purchase Programme, ab 2015) an der Zentralbankgeldmenge im Euroraum (jeweils zum Jahresende).
[2] Anteil der originären ANFA-Netto-Finanzanlagen (NFA) an der Zentralbankgeldmenge im Euroraum (jeweils zum Jahresende).

Quelle: Jahresberichte der EZB, EZB-Daten zum PSPP-Programm (https://www.ecb.europa.eu/mopo/implement/omt/html/index.en.html#pspp) und zur Zentralbankgeldmenge (http://sdw.ecb.europa.eu/browseExplanation.do?node=SEARCHRESULTS&q=ILM.M.U2.C.LT00001.Z5.EUR), eigene Berechnungen.

Abb. 12.2   Anteil der nationalen Geldschöpfung an der Zentralbankgeldmenge im Euroraum

PSPP) bereits 51 % der Euro-Zentralbankgeldmenge auf nationaler Geldschöpfung – genehmigt durch einfachen Mehrheitsbeschluss des EZB-Rates. Die expansive Wirkung der nationalen Geldschöpfung basiert dabei ganz wesentlich auf dem PSPP-Programm (vgl. Abb. 12.1 und 12.2).

Die zusätzliche und durch die NZBen geschaffene Liquidität in Höhe der NFA ist von zentraler Relevanz für den geldpolitischen Handlungsspielraum der EZB und letztlich für die Umsetzung einer gemeinsamen Geldpolitik im Euroraum. Maßgeblicher Indikator für die wirksame geldpolitische Steuerung ist laut EZB die Höhe eines vorgegebenen *Liquiditätsdefizits*, um eine wirksame geldpolitische Steuerung durchführen zu können. Über ein Liquiditätsdefizit hat die Zentralbank die Kontrolle über den kurzfristigen Zins, da der Geschäftsbankensektor zur Refinanzierung über die Notenbank gezwungen wird. Seit der Finanzkrise 2007/2008 strebt die EZB allerdings einen vorgegebenen, jedoch nicht transparent gemachten *Liquiditätsüberschuss* an (Europäische Zentralbank, 2016). Die Steuerung über einen Liquiditätsüberschuss stellt eine Zentralbank jedoch vor grundsätzliche Probleme, da kein Liquiditätsmangel besteht. Er lässt sich vornehmlich banken- bzw. fiskalpolitisch begründen, indem Insolvenzen vermieden werden sollen.[4] Vor diesem Hintergrund soll das ANFA-Abkommen eigentlich dafür sorgen, dass die Zielsetzungen der EZB durch geldpolitische EZB-Instrumente statt durch nicht-geldpolitische Geschäfte der NZBen erreicht werden. Die Menge an Zentralbankgeld steigt indessen durch die PSPP-Staatsanleihekäufe der NZBen, wo-

---

[4] König und Bernoth (2016a), S. 244 weisen darauf hin, dass die EZB den Zins bei einem strukturellen Liquiditätsüberschuss durch Ausgabe von Termineinlagen steuern kann, indem sie hiermit Liquidität absorbiert. Sie wenden aber zugleich ein, dass dieses Verfahren technisch kompliziert und aufgrund der Zinsdifferenzen kostspieliger wäre.

durch sich – seit 2017 – in gleichem Ausmaß ein ungedeckter Liquiditätsbedarf des Bankensektors im Euroraum in einen Liquiditätsüberschuss verwandelte. König und Bernoth (2016a, S. 244) weisen darauf hin, dass die EZB den Zins bei einem strukturellen Liquiditätsüberschuss durch Ausgabe von Termineinlagen steuern kann, indem sie hiermit Liquidität absorbiert. Sie wenden aber zugleich ein, dass dieses Verfahren technisch kompliziert und aufgrund der Zinsdifferenzen kostspieliger wäre. Indem durch laufende PSPP-Ankäufe der Liquiditätsüberschuss steigt (bzw. indem der durch geldpolitische Operationen zu deckende Liquiditätsbedarf sinkt), könnte die reguläre Geldpolitik der EZB zur Restgröße bzw. eine effiziente Steuerung behindert werden.

Ein *Liquiditätsüberschuss* berechnet sich als Differenz aus Liquiditätsangebot und Liquiditätsbedarf. Das Liquiditätsangebot besteht dabei aus den regulären geldpolitischen Maßnahmen zuzüglich der originären NFA und (gemäß der hier vorgenommenen Deutung) der PSPP-Staatsanleihekäufe durch die NZBen. Der – seit der Finanzkrise gegenüber dem Liquiditätsangebot geringere – Liquiditätsbedarf umfasst den Banknotenumlauf sowie die Mindestreserveanforderungen.

Eine Auswirkung auf den *geldpolitischen Steuerungsspielraum* (mögliches Volumen geldpolitischer Operationen bei angestrebtem Liquiditätsdefizit/-überschuss) resultiert dann aus der Wachstumsrate des Liquiditätsbedarfs abzüglich der Wachstumsrate des Liquiditätsangebotes ohne geldpolitische Operationen. Um diesen Spielraum der regulären geldpolitischen Instrumente konstant zu halten, dürften die NFA (inkl. 80 % des PSPP) über die Zeit höchstens entsprechend der Nachfrage nach Banknoten und der Mindestreserveanforderungen (Liquiditätsbedarf) wachsen. Auf diesem Wege könnte ein angestrebter Liquiditätsüberschuss (alternativ Liquiditätsdefizit) problemlos gewährleistet werden. Wie sah es damit in der Realität aus? Seit Einführung der Euro-Banknoten im Jahr 2002 ist – gemäß den Angaben der EZB – der mit den Banknoten und Mindestreserveanforderungen einhergehende Liquiditätsbedarf bis 2018 um durchschnittlich 6,4 % pro Jahr gewachsen, während die originären NFA seit 2014 bis in den negativen Bereich sanken (Europäische Zentralbank, 2016). Demzufolge wäre der geldpolitische Steuerungsspielraum im Durchschnitt jährlich sogar gestiegen. Jedoch ist das Ausmaß der geldpolitischen Steuerungsfähigkeit bei näherer Analyse zu hinterfragen (Hansen & Meyer, 2020b, S. 238 ff.).

Bei Berücksichtigung der durch die NZBen getätigten PSPP-Staatsanleihekäufe wird der Steuerungsspielraum ab 2015 erheblich beeinträchtigt (vgl. Abb. 12.3). Der Indikator *Wachstumsdifferenz* fiel von minus 15,4 Prozentpunkten (2014) durch die PSPP-Einführung auf minus

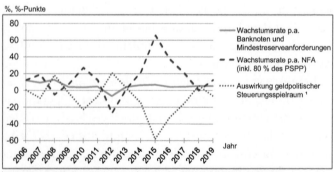

[1] Wachstumsrate der Banknoten und Mindestreserveanforderungen (Liquiditätsbedarf) abzüglich der Wachstumsrate der ANFA-Netto-Finanzanlagen (NFA inkl. 80 % des PSPP) als Indikator für die Auswirkung auf den Spielraum der geldpolitischen Steuerung.

Quelle: Jahresberichte der EZB und EZB-Daten zum PSPP-Programm (https://www.ecb.europa.eu/mopo/implement/omt/html/index.en.html#pspp), eigene Berechnungen.

Abb. 12.3 Spielraum der geldpolitischen Steuerung: Entwicklung von Banknoten und Mindestreserveanforderungen vs. Entwicklung der NFA (inkl. 80 % des PSPP)

58,7 Prozentpunkte (2015) und blieb (trotz stark rück-
läufiger originärer NFA, siehe Abb. 12.1) in den beiden
Folgejahren deutlich negativ. Für das Jahr 2018 (5,4 Prozentpunkte) ergab sich eine leicht positive Auswirkung auf
den Spielraum, was aber für 2019 schon nicht mehr der Fall
war (minus 7,0 Prozentpunkte – die originären NFA stiegen wieder, vgl. Abb. 12.1). Nimmt man – als Arbeitsprä-
misse – einen relativ zum Liquiditätsbedarf konstant angestrebten Liquiditätsüberschuss an, dann bedeutete das
PSPP-Programm eine erkennbare *Einschränkung für die
geldpolitische Steuerung.*

Im Durchschnitt lag die jährliche Wachstumsrate der
Banknoten und der Mindestreserveanforderungen seit der
PSPP-Einführung bei 4,9 %, die Wachstumsrate der NFA
(inkl. 80 % des PSPP) hingegen bei 24,8 %. Demzufolge
wäre der geldpolitische Steuerungsspielraum seit dem Jahr
2015 ceteris paribus jährlich im Durchschnitt gesunken.
Betrachtet man die durchschnittliche jährliche Steigerungsrate von 2006 bis 2019, dann beläuft diese sich für die
Banknoten und Mindestreserveanforderungen auf 5 %,
während sie für die NFA (inkl. PSPP ab 2015) mit 12,4 %
ebenfalls deutlich höher ausfällt. Mithin ergibt sich c.p.
auch für diesen längeren Zeitraum (jährlich im Durchschnitt) eine erhebliche Einschränkung des geldpolitischen
Handlungsspielraumes.

Die hier festgestellten negativen Auswirkungen sind
wesentlich auf die Ankäufe im Rahmen des PSPP-Programms zurückzuführen: Ohne das PSPP-Programm, also
bei Berücksichtigung nur der originären NFA, hätte der
Spielraum der geldpolitischen Steuerung in den Jahren
2015 bis 2018 sogar zugenommen (vgl. Abb. 12.4). Dieser
vermeintlich zusätzliche Spielraum wurde durch die PSPP-
Staatsanleihekäufe allerdings mehr als absorbiert. Somit
steht infrage, wer primär für die Erreichung der geld-

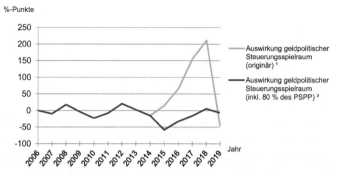

Quelle: Jahresberichte der EZB und EZB-Daten zum PSPP-Programm
(https://www.ecb.europa.eu/mopo/implement/omt/html/index.en.html#pspp), eigene Berechnungen.

Abb. 12.4 Spielraum der geldpolitischen Steuerung: Folgen des PSPP-Ankaufprogrammes

politischen Zielgrößen 'Liquiditätsüberschuss' der EZB sorgte – die NZBen oder die EZB.

Diese Entwicklung dürfte sich 2020 noch ausgeprägter manifestiert haben: Bei konstant angenommenen originären NFA lag die jährliche Wachstumsrate der NFA inkl. angekündigter PSPP-Staatsanleihekäufe durch die NZBen bei rund 15 %.[5] Bezöge man die bisher im Rahmen des Pandemic Emergency Purchase Programme (PEPP) angekündigten Ankäufe mit ein, wäre die jährliche Steigerungsrate der NFA mit 58 % auf dem höchsten Wert seit 2015. In jedem Fall dürften für den durch die EZB angestrebten Liquiditätsüberschuss abermals maßgeblich die NZBen verantwortlich zeichnen.

---

[5] Eigene Berechnungen für das Jahr 2020 unter Fortschreibung des PSPP-Anteils am APP von 82 % und bei angekündigten APP-Ankäufen von 240 Mrd. EUR zuzüglich 120 Mrd. EUR als Reaktion auf die Coronavirus-Pandemie, vgl. Europäische Zentralbank (2020c).

12.3 Zusammenfassung

Die Stabilität einer Währungsunion beruht auf einer Kongruenz von Geldannahme- und Emissionsgemeinschaft. Das ANFA-Abkommen erlaubt den nationalen Euro-Zentralbanken in gewissem Umfang Eigenanlagen auf eigene Rechnung. Legt man der Abgrenzung geldpolitischer von nicht-geldpolitischen Aktivitäten sachlich-funktionale Kriterien zugrunde, dann rechnen die PSPP-Staatsanleihekäufe der NZBen vornehmlich zu den nicht-geldpolitischen ANFA-Eigenanlagen. Als Konsequenz beruhten Ende 2019 bereits 51 % der Euro-Zentralbankgeldmenge auf nationaler Geldschöpfung. Im Gegensatz zu den Angaben der EZB, aus denen ein jährlich wachsender geldpolitischer Steuerungsspielraum zu schließen wäre, ergibt die Neuzurechnung seit Beginn des PSPP-Programms 2015 eine erhebliche Einschränkung oder gar Störung der geldpolitischen Handlungsmöglichkeiten. Sowohl durch die mit dem PEPP-Programm einhergehende erhebliche Ausweitung der Ankäufe, die beschlussmäßig mögliche Abkehr vom EZB-Kapitalschlüssel zugunsten der hochverschuldeten Mitgliedstaaten, wie auch die Aufhebung bisher geforderter Bonitätsstandards sprechen für eine zukünftig weitere Herabsetzung geldpolitisch wirksamer Handlungsmöglichkeiten der EZB.

Literatur

Artikel und Monografien

Deutsche Bundesbank. (2016). Zur Bedeutung und Wirkung des Agreement on Net Financial Assets (ANFA) für die Implementierung der Geldpolitik. *Monatsbericht, 68*(3), 87–97.

Deutsche Bundesbank. (o. J.). Public Sector Purchase Programme (PSPP). https://www.bundesbank.de/de/aufgaben/geldpolitik/geldpolitische-wertpapierankaeufe/public-sector-purchase-programme-pspp%2D%2D830348. Zugegriffen am 28.05.2020.

Europäische Zentralbank. (2015a). Die Transmission der jüngsten geldpolitischen Sondermaßnahmen der EZB. *Wirtschaftsbericht* Nr. 7/2015, 38–61.

Europäische Zentralbank. (2016). Was ist ANFA? http://www.ecb.europa.eu/explainers/tell-me-more/html/anfa_qa.de.html.   Zugegriffen   am 02.04.2020.

Europäische Zentralbank. (2017). Geldbasis, weit gefasste Geldmenge M3 und APP. *Wirtschaftsbericht* Nr. 6/2017, 73–76.

Europäische Zentralbank. (2020a). Pressemitteilung Geldpolitische Beschlüsse 04. Juni 2020. https://www.ecb.europa.eu/press/pr/date/2020/html/ecb.mp200604~a307d3429c.de.html. Zugegriffen am 04.06.2020.

Europäische Zentralbank. (2020b). Pressemitteilung Geldpolitische Beschlüsse 30. April 2020. https://www.ecb.europa.eu/press/pr/date/2020/html/ecb.mp200430~1eaa128265.de.html. Zugegriffen am 02.05.2020.

Europäische Zentralbank. (2020c). Pressemitteilung Geldpolitische Beschlüsse 12. März 2020. https://www.ecb.europa.eu/press/pr/date/2020/html/ecb.mp200312~8d3aec3ff2.de.html. Zugegriffen am 17.04.2020.

Hansen, A., & Meyer, D. (2019a). ANFA und die Anleihekaufprogramme – Gefahr für die Unabhängigkeit der EZB? *Zeitschrift für das gesamte Kreditwesen, 72*(21), 20–25.

Hansen, A., & Meyer, D. (2019b). ANFA und das Zahlungsverkehrssystem TARGET2: Zwei Konzepte zur national-autonomen Geldschöpfung im Eurosystem. *ifo Schnelldienst, 72*(13), 12–22. https://www.ifo.de/publikationen/2019/aufsatz-zeitschrift/anfaund-das-zahlungsverkehrssystem-target2-zwei-konzepte. Zugegriffen am 08.02.2022.

Hansen, A., & Meyer, D. (2020a). PSPP-Ankäufe als nationales Zusatzgeld mit geldpolitischer Relevanz. *Zeitschrift für das gesamte Kreditwesen, 73*(17), 31–35. https://www.kreditwesen.de/kreditwesen/themenschwerpunkte/aufsaetze/pspp-ankaeufe-nationales-zusatzgeld-geldpolitischer-relevanz-id66695.html. Zugegriffen am 08.02.2022.

Hansen, A., & Meyer, D. (2020b). ANFA and the asset purchase programmes of the Eurosystem: Non-monetary policy operations that restrict the ECB's monetary policy? *Journal of International Banking Law & Regulation, 35*(6), 231–242.

Heinemann, F. (2018). Zur Aufteilung der PSPP-Anleihekäufe auf die Euro-Mitgliedsstaaten. http://ftp.zew.de/pub/zew-docs/gutachten/PSPP_Analyse_Heinemann_2018.pdf. Zugegriffen am 31.07.2018.

König, P., & Bernoth, K. (2016a). Verdeckte Staatsfinanzierung oder erlaubte Portfoliosteuerung? Das ANFA-Abkommen des Eurosystems. *DIW Wochenbericht, 83*(12+13), 243–252.

König, P., & Bernoth, K. (2016b). The Eurosystem's agreement on net financial assets (ANFA): Covert monetary financing or legitimate portfolio management? *DIW Economic Bulletin, 12+13*, 141–150.

Theurl, T. (2012). Die Zukunft des Euro. Die Zukunft der Währungsunion – Chancen und Risiken des Euros. In D. Meyer (Hrsg.), *Reihe Wirtschaft aktuell* (Bd. 2, S. 61–81). LIT.

Rechtsquellen

Agreement of 19. November 2014 on net financial assets (ANFA-Abkommen). http://www.ecb.europa.eu/ecb/legal/pdf/en_anfa_agreement_19nov 2014_f_sign.pdf?208a41defab3909e542d83d497da43d2. Zugegriffen am 08.08.2018.

Agreement of 25. October 2019 on net financial assets (ANFA-Abkommen). https://eur-lex.europa.eu/legal-content/EN/TXT/?uri=CELLAR%3 Ac24994d9-9129-11ea-aac4-01aa75ed71a1. Zugegriffen am 25.08.2020.

Bundesverfassungsgericht. (2020). Urteil des Zweiten Senats zum PSPP-Programm v. 5. Mai 2020 – 2 BvR 859/15, 2 BvR 980/16, 2 BvR 2006/15, 2 BvR 1651/15 – Rn. (1–237). http://www.bverfg.de/e/ rs20200505_2bvr085915.html. Zugegriffen am 07.05.2020.

Europäische Zentralbank. (2015b). Beschluss (EU) 2015/774 der Europäischen Zentralbank vom 4. März 2015 über ein Programm zum Ankauf von Wertpapieren des öffentlichen Sektors an den Sekundärmärkten (PSPP) (EZB/2015/10). https://www.ecb.europa.eu/ecb/legal/pdf/oj_ jol_2015_121_r_0007_de_txt.pdf. Zugegriffen am 15.08.2018.

Europäische Zentralbank. (2020d). Beschluss (EU) 2020/188 der Europäischen Zentralbank vom 3. Februar 2020 über ein Programm zum Ankauf von Wertpapieren des öffentlichen Sektors an den Sekundärmärkten (EZB/2020/9) Neufassung. https://www.ecb.europa.eu/ecb/legal/pdf/ce-lex_32020d0188_de_txt.pdf. Zugegriffen am 17.04.2020.

Europäische Zentralbank. (2020e). Beschluss (EU) 2020/440 der Europäischen Zentralbank vom 24. März 2020 zu einem zeitlich befristeten Pandemie-Notfallankaufprogramm (EZB/2020/17). https://www.ecb. europa.eu/ecb/legal/pdf/celex_32020d0440_de_txt.pdf. Zugegriffen am 17.04.2020.

Konsolidierte Fassungen des Vertrags über die Europäische Union und des Vertrags über die Arbeitsweise der Europäischen Union aufgrund des am 1.12.2009 in Kraft getretenen Vertrages von Lissabon (EUV und AEUV).

Protokoll. (Nr. 4) über die Satzung des Europäischen Systems der Zentralbanken und der Europäischen Zentralbank (ESZB-Satzung).

13

Das PSPP-Staatsanleiheprogramm: Empirische Daten und Regelwerk stellen das Urteil des BVerfG teilweise infrage

Der Beitrag analysiert die Staatsanleihekäufe des Public Sector Purchase Programme (PSPP) vor dem Hintergrund des Urteils des Bundesverfassungsgerichts 2 BvR 859/15 v. 5. Mai 2020. Während das Gericht keine offensichtliche Umgehung des Verbots der monetären Staatsfinanzierung anhand der von ihm aufgestellten 'Garantien' erkennen kann, wird deren Einhaltung mittels Analyse der EZB-Beschlüsse sowie empirischer Daten kritisch hinterfragt. In der ökonomischen Analyse werden deshalb das Ausmaß und die geldpolitische Ausrichtung des PSPP-Programms problematisiert. Im Zentrum stehen die Abweichung der Anteile einzelner Länder an den PSPP-Käufen vom Kapitalschlüssel der EZB, die Intransparenz sowie die Vergemeinschaftung möglicher Verluste. Zudem wird die Prüfung der 'Garantien' auf das Pandemic Emergency Purchase Programme (Pandemie-Notfallkaufprogramm, PEPP) ausgeweitet und analysiert, welche Folgen eine Rückabwicklung der Programme hätte. Die Ausführungen gründen weitgehend auf Hansen und Meyer (2020a).

© Der/die Autor(en), exklusiv lizenziert durch Springer Fachmedien Wiesbaden GmbH, ein Teil von Springer Nature 2022
D. Meyer, *Europäische Union und Währungsunion in der Dauerkrise I*,
https://doi.org/10.1007/978-3-658-35715-3_13

253

13.1 Gegenstand der Untersuchung und Gang der juristischen Auseinandersetzung

Das Urteil des Bundesverfassungsgerichtes (BVerfG) zum PSPP-Programm v. 5. Mai 2020 (2 BvR 859/15, 2 BvR 980/16, 2 BvR 2006/15, 2 BvR 1651/15) umfasst – aus ökonomisch-währungspolitischer Perspektive – drei Gegenstandsbereiche (BVerfG, 2020). Beim *ersten* Gegenstand der Prüfung (Verstoß des PSPP gegen Art. 119 Abs. 2 und Art. 127 Abs. 1 AEUV) geht es um die *Verhältnismäßigkeit der Staatsanleihekäufe*, mit denen eine Inflationsrate von mittelfristig unter, aber nahe 2 % erreicht werden soll, und die wirtschaftlichen Wirkungen von Niedrig- und Negativzinsen auf Allokation und Verteilung (Rn. 117–179). Da der Zweite Senat des BVerfG hier ein Defizit der Europäischen Zentralbank (EZB) sah, untersagte er der Bundesbank die weitere Teilnahme am PSPP-Programm nach drei Monaten, "wenn nicht der EZB-Rat in einem neuen Beschluss nachvollziehbar darlegt, dass die mit dem PSPP angestrebten währungspolitischen Ziele nicht außer Verhältnis zu den damit verbundenen wirtschafts- und fiskalpolitischen Auswirkungen stehen" (Rn. 235).

Ein *zweiter* Gegenstand der Prüfung (Rn. 180–221) war das *Verbot der monetären Staatsfinanzierung* (Art. 123 Abs. 1 AEUV). Eine mögliche Umgehung dieses Verbotes wurde anhand von *sieben Prüfkriterien* ('Garantien') untersucht (Rn. 215 ff.), die der Europäische Gerichtshof (EuGH) bereits in seinem Urteil v. 11. Dez. 2018 (Az. C-493/17, Rn. 109–128) angewandt hatte. Gemäß Urteil "ist eine offensichtliche Umgehung von Art. 123 Abs. 1 AEUV auf der Basis der gebotenen Gesamtbetrachtung … nicht feststellbar" (Rn. 216).

Eine *dritte* Auslassung des BVerfG betraf die *Vergemeinschaftung von Verlusten* (Rn. 222 ff.) im Rahmen der Ankäufe. Nach Aussage des EuGH (C-493/17, Rn. 162 ff.) beschränkt sich der potenzielle Umfang der Verluste auf die Risikoteilung bei von internationalen Emittenten begebenen Wertpapieren und damit "auf 10 % des Buchwerts der im Rahmen des PSPP getätigten Ankäufe ... . Die gegebenenfalls zwischen den nationalen Zentralbanken zu teilenden Verluste könnten insoweit nicht die unmittelbare Folge des Ausfalls eines Mitgliedstaats sein" (Rn. 223). Auch deshalb würde laut BVerfG die im Rahmen des PSPP vorgesehene Risikoverteilung zwischen den nationalen Zentralbanken (NZBen) keine Umverteilung von Staatsschulden zwischen den Euroländern ermöglichen und somit auch nicht die haushaltspolitische Gesamtverantwortung des Deutschen Bundestages berühren (Rn. 222–228).

Der im Urteil letztendlich wohl juristisch wesentlichste Passus betrifft die Forderung nach *Darlegung der Verhältnismäßigkeit* des PSPP in einem neuen Beschluss der EZB (Rn 235). Die EZB ist diesem Wunsch nachgekommen und hat *sieben Dokumente* – drei davon als geheim eingestuft – am 26. Juni 2020 über die Bundesbank dem Finanzministerium zugeleitet. In einem Brief vom damaligen Finanzminister Olaf Scholz am selben Tag(!) an Bundestagspräsident Wolfgang Schäuble heißt es: "Das Bundesministerium der Finanzen ist der Überzeugung, dass der EZB-Rat mit o. g. Beschluss seine Verhältnismäßigkeitserwägungen ... nachvollziehbar dargelegt hat" und auch der Deutsche Bundestag hält am 2. Juli mit Annahme eines Antrages "die Darlegung der EZB zur Durchführung einer Verhältnismäßigkeitsprüfung für nachvollziehbar und die Vorgaben des Urteils des BVerfG ... somit für erfüllt."[1] Mit Ablauf der

---

[1] Scholz, Olaf, Brief v. 26.06.2020 persönlich/vertraulich an den Präsidenten des Deutschen Bundestages, Dr. Wolfgang Schäuble (dem Verfasser vorliegend)

Drei-Monatsfrist hat ebenfalls die Bundesbank ihre Zustimmung gegeben. Daraufhin legten die Beschwerdeführer Peter Gauweiler und Bernd Lucke *Anträge auf Erlass einer Vollstreckungsanordnung* zwecks Akteneinsicht und Überprüfung ein. Mit Beschluss vom 29. April 2021 hat das BVerfG diese aus formalen Gründen verworfen. "Unzulässig, unstatthaft, unbegründet", so lautete die Kurzformel. Die von der EZB gelieferte Studie könne nicht Gegenstand der Nachfrage sein, da sie noch nicht zum Zeitpunkt des Urteils vorlag – doch gerade das wurde ja vom selben Gericht beanstandet. Hierzu müsste eine erneute Klage eingereicht werden, der wiederum ein mehrjähriges Verfahren folgen würde.

Am 9. Juni 2021 leitete die EU-Kommission dennoch ein *Vertragsverletzungsverfahren* gegen Deutschland ein – trotzdem das Handeln der bundesrepublikanischen Institutionen als ein durchaus EU-freundlicher Abschluss hätte gelten können. Auch um den zeitgleich vielfach als offensichtlich gewerteten Rechtsverstößen Polens (Unabhängigkeit der Justiz) und Ungarns (Recht auf Vereinigungsfreiheit, Datenschutz, Asylverfahren) entgegenzutreten, sodann keine Sonderbehandlungen großer Staaten wie Deutschland zuzulassen und zukünftig ein "Europa à la carte" durch die Nichtbeachtung von EuGH-Entscheidungen auszuschließen, hielt die EU-Kommission diesen Schritt für notwendig. Unbedingter Vorrang von EU-Recht ist dabei ihr Grundanliegen. Allerdings müssen hier zwei Sachverhalte

---

sowie Deutscher Bundestag, Antrag der Fraktionen CDU/CSU, SPD, FDP und BÜNDNIS 90/DIE GRÜNEN zum Urteil des Bundesverfassungsgerichts zum Anleihekaufprogramm PSPP der Europäischen Zentralbank, Drucksache 19/20621 v. 01.07.2020. Bemerkenswert ist das Tempo der deutschen Verfassungsorgane in dieser Angelegenheit. Als zentral wird der geldpolitische Beschluss des Rates der Europäischen Zentralbank v. 3.-4. Juni 2020 gewertet. Siehe Europäische Zentralbank (2020e). Er erfüllt formal die "Beschluss-Anforderung" des BVerfG. Darüber hinaus ist das zusammenfassende Protokoll mit ca. 9700 Wörtern das bislang längste und es wird an drei Stellen auf die "Verhältnismäßigkeit" verwiesen.

klar unterschieden werden: Zum einen die *Rechtsprechung des EuGH* auf der Basis des geltenden EU-Rechts. Dieser ist uneingeschränkt zu folgen. Gemäß dem "Honeywell"-Urteil des BVerfG (2010) werden dem EuGH sogar handwerkliche Fehler bei seiner Rechtsprechung zugebilligt, die es national zu akzeptieren gilt. Zum anderen hat das BVerfG in seinem Maastricht-Urteil (1993) den Fall eines *ausbrechenden Rechtsakts* beschrieben. Jede EU-Kompetenz muss durch eine begrenzte Einzelermächtigung der EU-Staaten auf die EU-Ebene ausdrücklich übertragen werden (Art. 5 EU-Vertrag). Ansonsten handelt die EU 'ultra vires', also außerhalb ihrer Kompetenz. Nur ein Bundesstaat kann sich seine Kompetenz selbst schaffen (*Kompetenz-Kompetenz*), nicht aber ein supranationaler EU-Staatenbund, wo die einzelnen Staaten die "Herren der Verträge" bleiben. Genau diese wichtige Unterscheidung scheint die EU-Kommission für alle Zukunft missachten zu wollen. De facto würden die Nationalstaaten und ihre Bürger entmachtet – nationale verfassungsgeschützte Identitätskerne (Art. 4 EU-Vertrag) zählen dann nicht mehr. Da das Handeln bspw. der EZB nicht mehr national kontrolliert werden kann, droht Willkür der EU-Institutionen. Dies kann als weiterer Hinweis gewertet werden, dass die EU-Repräsentanten eine Politik der Machtanmaßung in Richtung EU-Bundesstaat durchsetzen wollen. Das Wiederaufbauprogramm "Next Generation EU" mit gemeinschaftlicher Schuldenaufnahme (Eurobonds) und eine geplante Erhebung eigener Steuern gehen in die gleiche Richtung (siehe Bd. II Kap. 2, 5 und 6). Die Nationalstaaten verlieren Macht und Einfluss an die Zentrale in Brüssel. Es wird für Deutschland teuer und bei Haftungsübernahme sehr teuer.

Adressat des Brüsseler Mahnschreibens (Art. 258 EU-Vertrag) war die Bundesregierung, konkret das Wirtschaftsministerium. Innerhalb einer gesetzten Frist von zwei Monaten musste sich die Regierung äußern. Doch wie? Aufgrund der Unabhängigkeit der Justiz konnte es das

BVerfG zu keinerlei Zugeständnissen bzgl. seiner grundgesetzlich geschützten 'ultra vires'-Kontrolle nötigen. Selbst hat sich das Gericht nicht äußern wollen. Am 10. August 2021 antwortete die Bundesregierung in einem *Schreiben an die Kommission* (Mussler, 2021). Hierin wies sie den Brüsseler Vorwurf zurück, das Bundesverfassungsgericht erkenne den Vorrang des Europarechts nicht an. Mit Verweis auf das europarechtsfreundliche Grundgesetz und die langjährige Europa-Rechtsprechung des BVerfG wird im Ton beschwichtigt. Zudem stelle die Bundesregierung den Vorrang der EU-Verträge ohnehin nicht infrage. Allerdings sei sie an die Unabhängigkeit der Rechtsprechung gebunden. Es wird ein strukturierter gerichtlicher Dialog zwischen dem EuGH und den Höchst- und Verfassungsgerichten der Mitgliedstaaten vorgeschlagen. Hier könne man seitens der Richter regelmäßig über die Auslegung des Europarechts diskutieren – dies käme jedoch einer Abhängigkeit und Absprache richterlicher Entscheidungen nahe.

Mit dieser Stellungnahme war die erste Stufe des Vertragsverletzungsverfahrens abgeschlossen. Wie hätte es weitergehen können? Wenn die EU-Kommission die Stellungnahme akzeptiert, wäre das Verfahren beendet. Alternativ hätte sie das Verfahren weiter vorantreiben und Deutschland vor dem EuGH verklagen können. In diesem Fall hätten die Richter des EuGH über ihren eigenen Konflikt mit dem BVerfG entscheiden müssen – die Außenwirkung wäre fatal gewesen. Mit Beschluss v. 2. Dez. 2021 stellte die EU-Kommission das Verfahren ein (Europäische Kommission 2021). Die von ihr genannten Gründe sind allerdings bemerkenswert. So sei Deutschland "ferner der Ansicht, dass die Rechtsprechung von Handlungen der Unionsorgane nicht von der Prüfung von Verfassungsbeschwerden vor deutschen Gerichten abhängig gemacht, sondern nur vom Gerichtshof der Europäischen Kommission überprüft werden kann." Sodann "verpflichtet sich die deutsche Regierung ..., alle ihre zur Verfügung stehenden

Mittel zu nutzen, um in Zukunft eine Wiederholung einer Ultra-vires-Feststellung aktiv zu vermeiden." Die Einhaltung der Prinzipien der Gewaltenteilung und der richterlichen Unabhängigkeit scheinen damit eine Frage der jeweiligen Nützlichkeit zu sein.

Die nachfolgende Untersuchung unterzieht die einzelnen Ergebnisse bzw. Schlussfolgerungen im Urteil des BVerfG einer kritischen, auch empirisch untermauerten Analyse.

13.2 Zur Verhältnismäßigkeit des PSPP-Programms

Kritiker sehen in der Forderung nach Verhältnismäßigkeitserwägungen an die EZB nicht nur die Unabhängigkeit der Notenbank gefährdet, die vorrangig der Preisstabilität verpflichtet sei. Zudem würden eindeutige Prüfergebnisse an der Subjektivität der Gewichtung von kollateralen wirtschaftlichen Folgen sowie deren Abwägung gegenüber den Zielbeiträgen zur Preisstabilität scheitern. Befürworter sehen hingegen gerade aufgrund der Unabhängigkeitsposition die Notwendigkeit einer transparenten Darlegung der Verhältnismäßigkeit, da nur diese eine Mandatsüberschreitung ausschließen würde. Der hier verfolgte Ansatz knüpft demgegenüber an das von der EZB selbst als wichtig erachtete Kriterium des *geldpolitischen Steuerungsspielraumes* an, das einer bilanziellen Nachprüfbarkeit unterliegt (Deutsche Bundesbank, 2016; Hansen & Meyer, 2017, S. 516 ff.). Nachfolgend wird die Entwicklung dieses Indikators infolge der PSPP-Ankäufe analysiert.

Das ANFA-Abkommen erlaubt den NZBen in gewissem Umfang Eigenanlagen (Netto-Finanzanlagen, NFA) auf *eigene Rechnung und Risiko*. Legt man der Abgrenzung geldpolitischer von nicht-geldpolitischen Aktivitäten sachlichfunktionale Kriterien zugrunde, dann rechnen die PSPP-Staatsanleihekäufe der NZBen vornehmlich zu den nicht-geldpolitischen ANFA-Eigenanlagen (Hansen & Meyer, 2019, S. 21 f.). Mit Ausnahme der Schuldtitel internationaler Organisationen (10 %-Anteil) und den EZB-Ankäufen von nationalen Staatstiteln (10 %-Anteil), haften die NZBen für ihre Staatsanleihekäufe (80 %-Anteil) jeweils selbst. Dies widerspricht dem geldpolitischen Grundsatz der *Gemeinschaftshaftung.* Die *Restlaufzeiten* der angekauften Wertpapiere des PSPP-Programmes von bis zu 30 Jahren sind für eine geldpolitische Maßnahme ebenso unüblich, wie eine Haltung bis zur *Endfälligkeit.* Auch zeigt die Praxis erhebliche Abweichungen der nationalen Ankäufe vom EZB-Kapitalschlüssel, was auf fiskalpolitische Motive deuten lässt. Im Folgenden werden die Konsequenzen einer dementsprechenden Zuordnung der PSPP-Ankäufe zu den NFA auf den *geldpolitischen Steuerungsspielraum* hin untersucht.[2]

Ende 2019 beruhten danach bereits 51 % der Euro-Zentralbankgeldmenge auf nationaler Geldschöpfung (siehe hierzu Kap. 12). Die zusätzliche und durch die NZBen geschaffene Liquidität in Höhe der NFA ist von zentraler Relevanz für den geldpolitischen Steuerungsspielraum der EZB und letztlich für die Umsetzung einer gemeinsamen Geldpolitik im Euroraum. Nach unseren Berechnungen ist dieser geldpolitische Steuerungsspielraum seit dem Jahr 2015 jährlich im Durchschnitt gesunken (Hansen & Meyer, 2019, S. 22 ff.; Meyer & Hansen, 2020, S. 34 f.). Die hier festgestellten negativen Auswirkungen sind wesentlich auf die Ankäufe im Rahmen des PSPP-Programms zurückzuführen.

---

[2] Der geldpolitische Steuerungsspielraum resultiert aus der Wachstumsrate des Liquiditätsbedarfs abzüglich der Wachstumsrate der NFA (inkl. PSPP) als Teil des Liquiditätsangebotes. Die dazugehörigen Bilanzpositionen definiert die EZB in Europäische Zentralbank (2016a). Um im gleichem Umfang diesen Spielraum über die regulären geldpolitischen Instrumente zu behalten, dürften die NFA (inkl. PSPP) im Zeitablauf maximal entsprechend jener Rate wachsen, mit der auch die Nachfrage nach Banknoten und die Mindestreserveanforderungen (Liquiditätsbedarf) wachsen. Zu näheren Erläuterungen vgl. Hansen und Meyer, 2019, S. 23.

Ohne das PSPP-Programm, also bei Berücksichtigung nur der originären NFA, hätte der Spielraum der geldpolitischen Steuerung in den Jahren 2015 bis 2018 sogar zugenommen. Dieser vermeintlich zusätzliche Spielraum wurde durch die PSPP-Staatsanleihekäufe mehr als absorbiert. Im Gegensatz zu den Angaben der EZB, aus denen ein jährlich wachsender geldpolitischer Steuerungsspielraum zu schließen wäre, ergibt die Neuzurechnung der Staatsanleihekäufe seit Beginn des PSPP-Programms 2015 eine erhebliche Einschränkung oder gar Störung der geldpolitischen Handlungsmöglichkeiten. Insofern kann die Gefährdung der selbst gesteckten Zielvorgabe als Indiz für einen Verstoß gegen die Verhältnismäßigkeit gewertet werden.

13.3 Halten die Kriterien zum Verbot der monetären Staatsfinanzierung?

Eine mögliche Umgehung des Verbotes der monetären Staatsfinanzierung wurde vom BVerfG anhand von *sieben Prüfkriterien* untersucht (Rn. 216):

(1) es muss eine hinreichende Unsicherheit für die Marktteilnehmer bzgl. des Ankaufvolumens und der Konditionen bestehen;

(2) das Volumen der Ankäufe ist im Voraus begrenzt;

(3) die vom Eurosystem getätigten Käufe werden nur in aggregierter Form bekannt gegeben;

(4) eine Obergrenze von 33 % wird eingehalten;

(5) Ankäufe werden gemäß dem EZB-Kapitalschlüssel getätigt;

(6) im Rahmen des PSPP dürfen nur Anleihen von Körperschaften erworben werden, die aufgrund eines Mindestratings Zugang zum Anleihemarkt besitzen und

(7) Ankäufe müssen begrenzt oder eingestellt werden und erworbene Schuldtitel wieder dem Markt zugeführt werden, wenn eine Fortsetzung der Intervention zur Erreichung des Inflationsziels nicht mehr erforderlich ist.

Als die beiden entscheidenden Kriterien "auf der Grundlage einer wertenden Gesamtbetrachtung" (Rn 215) hebt das BVerfG die *Ankaufobergrenze* von 33 % und die *Verteilung der Ankäufe gemäß dem Kapitalschlüssel* hervor (Rn. 217). Damit würde eine preisbeeinflussende Marktmacht (Rn. 201 f.) und eine fiskalpolitisch-selektive Bevorzugungen von Mitgliedstaaten verhindert (Rn. 203). Gerade die Einhaltung dieser als besonders wichtig erachteten Kriterien erscheint als fragwürdig.

13.3.1 Beachtung der Ankaufobergrenzen

Eine PSPP-Ankaufobergrenze von 33 % je Emission und Emittent soll laut EZB "die Funktionsfähigkeit der Märkte und eine adäquate Preisfindung sicherstellen, die Risikokonzentration begrenzen" (Europäische Zentralbank, 2019, Kapitel 2.3) – kurzum verhindern, dass das Eurosystem durch die umfangreichen und auf Dauer gehaltenen Ankäufe von Staatsanleihen zum *marktmächtigen Akteur* wird. Abweichend davon liegt die Obergrenze für supranationale Emissionen und Emittenten bei 50 %. Mit der Obergrenze von 33 % soll konkret verhindert werden, dass das Eurosystem eine Sperrminorität hinsichtlich etwaiger Umschuldungsverhandlungen erhält. Die Zwickmühle der EZB in so einem Fall: Eine Zustimmung zum Forderungsverzicht wäre ein Verstoß gegen das Verbot der monetären Staatsfinanzierung, eine Ablehnung würde das Land in den Bankrott treiben.

Allerdings gibt es hier ein Transparenz-Problem. Gemäß dem PSPP-Beschluss der EZB rechnen auch Eigenanlagen im Rahmen des ANFA-Abkommens aktuell mit in die Obergrenze je Emittent hinein. Nur wird über die ANFA-Eigenanlagen bei den einzelnen nationalen Zentralbanken in ganz unterschiedlicher Weise berichtet. Bspw. geben die Notenbanken von Frankreich, Spanien und Griechenland in den Jahresabschlüssen 2017 keinerlei Informationen zu ihren ANFA, während die italienische, portugiesische und belgische Zentralbank nur unzureichend berichten. Hingegen geben die Bundesbank und die Central Bank of Ireland über ihre ANFA-Anlagen ausführlich Auskunft. Damit wird eine Nachprüfung unmöglich, ob die Obergrenze je Emission im Verwaltungsvollzug tatsächlich eingehalten wird.

In einer Studie der Credit Suisse haben Shorrocks et al. (2021) eine Schätzung der Staatsanleihebestände für einzelne Eurostaaten versucht. Derzeit, so die Studie, liegen alle PSPP-Käufe unterhalb der 33 %-Grenze, wobei Portugal das Limit knapp erreicht. Wenn jedoch alle Bestände einbezogen werden, die im Rahmen von ANFA, PSPP und PEPP von den nationalen Zentralbanken und der EZB (Eurosystem) angekauft wurden, sieht das Ergebnis anders aus. Spätestens mit der Corona-Krise und dem Notfallprogramm PEPP – so die Studie – ist das Eurosystem der Zentralbanken für viele Staaten zum *dominierenden Investor* ihrer Schuldtitel geworden. So werden für die Staatsanleihen von Deutschland, den Niederlanden und Portugal schon mehr als 50 % der für das Programm PSPP in Frage kommenden Anleihen von den verschiedenen Programmen und den ANFA-Beständen vom Eurosystem gehalten. Auch für Finnland, Österreich, Frankreich, Belgien, Irland und Spanien liegt danach der Bestand der Anleihen oberhalb von 33 %, in Italien aufgrund der hohen absoluten Staatsschulden knapp darunter. Dies könnte zu zwei Konsequenzen führen. Zum einen erleichtert das Eurosystem den

Nationalstaaten durch die Ankäufe weitere Verschuldungen. Zum anderen halten die hohen Bestände die EZB von zukünftigen Zinserhöhungen ab. Diese könnten zu Instabilitäten führen, da die Zinslasten der Staaten bei Neuverschuldungen steigen und Banken ggf Wertberichtigungen vornehmen müssten. Zudem wäre die EZB selbst von den steigenden Zinsen betroffen. Die Banken würden für ihre Einlagen Zinsen bekommen, wofür das Eurosystem niedrig-/negativverzinste Staatsanleihen gekauft hat. Es entstünden Verluste bei den Zentralbanken. Mit dem Auslaufen des PEPP-Programms müsste ggf. das PSPP-Programm diese Flexibilität durch einen neuen Beschuss übernehmen.

13.3.2 Einhaltung des EZB-Kapitalschlüssels

Für eine gleichgewichtete und dadurch *diskriminierungsfreie geldpolitische Maßnahme* – und als solche wird das PSPP-Programm von der EZB geführt – ist die Beschlussvorgabe wesentlich, dass die Ankäufe der Staatsanleihen von den jeweiligen NZBen gemäß dem *Kapitalschlüssel der EZB* zu erfolgen haben (Art. 6 Abs. 4 Beschluss (EU) 2020/188 der EZB). Demgegenüber könnte eine anhaltende und signifikante Übergewichtung einzelner Eurostaaten als fiskalisch motivierte Unterstützung des Kreditzugangs zulasten der untergewichteten Mitgliedstaaten gewertet werden.

Aus geldpolitischer Betrachtung geeigneter *Verteilungsschlüssel* wäre eigentlich eine alleinige Ländergewichtung gemäß den *BIP-Anteilen* des Euroraumes. Stattdessen ist der EZB-Kapitalschlüssel (Berechnung zu je *50 % nach BIP- und Bevölkerungsanteil*) maßgeblich für die Aufteilung der Staatsanleihekäufe. Hieraus erwachsen drei Implikationen: Zunächst ist dadurch unklar, inwiefern geldpolitische

Motive tatsächlich primär für die Anwendung des PSPP-Programms sind. Darüber hinaus verursacht der Verteilungsschlüssel (aus geldpolitischer Sicht) eine PSPP-Begünstigung von Eurostaaten mit höherem Bevölkerungs- als BIP-Gewicht. Hiervon profitieren insbesondere Italien und Spanien. Zum Jahresende 2019 betrugen die PSPP-Bestände im Verhältnis zum jeweiligen BIP für Spanien 20,8 % und für Italien 20,4 %, hingegen für Deutschland nur 15,2 %. Drittens ist die faktische Befolgung der angestrebten Portfolioallokation gemäß EZB-Kapitalanteilen zu hinterfragen. Verwendet man die aktuelle Portfoliostruktur als Indikator, so lässt sich eine länderspezifisch teils *erhebliche Divergenz vom Kapitalschlüssel* konstatieren (vgl. Abb. 13.1).

Länder	Anteil an kumulierten PSPP-Ankäufen [1] (%)	Relativer [2] Kapitalschlüssel EZB (%)	Abweichung der PSPP-Ankäufe vom relativen Kapitalschlüssel (%-Punkte)	Abweichung der PSPP-Ankäufe vom relativen Kapitalschlüssel (%)	Abweichung der PSPP-Ankäufe vom relativen Kapitalschlüssel (Mrd. Euro)
Belgien	3.91	3.74	0.18	4.69	3.77
Deutschland	25.80	27.03	-1.23	-4.54	-26.41
Estland	0.01	0.29	-0.28	-96.39	-5.99
Finnland	1.59	1.88	-0.29	-15.63	-6.33
Frankreich	22.53	20.94	1.58	7.56	34.06
Irland	1.67	1.74	-0.06	-3.54	-1.32
Italien	19.13	17.42	1.71	9.84	36.84
Lettland	0.13	0.40	-0.27	-67.58	-5.81
Litauen	0.20	0.59	-0.39	-66.29	-8.46
Luxemburg	0.12	0.34	-0.21	-63.54	-4.61
Malta	0.06	0.11	-0.05	-47.98	-1.11
Niederlande	5.31	6.01	-0.70	-11.70	-15.12
Österreich	3.07	3.00	0.07	2.40	1.55
Portugal	2.07	2.40	-0.33	-13.77	-7.10
Slowakei	0.63	1.17	-0.55	-46.43	-11.72
Slowenien	0.40	0.49	-0.09	-18.72	-1.99
Spanien	13.23	12.23	1.00	8.22	21.60
Zypern	0.13	0.22	-0.09	-39.04	-1.85

1 Länderanteile an kumulierten PSPP-Käufen - ohne Ankäufe supranationaler Emittenten, die allerdings indirekt ebenfalls der Staatsfinanzierung (ESM-Anleihen) dienen können.
Quelle: EZB-Daten zum PSPP-Programm, eigene Berechnungen.
https://www.ecb.europa.eu/mopo/implement/omt/html/index.en.html#pspp
2 Relativer Kapitalschlüssel (gültig seit 01.02.2020) der Mitglieder des Eurosystems (ohne Griechenland).
Quelle: EZB-Angaben zum Kapitalschlüssel, eigene Berechnungen.
https://www.ecb.europa.eu/ecb/orga/capital/html/index.de.html

Abb. 13.1 Abweichung der Länderanteile an den PSPP-Käufen vom Kapitalschlüssel der EZB (Stand 30.09.2020)

Betrachtet man die nach PSPP-Anteilen fünf größten Länder (insges. 86 % ausmachend), so wurden – gemessen am EZB-Richtwert 'Kapitalanteil' – übermäßig viele Staatsanleihen gekauft von Italien (Abweichung um 10,0 %, entsprechend 37,1 Mrd. Euro), Spanien (7,8 %, 20,2 Mrd. Euro) und Frankreich (6,8 %, 30,5 Mrd. Euro), während zu wenige von den Niederlanden (minus 11,8 %, minus 15,1 Mrd. Euro) und Deutschland (minus 4,3 %, minus 24,9 Mrd. Euro) erworben wurden. Die in 13.1 teils erheblichen negativen Abweichungen bei kleineren und gering verschuldeten Länder sind durch begrenzt vorhandene PSPP-fähige Wertpapiere sowie im Fall Zypern durch mangelnde Bonität begründet. Dieser Status quo ist das Ergebnis von Zeitpfaden, die wiederum Hinweise auf mögliche zukünftige Entwicklungen geben (vgl. Abb. 13.2 und 13.3).[3]

Nachdem die Abweichung für einige Länder im Zeitablauf eher größer als kleiner wurde, hatte die EZB zum zwischenzeitlichen Ende der Netto-Ankäufe zum 31.12.2018 angekündigt, die Portfolioallokation während der Reinvestitionsphase stärker mit den Kapitalschlüsseln der NZBen in Einklang bringen zu wollen. Mit Beginn der reinen Reinvestitionsphase erfolgte zum 01.01.2019 jedoch auch eine turnusmäßige Neukalibrierung des EZB-Kapitalschlüssels, wodurch die prozentuale PSPP-Schlüsselabweichung Italiens (von 4,5 % auf 9,3 %) und Spaniens (von 3,9 % auf 8,1 %), sprunghaft anstieg. Von den Niederlanden (von 1,3 % auf minus 3,4 %) und

---

[3] Bei einem Anleihevolumen von 252 Mrd. Euro supranationaler Emittenten (Stand 31.08.2020) ist davon auszugehen, dass ein erheblicher Anteil der vom ESM emittierten 121 Mrd. Euro hierunter fällt. Insofern absorbiert das ESZB als monetärer Rettungsschirm die fiskalische Staatenrettung. Indirekt steigt damit der Anteil der in einem Hilfsprogramm befindlichen Staaten wie beispielsweise Griechenland, deren originär-emittierten Staatanleihen vom PSPP-Programm sogar ausgeschlossen sind. Siehe https://www.finanzen.net/anleihen/ europaeischer-stabilitaetsmechanismus-esm-anleihen?orderBy=Bond-List%3AMaturityDate%3Adesc&p=4 (Zugegriffen 07.09.2020).

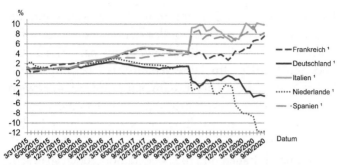

¹ Abweichung der anteiligen kumulierten PSPP-Bestände vom EZB-Kapitalschlüssel der Eurostaaten ohne Griechenland, von März 2015 – September 2020 jeweils zum Monatsende berechnet.

Quelle: EZB-Angaben zum Kapitalschlüssel (https://www.ecb.europa.eu/ecb/orga/capital/html/index.de.html),
EZB-Daten zum PSPP-Programm (https://www.ecb.europa.eu/mopo/implement/omt/html/index.en.html#pspp),
eigene Berechnungen.

Abb. 13.2 Abweichung der fünf größten Länderanteile an PSPP-Käufen vom EZB-Kapitalschlüssel (Schlüssel der Euro-Länder ohne Griechenland) in Prozent

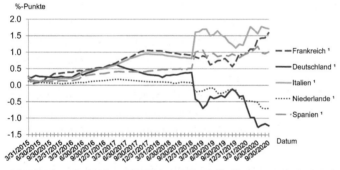

¹ Abweichung der anteiligen kumulierten PSPP-Bestände vom EZB-Kapitalschlüssel der Eurostaaten ohne Griechenland, von März 2015 – September 2020 jeweils zum Monatsende berechnet.

Quelle: EZB-Angaben zum Kapitalschlüssel (https://www.ecb.europa.eu/ecb/orga/capital/html/index.de.html),
EZB-Daten zum PSPP-Programm (https://www.ecb.europa.eu/mopo/implement/omt/html/index.en.html#pspp),
eigene Berechnungen.

Abb. 13.3 Abweichung der fünf größten Länderanteile an PSPP-Käufen vom EZB-Kapitalschlüssel (Schlüssel der Euro-Länder ohne Griechenland) in Prozentpunkten

Deutschland (von 1,5 % auf minus 1,6 %) waren nun hingegen nicht mehr zu viele, sondern zu wenige Wertschriften im Portfolio (jeweils Schlüsselabweichung zum 31.12.2018 und 31.01.2019). Im Jahresverlauf 2019 begann dann – insbes. während der reinen Reinvestitionsphase bis November – die avisierte Rückführung der Abweichungen.

Nach der Wiederaufnahme von Netto-Ankäufen im November 2019 wuchsen die Abweichungen für Frankreich, Deutschland, Italien und die Niederlande jedoch spätestens im Januar 2020 wieder an. Bei Frankreich und den Niederlanden waren die Abweichungen zu dieser Zeit bereits größer als direkt nach der Rekalibrierung im Jahr zuvor – im März dann ebenfalls bei Deutschland und im April auch bei Italien und Spanien. Das erneute Auseinanderdriften der PSPP-Anteile vom Kapitalschlüssel setzte sich insgesamt nach der Brexit-bedingten Neufestsetzung der EZB-Kapitalanteile zum 01.02.2020 fort (siehe Abb. 13.2 und 13.3 sowie Abb. 13.1). Erst mit der Einführung des wesentlich flexibleren PEPP-Programms Ende März 2020 konnte die Asymmetrie der PSPP-Bestände zeitweise wieder zurückgeführt werden.

Das Eurosystem hält demnach weiterhin überproportional viele italienische, spanische und französische Schuldtitel, während sich zu wenige niederländische und deutsche Staatsanleihen im PSPP-Portfolio befinden – Tendenz in die jeweilige Richtung steigend. Würde man die – für eine geldpolitische Maßnahme eigentlich erforderliche – symmetrische Allokation der PSPP-Ankäufe nach BIP-Anteilen des Euroraumes als Maßstab zugrunde legen, dann fiele die Asymmetrie noch ausgeprägter aus. Für die innerhalb des PSPP-Programms sowohl *konzeptionell* (EZB-Kapitalschlüssel statt BIP-Gewicht) als auch *operativ* (Abweichung von Kapitalanteilen) übergewichteten und hoch verschuldeten Krisenstaaten fungieren die Ankäufe als Ersatz für fiskalische Rettungshilfen. Diese Diskrepanzen stehen im offensichtlichen Widerspruch zum PSPP-Beschluss der EZB und lassen die Vermutung aufkommen, dass fiskalische Motive eines *beförderten Kreditzugangs hoch verschuldeter Eurostaaten* (mit) verfolgt werden. Somit verschwimmt die Grenze zwischen einer geldpolitischen und einer fiskalisch-wirtschaftspolitischen Ausrichtung infolge der zunehmenden PSPP-Asymmetrie immer weiter.

"Auf der Basis der gebotenen Gesamtbetrachtung" (Rn 216), insbesondere auch unter Hervorhebung der beiden hier untersuchten Kriterien durch das BVerfG, könnte damit – gerade bei Einbezug der ökonomischen Konsequenzen – die Grenze zur *monetären Staatsfinanzierung* als bereits überschritten angesehen werden.[4] Dieses Ergebnis steht im Widerspruch zum Fazit des BVerfG, nachdem "eine offensichtliche Umgehung von Art. 123 Abs. 1 AEUV … nicht feststellbar" sei (Rn. 216).

13.4 Verlustvergemeinschaftung

Das *Gesamtvolumen* der PSPP-Ankäufe verteilt sich zu 90 % auf die NZBen und zu 10 % auf die EZB. Letztere kauft ausschließlich Staatsanleihen der Eurostaaten und Wertpapiere anerkannter Institutionen mit öffentlichem Förderauftrag an (10 %), während die NZBen Staatsanleihen des eigenen Landes (80 %) sowie Schuldtitel erwerben, die von zugelassenen internationalen Organisationen und multilateralen Entwicklungsbanken begeben wurden (10 %) (Art. 6 Beschluss (EU) 2020/188 der EZB).

---

[4] Siehe auch das Memorandum ehemaliger Notenbanker zur aktuellen EZB-Politik und den Staatsanleihekäufen. Sie bewerten die Wiederaufnahme der Netto-Ankäufe 2019 aus geldpolitischer Sicht als schwer nachvollziehbar. Vielmehr wird hinter der Maßnahme der Versuch vermutet, hochverschuldete Eurostaaten vor höheren Zinssätzen zu schützen. Damit habe die EZB die Grenze zur monetären Staatsfinanzierung überschritten. Vgl. Hannoun et al. (2019).

Damit unterliegen 20 % der PSPP-Käufe einer *Verlustver-gemeinschaftung*, an dem die Eurostaaten entsprechend ihrem Kapitalanteil an der EZB beteiligt sind. Zu hinter-fragen ist somit die Aussage des EuGH (C-493/17, Rn. 164), "dass der potenzielle Umfang dieser [zu teilen-den] Verluste durch die in Art. 6 Abs. 1 des Beschlusses 2015/774 [aktuell: Art. 6 Abs. 1 u. 6 des Beschlusses (EU) 2020/188] niedergelegte Regel begrenzt wird, wonach der Anteil dieser Wertpapiere auf 10 % des Buchwerts der im Rahmen des PSPP getätigten Ankäufe beschränkt ist, und zum anderen, dass die gegebenenfalls zwischen den Zentral-banken der Mitgliedstaaten zu teilenden Verluste nicht die unmittelbare Folge des vom vorlegenden Gericht an-gesprochenen Ausfalls eines Mitgliedstaats sein können." Da die von der EZB gehaltenen 10 % des Gesamtvolumens wesentlich aus Staatsanleihen der Nationalstaaten bestehen, würde der Ausfall eines Landes zulasten der Einkünfte der EZB gehen. Ein etwaig dadurch entstehender Verlust der EZB kann gemäß Art. 33.2 ESZB-Satzung "nach einem entsprechenden Beschluss des EZB-Rates" durch Kürzung oder Streichung der den NZBen nach Art. 32.5 ESZB-Satzung zustehenden Anteile an den monetären Einkünften ausgeglichen werden. Während dieser Umstand im Vor-lagebeschluss des BVerfG noch benannt wird, findet er keine Berücksichtigung mehr in den dazu folgenden Urtei-len des EuGH sowie des BVerfG (2017, Rn. 127). Eine Verlustübertragung ist jedoch ausgeschlossen, so dass die EZB nach Rückführung ihres Reservefonds ihr Grund-kapital mindern müsste.[5] Folgerichtig heißt es auch in einer

---

[5] Leicht abweichend heißt es nach Bundesverfassungsgericht (2017) v. 18. Juli 2017, Rn 127: "Bei denjenigen Schuldtiteln nationaler Emittenten, die von der EZB erworben werden – das heißt 10 % der erworbenen Schuldtitel – findet eine Risikoteilung nur über die an die nationalen Zentralbanken aus-zuschüttenden Einkünfte statt (Art. 32.5 ESZB-Satzung). Verluste der EZB aus

Pressemitteilung der EZB: "Somit unterliegen 20 % der zusätzlichen Ankäufe von Vermögenswerten dem Prinzip der Risikoteilung" (Europäische Zentralbank, 2015b). Indirekt würden in so einem Fall den Staatshaushalten weniger Notenbankgewinne überwiesen werden. Vor diesem Hintergrund wäre die Einschätzung des BVerfG (Rn. 222–228), wonach die im Rahmen des PSPP-Programms vorgesehene Risikoaufteilung die haushaltspolitische Gesamtverantwortung des Deutschen Bundestages nicht tangiert, ebenfalls zu hinterfragen.

Ein weiterer *Transfer* resultiert aus den Regelungen zur *Verteilung der monetären Einkünfte* (Art. 32 ESZB-Satzung), die zu einer Umverteilung von Zinseinkünften (Seigniorage) im Rahmen der angekauften PSPP-Anleihen führen. Einer Gewinnermittlung der NZBen geht die Verteilung der monetären Einkünfte zwischen den NZBen des ESZB voraus. In Art. 32 Abs. 2 u. 5 ESZB-Satzung ist geregelt, dass die monetären Einkünfte der NZBen zunächst an die EZB abgeführt werden (Zinspooling), um dann gemäß ihren EZB-Kapitalanteilen wieder an die NZBen verteilt zu werden. Zur Ermittlung der monetären Einkünfte werden die PSPP-Vermögenswerte der NZBen fiktiv in Höhe des Zinssatzes für Hauptrefinanzierungsgeschäfte – von derzeit null Prozent – verzinst. Davon abzuziehen wäre bei Finanzierung über Geschäftsbankeinlagen der darauf anfallende Einlagenzinssatz von aktuell minus 0,5 Prozent (Art. 5 Abs. 2 sowie Anhang I Beschluss (EU) 2016/2248 der EZB). Die PSPP-Ankäufe erfolgen de facto insofern auf eigene Rechnung, als dass der Zinsspread zwischen tatsächlicher Verzinsung der PSPP-Anlagen und dem Haupt-

---

Ankäufen im Rahmen des PSPP können sich bei den nationalen Zentralbanken damit nur insofern auswirken, als die diesen zustehenden Anteile an den monetären Einkünften gekürzt werden oder ganz entfallen (Art. 33.2 ESZB-Satzung). Dabei ist unklar, was geschieht, wenn die Anteile am Verlust die Anteile am Gewinn übersteigen sollten."

refinanzierungssatz in die eigene Tasche geht. Dadurch werden allerdings insbesondere diejenigen Mitgliedstaaten begünstigt, deren Anleihezins höher als der Durchschnittszins aller Eurostaaten ist. Dies betrifft grundsätzlich hoch verschuldete Staaten, deren höheres Ausfallrisiko zu entsprechend hohen Zinssätzen führt. Im Fall negativer Renditen – zeitweise auf Bundesanleihen zutreffend – muss die NZB sogar die Negativdifferenz zum Hauptrefinanzierungssatz als monetäre Einkünfte abführen. Unter der modellhaften Annahme der Rendite 10-jähriger Staatsanleihen und dem jeweiligen PSPP-Volumen werden für Deutschland aufgrund der Ausnahmeregelung 2,35 Mrd. Euro "zu viel", hingegen für Italien 3,70 Mrd. Euro und für Spanien 0,85 Mrd. Euro "zu wenig" bei der Berechnung der monetären Einkünfte erfasst.[6] Der tatsächliche "Zinstransfer" ist dann jeweils abhängig von der Finanzierungsart der PSPP-Ankäufe. In jedem Fall wirkt sich die hier beschriebene Berechnung der monetären Einkünfte spürbar auf die Bilanzgewinne der NZBen aus. So weist die Bundesbank für das Jahr 2018 bei einer Bilanzsumme von 1842 Mrd. Euro einen Gewinn von nur 2,4 Mrd. Euro aus, während die Banca d'Italia eine Bilanzsumme 968 Mrd. Euro und einen Gewinn von 6,2 Mrd. Euro ausweist. Die Banco de España kommt im selben Jahr mit einer Bilanzsumme von 745 Mrd. Euro auf einen Gewinn von 2,2 Mrd. Euro.

---

[6] Modellrechnung für PSPP-Bestände der NZBen (31.08.2020) und Renditen 10 jähriger Staatsanleihen (07.09.2020) (https://www.boerse.de/konjunkturdaten/staatsanleihen/):

PSPP-Anleihen D	489.664 Mrd. Euro bei Rendite – 0,48 %	unberücksichtigt: – 2,35 Mrd. Euro
PSPP-Anleihen I	362.812 Mrd. Euro bei Rendite + 1,02 %	unberücksichtigt: +3,70 Mrd. Euro
PSPP-Anleihen Sp	249.513 Mrd. Euro bei Rendite + 0,34 %	unberücksichtigt: +0,85 Mrd. Euro.

Schließlich bietet Art. 32.4 ESZB-Satzung die Möglichkeit einer *Kollektivierung von Verlusten aus PSPP-Käufen.* Hierzu müsste der EZB-Rat beschließen, "dass die nationalen Zentralbanken ... für spezifische Verluste aus für das ESZB unternommenen währungspolitischen Operationen entschädigt werden." Allerdings ist die Hürde relativ hoch, denn ein etwaiger Beschluss bedarf der Mehrheit der nach den Anteilen der nationalen Zentralbanken am gezeichneten Kapital der EZB gewogen Stimmen (Art. 10.3 ESZB-Satzung). Diese, vom Urteil des BVerfG nicht erfassten Zusammenhänge würden die haushaltspolitische Gesamtverantwortung des Deutschen Bundestages ebenfalls tangieren.

13.5 Ausblick auf das Pandemic Emergency Purchase Programme

Streitgegenstand des BVerfG-Urteils v. 5. März 2020 waren ausschließlich die Staatsanleihekäufe im Rahmen des PSPP-Programms. Wenngleich von daher das Urteil nicht auf das PEPP-Programm übertragbar ist, so sollten doch die *Maßstäbe früherer Urteile* (OMT, PSPP) grundsätzlich auf die PEPP-Ankäufe Anwendung finden. Auch wäre das BVerfG gemäß der *Honeywell-Entscheidung* (BVerfG, Beschluss des Zweiten Senats vom 06. Juli 2010 - 2 BvR 2661/06) gehalten, dem EuGH im Rahmen einer Ultra-vires-Kontrolle Gelegenheit zur Prüfung und Vertragsauslegung zu geben, soweit – wie hier gegeben – weder ein *acte claire* noch ein *acte éclairé* vorliegt.

13.5.1 Analyse des PEPP-Programms zum Verbot der monetären Staatsfinanzierung

Das PEPP-Programm rekurriert im *Grundsatz auf den PSPP-Beschluss*: "Soweit nicht in diesem Beschluss ausdrücklich anderes geregelt ist, erwerben die Zentralbanken des Eurosystems im Rahmen des PEPP: a) notenbankfähige marktfähige Schuldtitel im Sinne und nach Maßgabe der Bestimmungen des Beschlusses (EU) 2020/188 der Europäischen Zentralbank (EZB/2020/9)" (Art. 1 Abs. 2a Beschluss (EU) 2020/440 der EZB). Im Folgenden sollen deshalb die sieben Kriterien auch hier zugrunde gelegt werden, die im PSPP-Urteil zur Prüfung des Verstoßes gegen das Verbot der monetären Staatsfinanzierung angelegt wurden.[7] Bei vier dieser 'Garantien' sind Unstimmigkeiten hinsichtlich deren Einhaltung festzustellen:

(1) *Ex ante-Begrenzung des Ankaufvolumens*

Um den Staaten (und den Marktteilnehmern) keinen Anlass hinsichtlich "einer weitreichenden Gewissheit" (Rn. 201) für Ankäufe zu geben, sollte das Volumen im Vorhinein begrenzt sein. Zwar wurde der Gesamtumfang auf 750 Mrd. Euro limitiert (Art. 1 Abs. 1 Beschluss (EU) 2020/440 der EZB), doch bereits knapp drei Monate später um 600 Mrd. Euro bei einer Laufzeitverlängerung von

---

[7] Vgl. mit zum Teil abweichenden Analysen und Schlussfolgerungen Wissenschaftlicher Dienst des Deutschen Bundestages (2020). Insbesondere die dort geäußerte Einschätzung, dass "anders als beim Ankaufprogramm PSPP ... der Beschluss (EU) 2020/440 der EZB für PEPP keine Sperrfristen für den Ankauf von Anleihen" (ebenda, S. 12) vorsehen würde, ist gemäß Art. 1 Abs. 2 Beschluss (EU) 2020/440 der EZB nicht haltbar. Auch der Aussage, "dass das Programm PEPP ein wesentlich geringeres Ankaufsvolumen als PSPP vorsieht" (ebenda, S. 12) ist unter Einbezug des wesentlich kürzeren Zeitraumes der Ankäufe und der Aufstockung um 600 Mrd. Euro nicht (mehr) haltbar.

sechs Monaten erhöht. Zugleich wird die Flexibilität des Krisenprogramms hervorgehoben. Zwar rechtfertigt ein Krisenprogramm eine hinreichende Flexibilität, jedoch wird damit zugleich jegliche Festlegung im Vorhinein zu einer weitgehend inhaltsleeren Deklaration. Mangels Bindung an nachprüfbare Eingriffskriterien werden Erweiterungen der Ankäufe und Konditionen möglich. Die Glaubwürdigkeit der Restriktionen steht infrage.

(2) *Obergrenze von 33 %*

"Vor allem die Ankaufobergrenze von 33 % und die Verteilung der Ankäufe nach dem Kapitalschlüssel der Europäischen Zentralbank verhindern, dass unter dem PSPP selektive Maßnahmen zugunsten einzelner Mitgliedstaaten getroffen werden und dass das Eurosystem zum Mehrheitsgläubiger eines Mitgliedstaats wird" (Leitsatz 7 sowie Rn. 217 BVerfG 2 BvR 859/15). Diese Garantie einer "Gesamt-Ankaufobergrenze von … 33 % der ausstehenden Wertpapiere eines Emittenten" (Art. 5 Abs. 2 Beschluss (EU) 2020/188 der EZB) findet gemäß Art. 4 Beschluss (EU) 2020/440 der EZB für die PEPP-Ankäufe keine Anwendung. Begründet wird dies mit "Risiken für die reibungslose Transmission der Geldpolitik" in einem Land (Grund 6, Beschluss (EU) 2020/440 der EZB).

(3) *Ankäufe nach* dem Kapitalschlüssel *der nationalen Zentralbanken*

Zwar sollen die Ankäufe auch weiterhin auf der Grundlage des EZB-Kapitalschlüssels erfolgen (Art. 5 Abs. 1 Beschluss (EU) 2020/440 der EZB). Allerdings kann "insbesondere … die Allokation der Ankäufe im Rahmen des PEPP angepasst werden, um die Verteilung der Ankäufe auf die Anlageklassen und Länder im Zeitverlauf anzupassen" (Art. 5

Abs. 3 Beschluss (EU) 2020/440 der EZB). Hierzu überträgt der EZB-Rat dem Direktorium die Befugnis, so dass die NZBen keinen Handlungseinfluss mehr haben. In Verbindung mit Pkt. (2) kann durch die Aufhebung beider Restriktionen der Kapitalmarktzugang hoch verschuldeter Staaten besonders befördert werden: Fiskalische versus geldpolitische Intentionen bleiben ohne die Möglichkeit einer externen Nachprüfbarkeit.

Betrachtet man die nach PEPP-Anteilen fünf größten Länder (insges. 82 % ausmachend), so wurden – gemessen am EZB-Richtwert 'Kapitalanteil' – übermäßig viele Staatsanleihen gekauft von Italien (Abweichung um 21,1 %, entsprechend 12,8 Mrd. Euro) und Spanien (8,4 %, 3,6 Mrd. Euro), während zu wenige von Frankreich (minus 18,5 %, minus 13,5 Mrd. Euro), Deutschland (minus 1,1 %, minus 1,1 Mrd. Euro) und den Niederlanden (minus 1,1 %, minus 0,2 Mrd. Euro) erworben wurden (vgl. Abb. 13.4). Dieser Status quo (Stand 30.09.2020) ist jedoch eher als eine Momentaufnahme nach nur etwa viermonatiger Laufzeit zu sehen. Hinweise auf mögliche zukünftige, auch zahlungskrisenbedingte Entwicklungen sind deshalb nicht möglich. Die Abweichungen für die erste Hälfte 2021 zeigen, dass diese eher wieder zurückgeführt wurden. Zudem ermöglicht die Wiederanlage von fälligen Tilgungsbeträgen zusätzlichen Spielraum im Sinne einer späteren Rückkehr des PEPP-Portfolios zum Kapitalschlüssel.

(4) *Mindestrating*

Die Europäische Zentralbank (2020e) hat die Sicherheitsanforderungen anlässlich der Corona-Pandemie abgesenkt. Hiernach können Wertpapiere, die am 7. April 2020 die Mindestbonitätsanforderungen für die Notenbankfähigkeit von Sicherheiten erfüllten, auch weiterhin bei angemessenen Bewertungsabschlägen verwendet werden, solange das Ra-

Länder	Anteil an kumulierten PEPP-Ankäufen [1] (%)	Relativer [2] Kapitalschlüssel EZB (%)	Abweichung der PEPP-Ankäufe vom relativen Kapitalschlüssel (%-Punkte)	Abweichung der PEPP-Ankäufe vom relativen Kapitalschlüssel (%)	Abweichung der PEPP-Ankäufe vom relativen Kapitalschlüssel (Mrd. Euro)
Belgien	3.62	3.64	-0.03	-0.75	-0.13
Deutschland	26.17	26.36	-0.19	-0.73	-0.92
Estland	0.04	0.28	-0.24	-85.74	-1.15
Finnland	1.82	1.84	-0.02	-1.01	-0.09
Frankreich	17.63	20.42	-2.80	-13.69	-13.36
Griechenland	2.71	2.47	0.24	9.70	1.15
Irland	1.68	1.69	-0.01	-0.77	-0.06
Italien	19.93	16.99	2.94	17.33	14.07
Lettland	0.18	0.39	-0.21	-55.05	-1.02
Litauen	0.42	0.58	-0.16	-28.08	-0.78
Luxemburg	0.21	0.33	-0.12	-36.85	-0.58
Malta	0.05	0.10	-0.06	-52.71	-0.26
Niederlande	5.82	5.86	-0.04	-0.74	-0.21
Österreich	2.85	2.93	-0.08	-2.66	-0.37
Portugal	2.44	2.34	0.10	4.16	0.47
Slowakei	0.91	1.15	-0.24	-20.75	-1.14
Slowenien	0.52	0.48	0.04	7.83	0.18
Spanien	12.77	11.92	0.85	7.11	4.05
Zypern	0.25	0.22	0.03	16.03	0.16

1 Länderanteile an kumulierten PEPP-Käufen von Wertpapieren des öffentlichen Sektors - ohne Ankäufe supranationaler Emittenten, die allerdings indirekt ebenfalls der Staatsfinanzierung (ESM-Anleihen) dienen können.
Quelle: EZB-Daten zum PEPP-Programm, eigene Berechnungen.
https://www.ecb.europa.eu/mopo/implement/pepp/html/index.en.html
2 Relativer Kapitalschlüssel (gültig seit 01.02.2020) der Mitglieder des Eurosystems.
Quelle: EZB-Angaben zum Kapitalschlüssel, eigene Berechnungen.
https://www.ecb.europa.eu/ecb/orga/capital/html/index.de.html

Abb. 13.4 Abweichung der PEPP-Käufe von Wertpapieren des öffentlichen Sektors vom Kapitalschlüssel der EZB (Stand 30.09.2020)

ting mindestens auf der Kreditqualitätsstufe 5 liegt. Unabhängig von dieser generellen Lockerung, hat die EZB griechische Staatsanleihen zum Ankauf im Rahmen von PEPP zugelassen (Art. 3 und Grund 7 Beschluss (EU) 2020/440 der EZB). Diesen Entschluss gründet die EZB auf eine individuelle Prüfung anhand besonderer Fragestellungen abseits vom Rating der Agenturen. Indem die Zulassungskriterien für marktfähige Sicherheiten für Kreditgeschäfte des Eurosystems für griechische Staatsschuldtitel suspendiert wurden, hat die EZB explizit positiv-diskriminierende Bedingungen für den Kreditzugang eines insolvenzgefährdeten Staates geschaffen. Dies könnte als ein das geldpolitische Mandat der EZB überschreitender fiskalischer Eingriff gewertet werden.

13.5.2 Ein Krisenszenario für Griechenland, Italien und die EU

Nachfolgend wird zunächst ein Krisenszenario entworfen, wie es nach dem PEPP-Programm im Falle einer Liquiditätsklemme infolge eines *versperrten Kapitalmarktzugangs* für Griechenland möglich wäre. Zum Vergleich eine kurze Rückblende anknüpfend an die Ereignisse und Erfahrungen um das zweite und dritte Hilfspaket für Griechenland 2012 und 2015: Infolge einer drohenden Illiquidität bzw. Insolvenz des griechischen Staates und notleidender Banken wurden griechische Staatstitel von den Refinanzierungsgeschäften der EZB ausgeschlossen. Um eine Insolvenz mit wahrscheinlichem Euro-Austritt Griechenlands zu vermeiden, ermächtigte die EZB im Rahmen der *Emergency Liquidity Assistance* (ELA, Notfall-Liquiditätshilfe) die Bank of Greece zur Inpfandnahme von Kurzläufern des griechischen Staates, sogenannte Treasury Bills, die über den griechischen Bankensektor angekauft wurden. Um die EZB von Risiken zu entlasten, gehen diese ELA-Geschäfte auf eigene Rechnung der jeweiligen NZB. De facto handelte es sich um eine *monetäre Staatsfinanzierung* im Notkreislauf von griechischer Zentralbank, griechischen Geschäftsbanken und Staat (siehe Kap. 11.1).

Auch um bei einer aktuell drohenden Staatsinsolvenz Griechenlands im Rahmen von PEPP schnell handlungsfähig zu sein, überträgt der EZB-Rat das weitere Handeln dem sechsköpfigen Direktorium. Auf der Basis von Art. 5 Abs. 3 Beschluss (EU) 2020/440 der EZB entscheidet dieses unter Nichteinhaltung des EZB-Kapitalschlüssels, so viele griechische Staatswertschriften anzukaufen, wie es zum Erhalt der Zahlungsfähigkeit Griechenlands notwendig ist. Dies wird möglich, da keine Gesamt-Ankaufobergrenze einzuhalten ist. Da außerdem die Restlaufzeit von vormals im PSPP-Programm mindestens einem Jahr auf 70 Tage gesenkt wurde, stehen entsprechend geeignete Titel zur Verfügung. Der Unterschied zu den damaligen ELA-Krediten besteht darin, dass jetzt (a) eine kollektive Aktion des Eurosystems vorliegt und (b) Rechnung und Risiko – je nach Ausführung bzw. Anwendung der Ausnahmeregel – für mindestens 10 % der PSPP-Ankäufe bei der EZB liegen. Entsprechende Ausfälle betreffen indirekt geringere Zuführungen aus den monetären Einkünften an den Bundeshaushalt.

Sollte gar Italien in Liquiditätsnöte geraten, so könnte mit einem Zweidrittel-Mehrheitsbeschluss (Art. 20 ESZB-Satzung) Art. 3 Beschluss (EU) 2020/440 der EZB um italienische Staatsschuldtitel erweitert werden. Einer 'Rettung' durch monetäre Staatsfinanzierung stünde damit nichts im Wege. Schließlich ließe die Flexibilitätsklausel nach Art. 5 Abs. 3 Beschluss (EU) 2020/440 der EZB den Ankauf von im Rahmen des Kriseninstrumentes "Next Generation EU" begebenen EU-Anleihen auch über den 10 %-Anteil für Schuldtitel von zugelassenen internationalen Organisationen hinaus zu. Die EU-Organe würden zur monetären Gemeinschaftsfinanzierung verschmelzen.

13.6 Das PSPP (und PEPP) als Kriseninstrument für den Staatskreditzugang: Was passiert bei Rückabwicklung?

Abschließend soll der eher hypothetischen Frage nachgegangen werden, welche Konsequenzen eine *Aussetzung der Mitwirkung der Bundesbank am PSPP-Beschluss* (gehabt) hätte. Gemäß Urteil BVerfG (2020) wäre die Bundesbank bei Nichtvorliegen eines geforderten EZB-Beschlusses zur Verhältnismäßigkeit "verpflichtet, mit Blick auf die unter dem PSPP getätigten Ankäufe für eine im Rahmen des ESZB abgestimmte – auch langfristig angelegte – Rückführung der Bestände an Staatsanleihen Sorge zu tragen" (Rn. 235). Um nicht ihren eigenen PSPP-Beschluss zu konterkarieren, müsste das ESZB-System den Verkauf des Bestandes an deutschen Staatsanleihen bei der Bundesbank ausgleichen. Allerdings kann die Portfolioallokation gemäß Art. 6 Beschluss (EU) 2020/188 der EZB nicht mehr ohne weiteres angewendet werden. Dies betrifft insbesondere die Einhaltung des EZB-Kapitalschlüssels, da jetzt und zukünftig der ca. 26 %-Anteil deutscher Staatsanleihen am Gesamtvolumen zur Disposition steht. Mindestens zwei Alternativen kommen in Betracht:

(1) Die anderen Euro-Mitgliedstaaten und die EZB erwerben die *deutschen Anleihen* im Umfang von rund 490 Mrd. EUR. Der bilanzielle Aktivtausch bei der Bundesbank würde zu einem Anstieg der deutschen TARGET-Forderungen in gleicher Höhe führen. Der TARGET-Saldo stiege damit um etwa 50 %.

(2) Die anderen Euro-Mitgliedstaaten (und die EZB) erwerben im entsprechenden Umfang *Anleihen ihrer Staaten*. Die Bilanz der Bundesbank würde verkürzt, indem die deutschen Staatsanleihen auf dem Kapitalmarkt veräußert würden. Aufgrund der Begehrtheit dieser als sicher geltenden Anleihen dürfte sich der Preis-/Zinseffekt in Grenzen halten. Insbesondere für die Krisenstaaten ergibt sich jedoch die Möglichkeit, eigene Staatsanleihen zu erwerben, die sonst nur zu höheren Zinsen vom Markt abgenommen würden. '*Nationales Zusatzgeld*' würde auch zulasten Deutschlands

geschaffen – die *Kongruenz von Geldemissions- und Geldannahmegemeinschaft* würde endgültig zerfallen.

13.7 Zusammenfassung

Das BVerfG beanstandet in erster Linie eine mangelhafte Darlegung der Verhältnismäßigkeit des PSPP-Programms durch die EZB (Rn. 232) und die Überprüfung der Verhältnismäßigkeit durch den EuGH (Rn. 154). Allerdings gäbe es keine offensichtlichen Hinweise, die eine Umgehung des Verbots der monetären Staatsfinanzierung (Rn. 213) und eine erhebliche Risikovergemeinschaftung ergeben würden (Rn. 222 ff.). Die vorliegende Untersuchung setzt Fragezeichen an diesen Ergebnissen oder widerspricht diesen gar. Indem die Ankäufe den selbst gesteckten geldpolitischen Steuerungsspielraum konterkarieren oder gar vollends zunichtemachen, könnte die EZB nicht nur gegen den *Grundsatz der Verhältnismäßigkeit* verstoßen haben. Vielmehr stellt sie damit ihr ursprüngliches zentrales geldpolitisches Mandat, den Erhalt der Preisstabilität, infrage. Mit der letztlich nicht gegebenen Nachvollziehbarkeit von Ankaufobergrenzen und dem belegten dauerhaften und ansteigenden Abweichen der Ankäufe vom EZB-Kapitalschlüssel könnte die 'Gesamtschau' deshalb eine *Nähe zur monetären Staatsfinanzierung* nahelegen. Dies gilt insbesondere unter den wesentlich weicheren 'Garantien' des PEPP-Programms. Schließlich dürfte das Urteil einer Fehleinschätzung bezüglich etwaiger *Vergemeinschaftungen* unterliegen, indem zum einen die 10 % nationalen Staatsanleihen bei der EZB nicht einbezogen wurden und zum anderen die Verteilung der monetären Einkünfte keinerlei Beachtung fand.

Literatur

Artikel und Monografien

Bofinger, P., Hellwig, M., Hüther, M., Schnitzer, M., Schularick, M., & Wolff, G. (29. Mai 2020). Gefahr für die Unabhängigkeit der Notenbank. *Frankfurter Allgemeine Zeitung*, 18.

Degenhart, C., Horn, H.-D., Kerber, M. C., & Murswiek, D. (03 Juni 2020). Unabhängigkeit: Ja. Freiheit vom Recht: Nein. *Frankfurter Allgemeine Zeitung*, 16.

Deutsche Bundesbank. (2016). Zur Bedeutung und Wirkung des Agreement on Net Financial Assets (ANFA) für die Implementierung der Geldpolitik. *Monatsbericht, 68*(3), 87–97.

Deutsche Bundesbank. (o. J.). Public Sector Purchase Programme (PSPP). https://www.bundesbank.de/de/aufgaben/geldpolitik/geldpolitische-wertpapierankaeufe/public-sector-purchase-programme-pspp%2D%2D830348. Zugegriffen am 28.05.2020.

Europäische Kommission. (2021). Europäische Kommission/Vertretung in Deutschland, Vertragsverletzungsverfahren im Dezember: EU-Kommission stellt Verfahren gegen Deutschland wegen EZB-Urteil ein und fällt eine Reihe weiterer Beschlüsse, Pressemitteilung v. 2. Dez. 2021. https://germany.representation.ec.europa.eu/news/vertragsverletzungsverfahren-im-dezember-eu-kommission-stellt-verfahrengegen-deutschland-wegen-ezb-2021-12-02_de. Zugegriffen am 10.02.2022.

Europäische Zentralbank (2015b). *Pressemitteilung* vom 22. Januar 2015. EZB kündigt erweitertes Programm zum Ankauf von Vermögenswerten an. https://www.ecb.europa.eu/press/pr/date/2015/html/pr150122_1.de.html. Zugegriffen am 11.05.2020.

Europäische Zentralbank (2016a). Was ist ANFA?. https://www.ecb.europa.eu/explainers/tell-me-more/html/anfa_qa.de.html. Zugegriffen am 10.06.2020.

Europäische Zentralbank. (2018). Pressemitteilung v. 13. Dez. 2018, ECB decides on technical parameters for the reinvestment of its asset purchase programme. https://www.ecb.europa.eu/press/pr/date/2018/html/ecb.pr181213.en.html. Zugegriffen am 18.06.2020.

Europäische Zentralbank. (2019). *Jahresbericht* 2018. https://www.ecb.europa.eu/pub/annual/html/ar2018~d08cb4c623.de.html. Zugegriffen am 10. 04.2020.

Europäische Zentralbank. (2020c). *Pressemitteilung* v. 30. Jan. 2020. Höhe des gezeichneten Kapitals der EZB bleibt nach dem Ausscheiden der Bank of England aus dem Europäischen System der Zentralbanken unverändert. https://www.ecb.europa.eu/press/pr/date/2020/html/ecb.pr200130_2~59d6ffffe1.de.html. Zugegriffen am 09.04.2020.

Europäische Zentralbank. (2020d). *Pressemitteilung* v. 04. Juni 2020. Geldpolitische Beschlüsse. https://www.ecb.europa.eu/press/pr/date/2020/html/ecb.mp200604~a307d3429c.de.html. Zugegriffen am 04.06.2020.

European Commission (2020). European Economic Forecast Spring 2020. https://ec.europa.eu/info/sites/info/files/economy-finance/ip125_en.pdf. Zugegriffen am 24.06.2020.

Fuest, C., & Sinn, H.-W. (2018). Target-Risiken ohne Euro-Austritte. *ifo-Schnelldienst, 71*(24), 15–25. https://www.ifo.de/publikationen/2018/aufsatz-zeitschrift/target-risiken-ohne-euro-austritte. Zugegriffen am 25.06.2020.

Grimm, D. (18. Mai 2020). Jetzt war es so weit. *Frankfurter Allgemeine Zeitung*, 9.

Hannoun, H., Issing, O., Liebscher, K., Schlesinger, H., Stark, J., & Wellink, N. (2019). Memorandum on the ECB's monetary policy. http://www.hanswernersinn.de/dcs/Memorand-ECB-Monetary-Policy-04102019.pdf. Zugegriffen am 06.04.2020.

Hansen, A., & Meyer, D. (2017). ANFA – A National Licence to Print Money within the Eurosystem? *Journal of International Banking Law & Regulation, 32*(12), 513–525. https://leronglu.com/2017/11/14/index-journal-of-international-banking-law-regulation-2017-vol-3210-12/. Zugegriffen am 10.02.2022.

Hansen, A., & Meyer, D. (2019). ANFA und die Anleihekaufprogramme – Gefahr für die Unabhängigkeit der EZB? *Zeitschrift für das gesamte Kreditwesen, 72*(21), 20–25.

Hansen, A., & Meyer, D. (2020a). Das PSPP-Staatsanleiheprogramm – Empirische Daten und Regelwerk stellen das Urteil des BVerfG teilweise infrage. *ifo Schnelldienst, 73*(10), 37–46. https://www.ifo.de/publikationen/2020/aufsatz-zeitschrift/das-pspp-staatsanleiheprogramm-empirische-daten-und. Zugegriffen am 10.02.2022.

Hansen, A., & Meyer, D. (2020b). ANFA and the Asset Purchase Programmes of the Eurosystem: Non-monetary Policy Operations that Restrict the ECB's Monetary Policy? *Journal of International Banking Law & Regulation, 35*(6), 231–242.

Havlik, A., & Heinemann, F. (2020). Sliding down the slippery slope? Trends in the rules and country allocations of the Eurosystem's PSPP and PEPP. http://ftp.zew.de/pub/zew-docs/ZEWKurzexpertisen/EN/ZEW_Shortreport2011.pdf. Zugegriffen am 14.07.2020.

Heinemann, F. (2018). Zur Aufteilung der PSPP-Anleihekäufe auf die Euro-Mitgliedstaaten. http://ftp.zew.de/pub/zew-docs/gutachten/PSPP_Analyse_Heinemann_2018.pdf. Zugegriffen am 31.07.2018.

Hellwig, M., & Schnabel, I. (2019). Stellungnahme anlässlich der öffentlichen Anhörung des Finanzausschusses des Deutschen Bundestages zu den Anträgen der Fraktion der FDP und AfD zum Thema "Target" (BT-Drs. 19/6416 und 19/9232), 5. Juni 2019. https://www.bundestag.de/resource/blob/645586/3254e2723ad969f4cc8598adfa4d848c/08-Schnabel-data.pdf. Zugegriffen am 24.06.2020.

Leister, M., & Rieger, C. (2021). Big Picture: €QE ohne Grenzen. *Commerzbank Rates & Credit Strategy*, 3–6, 24.06.2021.

Meyer, D., & Hansen, A. (2020). PSPP-Ankäufe als nationales Zusatzgeld mit geldpolitischer Relevanz. *Zeitschrift für das gesamte Kreditwesen, 73*(17), 31–35.

Mussler, W. (11. August 2021). Berlin beschwichtigt im EZB-Streit – Bundesregierung will Eskalation im Vertragsverletzungsverfahren vermeiden. *Frankfurter Allgemeine Zeitung*, 17.

Scholz, O. (2020). Brief v. 26.06.2020 persönlich/vertraulich an den Präsidenten des Deutschen Bundestages, Dr. Wolfgang Schäuble (den Verfassern vorliegend).

Seidel, M. (2012). Austritt aus der Währungsunion – eine freie Entscheidung Griechenlands. In D. Meyer (Hrsg.), *Die Zukunft der Währungsunion – Chancen und Risiken des Euros* (S. 157–163).

Shorrocks, A., Davies, J. u. Lluberas, R. (2021). Global wealth report 2021. Credit Suisse.

Sinn, H.-W. (2019). Der Streit um die Targetsalden – Kommentar zu Martin Hellwigs Artikel "Target-Falle oder Empörungsfalle?". *Perspektiven der Wirtschaftspolitik, 20*(3), 170–217. https://doi.org/10.1515/pwp-2019-0038. Zugegriffen am 23.06.2020.

Wissenschaftlicher Dienst des Deutschen Bundestages (2020). Zur Unionsrechtskonformität des Pandemic Emergency Purchase Programme (PEPP) der EZB. Unterabteilung Europa Fachbereich Europa, PE 6 – 3000 – 32/20, Abschluss: 15.05.2020.

Rechtsquellenverzeichnis

Agreement of 25. October 2019 on net financial assets (ANFA-Abkommen). https://www.ecb.europa.eu/ecb/legal/pdf/en_anfa_agreement_25oct2019_f_sign.pdf. Zugegriffen am 17.04.2020.

Bundesverfassungsgericht. (2010). Beschluss des Zweiten Senats in der Sache "Honeywell" v. 06. Juli 2010 - 2 BvR 2661/06 -, Rn. 1-116. https://www.bundesverfassungsgericht.de/e/rs20100706_2bvr266106.html. Zugegriffen am 12.06.2020.

Bundesverfassungsgericht. (2017). Beschluss zur Aussetzung des Verfahren zum Anleihekaufprogramm der EZB – Vorlagebeschluss zum EuGH des Zweiten Senats vom 18. Juli 2017. https://www.bundesverfassungsgericht.de/SharedDocs/Entscheidungen/DE/2017/07/rs20170718_2bvr085915.html. Zugegriffen am 30.04.2020.

Bundesverfassungsgericht. (2020). Urteil des Zweiten Senats zum PSPP-Programm v. 5. Mai 2020 - 2 BvR 859/15, 2 BvR 980/16, 2 BvR 2006/15, 2 BvR 1651/15 - Rn. 1 – 237. http://www.bverfg.de/e/rs20200505_2bvr085915.html. Zugegriffen am 07.05.2020.

Bundesverfassungsgericht. (2021). *Pressemitteilung* Nr. 38/2021 vom 18. Mai 2021. Erfolglose Vollstreckungsanträge zum Urteil des Zweiten Senats zu dem PSPP-Anleihekaufprogramm der EZB. https://www.bundesverfassungsgericht.de/SharedDocs/Pressemitteilungen/DE/2021/bvg21-038.html. Zugegriffen am 17.06.2021.

Deutscher Bundestag. Antrag der Fraktionen CDU/CSU, SPD, FDP und BÜNDNIS 90/DIE GRÜNEN zum Urteil des Bundesverfassungsgerichts zum Anleihekaufprogramm PSPP der Europäischen Zentralbank. Drucksache 19/20621 v. 01.07.2020. https://dip21.bundestag.de/dip21/btd/19/206/1920621.pdf. Zugegriffen am 06.07.2020.

Europäische Zentralbank. (2015a). Beschluss (EU) 2015/774 der Europäischen Zentralbank vom 4. März 2015 über ein Programm zum Ankauf von Wertpapieren des öffentlichen Sektors an den Sekundärmärkten (PSPP) (EZB/2015/10). https://www.ecb.europa.eu/ecb/legal/pdf/oj_jol_2015_121_r_0007_de_txt.pdf. Zugegriffen am 15.08.2018.

Europäische Zentralbank. (2016b). Beschluss (EU) 2016/2248 der Europäischen Zentralbank vom 3. November 2016 über die Verteilung der monetären Einkünfte der nationalen Zentralbanken der Mitgliedstaaten, deren Währung der Euro ist (EZB/2016/36) (Neufassung).

Europäische Zentralbank. (2020a). Beschluss (EU) 2020/188 der Europäischen Zentralbank vom 3. Februar 2020 über ein Programm zum Ankauf von Wertpapieren des öffentlichen Sektors an den Sekundärmärkten (PSPP) (EZB/2020/9). https://www.ecb.europa.eu/ecb/legal/pdf/celex_32020d0188_de_txt.pdf. Zugegriffen am 01.04.2020.

Europäische Zentralbank. (2020b). Beschluss (EU) 2020/440 der Europäischen Zentralbank vom 24. März 2020 zu einem zeitlich befristeten Pandemie-Notfallankaufprogramm (EZB/2020/17). https://www.ecb.europa.eu/ecb/legal/pdf/celex_32020d0440_de_txt.pdf. Zugegriffen am 17.04.2020.

Europäische Zentralbank. (2020e). Zusammenfassung der geldpolitischen Sitzung des Rates der Europäischen Zentralbank v. 3.–4. Juni 2020. https://www.bundesbank.de/de/publikationen/ezb/accounts/zusammenfassung-der-geldpolitischen-sitzung-des-rates-der-europaeischen-zentralbank-vom-3-4-juni-2020-835454. Zugegriffen am 06.07.2020.

Europäischer Gerichtshof. (2018). Urteil v. 11. Dez. 2018, Az. C-493/17 betr. Vorlage zur Vorabentscheidung – Wirtschafts- und Währungspolitik – Beschluss (EU) 2015/774 der Europäischen Zentralbank – Gültigkeit – Programm zum Ankauf von Wertpapieren des öffentlichen Sektors an den Sekundärmärkten – Art. 119 und 127 AEUV – Befugnisse der EZB und des Europäischen Systems der Zentralbanken – Gewährleistung der Preisstabilität – Verhältnismäßigkeit – Art. 123 AEUV – Verbot der monetären Finanzierung der Mitgliedstaaten des Euro-Währungsgebiets". http://curia.europa.eu/juris/document/document.jsf?text=&docid=208741&pageIndex=0&doclang=de&mode=lst&dir=&occ=first&part=1&cid=11630090. Zugegriffen am 30.04.2020.

Protokoll. (Nr. 4) über die Satzung des Europäischen Systems der Zentralbanken und der Europäischen Zentralbank (ESZB-Satzung).

14

Das TARGET2-System: Lösungen aus einer Sackgasse

TARGET2 ist ein Verbund der nationalen Zentralbanken (NZBen) des Euroraumes zu einem *einheitlichen Zahlungsverkehrssystem*, um (a) innerstaatliche Überweisungen in Echtzeit zwischen den Geschäftsbanken eines Landes sowie (b) den grenzüberschreitende Zahlungsverkehr zwischen den einzelnen NZBen abzuwickeln.[1] Die den zwischenstaatlichen Zahlungen zugrunde liegenden Transaktionen Privater sind bspw. grenzüberschreitende Warenlieferungen, Dienstleistungen, Wertpapiertransaktionen oder Zahlungen in Verbindung mit einem Kredit, aber auch Überweisungen zum Zwecke einer Kapitalflucht. Formal handelt es sich um Gegenbuchungen, denen real ein Vermögenstransfer in Gestalt von Waren, Dienstleistungen und Ver-

---

[1] Siehe Leitlinie der Europäischen Zentralbank vom 26. April 2007 über ein transeuropäisches automatisiertes Echtzeit-Brutto-Express-Zahlungsverkehrssystem (TARGET2), EZB/2007/2, 2007/600/EG. Über TARGET2 werden sowohl nationale wie auch grenzüberschreitende Zahlungen in Zentralbankgeld vorgenommen. In geringem Umfang übernehmen einzelne Notenbanken des Eurosystems auch Zahlungsabwicklungen für Nicht-Eurostaaten, so u.a. für Dänemark, Polen, Bulgarien und Rumänien, allerdings nur auf Guthabenbasis. Vgl. auch Hansen und Meyer (2019) sowie Meyer (2016), S. 35 f. Der nationale TARGET-Saldo wird bilanziell in der Position A9.4 (Forderung) bzw. P9.3 (Verbindlichkeit) geführt.

© Der/die Autor(en), exklusiv lizenziert durch Springer Fachmedien Wiesbaden GmbH, ein Teil von Springer Nature 2022
D. Meyer, *Europäische Union und Währungsunion in der Dauerkrise I*,
https://doi.org/10.1007/978-3-658-35715-3_14

mögensansprüchen gegenübersteht. Zu den grundlegenden Zusammenhängen siehe auch Abschn. 11.3. In einem multilateralen Verrechnungsverfahren werden alle innertäglichen bilateralen Verbindlichkeiten und Forderungen zusammengeführt und die so entstehenden Salden am Ende eines Geschäftstages auf die EZB übertragen. Damit entstehen entsprechende Verbindlichkeiten/Forderungen dieser NZBen gegenüber der EZB.

Einher geht eine primäre Geldschöpfung der NZB des Güterimport-/Kapitalimportlandes.[2] Legt man als Konsolidierungskreis das Eurosystem zugrunde, saldieren sich die TARGET-Salden buchhalterisch zu null. Da (noch) kein europäischer (Bundes-)Staat besteht, ist eine nationale Saldenerfassung infolge der zugrunde liegenden realwirtschaftlichen Vermögensbewegungen angezeigt. Anders sieht es etwa in der Bundesrepublik aus, in der als Bundesstaat im Rahmen der volkswirtschaftlichen Gesamtrechnung keine regionalisierten, die Bundesländer übergreifende Zahlungsströme erfasst werden. Diese Dichotomie – supranationaler Staatenbund einerseits versus Euro-Währungsunion andererseits – dürfte den Ursprung in verschiedenen Sichtweisen und Bewertungen zum TARGET-System haben.[3]

Die TARGET-Forderungen bzw. Verbindlichkeiten (netto) beruhen überwiegend auf einer regulären Refinanzierung durch die NZBen. Hierbei besteht allerdings die Besonderheit, dass bspw. einem Importgeschäft zwei

---

[2] Vgl. im Detail Sinn und Wollmershäuser (2011) und Sinn (2018b), S. 26 f.

[3] So Hellwig und Schnabel (2019a), S. 554, die aufgrund der Einheit der Währungsunion den integralen Bestandteil der Bundesbank zum ESZB betonen und die TARGET-Salden weniger als finanzwirtschaftliche Forderungen und Verbindlichkeiten, denn als lediglich buchhalterische Positionen im ESZB-internen Kontensystem sehen. Eine Währungsunion kennt demnach keine regionalen Geld- und Kreditträume, so Hellwig und Schnabel (2019b), S. 635 f. Dieser Sichtweise folgend, werden etwa Vorschläge zur Begrenzung oder Besicherung von TARGET-Defiziten abgelehnt, da diese einer Einheitswährung zuwiderlaufen würden.

Geldschöpfungsprozesse zugrunde liegen. Eine *primäre Geldschöpfung* findet im Rahmen der Liquiditätsversorgung der das Importgeschäft finanzierenden (bspw. italienischen) Geschäftsbank statt, die hierfür einen Zentralbankkredit bei ihrer (italienischen) Notenbank in Anspruch nimmt. Nach der Geldvernichtung durch die Anweisung der Zahlung durch die Banca d'Italia schöpft die Bundesbank in Deutschland quasi zum zweiten Mal und erzwungener Maßen den Betrag als Basisgeld, das sie der Geschäftsbank des (deutschen) Exporteurs gut schreibt. Man spricht deshalb hier von einer *sekundären Geldschöpfung*. Es entstehen entsprechende TARGET-Salden bei der Banca d'Italia (Passiva P9.3) und der Bundesbank (Aktiva A9.4) - unter Vermittlung und Beteiligung der EZB. Aufgrund der erzwungenen sekundären Geldschöpfung bei der TARGET-finanzierenden Bundesbank zählen diese Salden zur *national-autonom initiiert und verlagerten Geldschöpfung* hin zur Notenbank des importierenden Landes.[4]

Den gesamten TARGET-Forderungen der Notenbanken des Euroraumes stehen Verbindlichkeiten in gleicher Höhe durch die TARGET-kreditnehmenden Zentralbanken gegenüber, da der Saldo im gesamten Euroraum null ist. Mit 1261 Mrd. EUR (31.12.2021) hatte die Bundesbank hierbei die größte Gläubigerposition inne, entsprechend 41,7 % ihrer Bilanzsumme. Die nationale Dimension der TARGET-Salden lässt sich für Deutschland auch daran festmachen, dass zum Jahresende 2021 die TARGET-Forderungen der Bundesbank 54,8 % des gesamten deutschen Nettoauslandsvermögens von ca. 2300 Mrd. EUR ausmachten. Als herausragender Gläubigerstaat ist mit

---

[4] Sinn (2018b), S. 28 f. bezeichnet diese Art der Geldschöpfung deshalb als 'Außengeld'. Das entsprechende 'Binnengeld' hat die Banca d'Italia im Zusammenhang mit der Liquiditätsbereitstellung gegenüber der italienischen Geschäftsbank geschaffen. Vgl. auch Sinn und Wollmershäuser (2011), S. 13 ff. u. S. 18.

327 Mrd. EUR auch Luxemburg zu nennen. Die größten Kreditpositionen führten demgegenüber die Banca d'Italia mit 590 Mrd. EUR sowie die Banco de España mit 513 Mrd. EUR. Die Bank of Greece besaß einen Negativsaldo in Höhe von 104 Mrd. EUR. Diese Daten belegen eine *starke Diskrepanz* in der Inanspruchnahme des TARGET-Systems. Das Ausmaß der *national-autonom initiierte Geldschöpfung* einzelner kreditnehmender Eurostaaten ist Ausdruck einer Krise in einem nicht-optimalen Währungsraum. Die weiteren Ausführungen gründen u. a. auf Hansen und Meyer (2019, 2021a).

14.1 Das TARGET-Ausfallrisiko bewirkt ein Erpressungspotenzial

Wie die asymmetrische Verteilung der nationalen Geldschöpfung durch die TARGET-Salden zeigt, ist die Währungsunion eine *Geldannahmegemeinschaft*, aber keine *Emissionsgemeinschaft*. Dies führt insbesondere dann zu Gefahren, wenn ein mangelnder Common Sense und/oder die fiskalisch-ökonomische Heterogenität der Mitgliedstaaten nationalen Interessen Vorrang gebietet: eine Liquiditätsversorgung nationaler Banken und Unternehmen, die wegen Altlasten nur schwer einen Kreditzugang auf dem freien Kapitalmarkt finden; die Substitution einer marktlich-fiskalischen Staatsfinanzierung über Steuern und Marktkredite durch eine monetär von anderen Notenbanken unterstützte Finanzierung des Staatshaushalts; die Finanzierung einer Kapitalflucht/eines Bank runs sowie die Erzielung nationaler Seigniorage.

Besondere Unwägbarkeiten erzeugen die bestehenden TARGET-Regularien für ein Überschussland – zum einen durch den *Zwangscharakter der Geldschöpfung*, der sie zum passiven Mitspieler macht, zum anderen durch die damit verbundenen *Ausfallrisiken*. Indem die TARGET-Ungleichgewichte im Zeitablauf eher zunehmen und dabei auch einen Indikator für das Illiquiditätsrisiko von nationalen Banken und Staaten darstellen, sind diese Überschussländer einem Sperrklinkeneffekt und einem hohen Erpressungspotenzial ausgesetzt. Dies betrifft jegliche Vergemeinschaftung von Schulden im Rahmen von Rettungshilfen fiskalischer Art [Europäischer Stabilitätsmechanismus (ESM), Next Generation EU (NGEU), Europäische Arbeitslosenhilfe (SURE)] wie monetärer Art (bspw. die Staatsanleiheankaufprogramme PSPP und PEPP). Eine Verweigerung weiterer Notfallhilfen würde nicht nur die bisher ausgereichten Hilfskredite und die Rückzahlung der vom Eurosystem angekauften Staatsanleihen infrage stellen. Zugleich wären die TARGET-Verbindlichkeiten bei einem Euroaustritt eines Krisenlandes de facto kaum durchsetzbar, wenngleich eine offizielle EZB-Stellungnahme hierzu auffordert.[5] Umgekehrt steht bei Austritt eines stabilen Landes die Begleichung seiner TARGET-Forderungen durch die EZB infrage.[6] Als *Fazit* kann geschlossen werden: Bei einem

---

[5] Siehe hierzu die Anfrage der beiden Abgeordneten des Europäischen Parlaments, Marco Zanni (EFDD) und Marco Valli (EFDD) 2016 an die EZB, "how the balances would, technically, be settled, especially those in net debtor countries, should a Member State participating in the system decide to quit the single currency?" Question for written answer Z-000120/2016. to the European Central Bank. Die Antwort des damaligen EZB-Präsidenten Mario Draghi war eindeutig: "If a country were to leave the Eurosystem, its national central bank's claims on or liabilities to the ECB would need to be settled in full." Schreiben Draghi v. 18. Januar 2017, L/MD/17/34.

[6] Auf die Anfrage des damaligen Abgeordneten des Europäischen Parlaments, Hans-Olaf Henkel (ECR) 2017, "am I right in understanding that the ECB is accountable for this amount", ob die EZB denn auch beim Austritt eines Landes für die TARGET-Forderungen einstehen würde, lautete die Antwort des damaligen EZB-Präsidenten Mario Draghi abweichend zu oben: "As I had the opportunity to explain during my appearance before the ECON on 6 February 2017

Austritt eines Krisenlandes mit TARGET-Verbindlichkeiten sind diese de facto unerfüllbar, während bei Austritt eines stabilen Landes mit TARGET-Forderungen diese für den ehemaligen Mitgliedstaat abzuschreiben sind.

Zwar trägt diejenige NZB, die die primäre Geldschöpfung vornimmt, vorrangig das Ausfallrisiko der eingereichten Wertschriften/Pfänder. Übersteigen die Wertberichtigungen infolge einer Staatsschulden- oder Bankenkrise das Eigenkapital dieser Zentralbank, hätte dies zumindest auch einen *Reputationsschaden* für das Eurosystem zur Folge. Im ungünstigen Fall des Austritts eines Landes und der Nicht-Bedienung seiner TARGET-Verbindlichkeiten müsste das Eurosystem die entsprechenden TARGET-Forderungen abschreiben und die verbleibenden Eurostaaten hätten die *Verluste anteilig* zu tragen. Im Falle des Austritts eines großen Staates wie Italien müsste Zentralbankgeld aus dem Kreislauf genommen werden, was einem Währungsschnitt im Eurosystem gleichkäme.

Das TARGET- Zahlungsverkehrssystem kann im Falle einer Staatsschulden- oder Bankenkrise, insbesondere aber auch im Zusammenhang mit einem drohenden Euroaustritt, zur *Kapitalflucht* genutzt werden. Mögliche Beispiele geben Griechenland (2010 bis 2012; 2015) sowie Italien (2017/18), wo ein sprunghafter Anstieg der TARGET-Negativsalden entsprechende Hinweise lieferte. Sicht- und Spareinlagen bei Geldinstituten des Krisenstaates können über TARGET in einen sicheren Eurostaat transferiert werden. Damit können sich die Forderungsinhaber nicht nur einer Zwangsumwandlung in eine abwertende Neuwährung entziehen. Sollten sie ihre geld- bzw. geldnahen Forderungen in Realvermögen des 'Gastlandes' anlegen, würde dies einen gewissen zusätzlichen Schutz vor einem ggf. not-

---

and on several previous occasions, the euro is irrevocable." Schreiben Draghi v. 11. April 2017, L/MD/17/157.

wendigen Währungsschnitt im Rest-Euroraum bieten. Die Lasten würden die Staaten mit ihren unbesicherten, uneinbringbaren und deshalb wertlosen TARGET-Forderungen tragen müssen (Sinn, 2018b, S. 34).

Ein zeitnah drohender oder gar überraschend verkündeter Austritt eines Landes innerhalb eines Geschäftstages wird den sog. *Intraday-TARGET-Saldo* hochschnellen lassen. Intraday-TARGET-Salden können im Verlaufe eines Tages höher oder tiefer ausfallen als sie am Ende eines Geschäftstages ausgewiesen werden.[7] Hierüber veröffentlicht die EZB keinerlei Daten.[8] Die TARGET-Verbindlichkeiten einer NZB am Ende eines Tages können theoretisch die Summe aller grenzüberschreitenden Zahlungsausgänge innerhalb eines Tages ausmachen, vice versa bzgl. der TARGET-Forderungen. Das asynchrone Zahlungsverhalten bei einem Austritt eines Landes stellt deshalb ein besonderes Risiko für ein Überschussland bzw. die verbleibenden Eurostaaten dar. Hinzu treten ggf. technische Risiken durch einen Systemausfall. So fiel am 23.10.2020 das Zahlungsverkehrssystem einschließlich des Notfallsystems für mehrere Stunden komplett aus. Nach Angaben der Bundesbank sei hierfür eine IT-Störung die Ursache gewesen.

---

[7] Siehe hierzu den Briefwechsel zwischen Frank Schäffler, MdB, v. 9. Sept. 2020 und Jens Weidmann v. 29. Sept. 2020, der dem Verfasser vorliegt.

[8] Die Daten auf Transaktionsebene sind streng vertraulich und nur einem sehr beschränkten Kreis vorbehalten. Siehe Art. 1 Abs. 1 Beschluss der Europäischen Zentralbank vom 29. Juli 2010 über den Zugang zu bestimmten TARGET2-Daten und deren Nutzung (EZB/2010/9) (2010/451/EU): "Für jede Zentralbank wird der Zugang zu den in Absatz 1 genannten Daten und deren Nutzung für quantitative Analysen und numerische Simulationen auf jeweils einen Mitarbeiter und bis zu drei Stellvertreter für den Betrieb und für die Überwachung von TARGET2 beschränkt." Eine inhaltliche Begründung für die Aussage: "Es ist von größter Bedeutung, die Vertraulichkeit der Daten auf Transaktionsebene zu wahren" Rn. 9 wird nicht gegeben.

Eine Ausnahme bildet eine Veröffentlichung von Massarenti (EZB), Petriconi u. Lindner (EZB) (2012/2013). Hier zeigen Daten des Zeitraumes Januar 2008 bis Dezember 2011, erhoben in 10-minütigen Intervallen über alle Mitgliedstaaten, bereits im Tagesverlauf erhebliche Schwanken der TARGET-Aktivitäten von Anzahl und Volumen der Buchungen auf.

14.2 Lösungen ohne Reform der TARGET-Regularien?

Würde die primäre Geldschöpfung nicht im Krisenstaat im Rahmen der TARGET-Kredite über eine Besicherung mit heimischen Staatstiteln, sondern in den Kernländern über die Einreichung von Anleihen dortiger Unternehmen stattfinden, würde deren Kreditzugang erleichtert werden. Investitionen von Unternehmen der Kernländer werden unter den jetzigen TARGET-Bedingungen erschwert. Diese Überlegung greift der nachfolgende Vorschlag auf.[9] Mit dem Ziel einer Modernisierung der Infrastruktur legt die Bundesregierung einen *Staatsfonds* auf. Zu dessen Finanzierung gibt der Fonds Anleihen aus, die von deutschen Geschäftsbanken aufgekauft und ggf. der EZB bzw. der Bundesbank zur Refinanzierung eingereicht werden (*primäre Geldschöpfung*). Um nicht als monetäre Staatsfinanzierung zu gelten, müssten die Regeln des Bundesverfassungsgerichts gemäß seines OMT-Urteils v. 21.06.2016 – 2 BvR 2728/13, 2 BvR 2729/13, 2 BvR 2730/13, 2 BvR 2731/13, 2 BvE 13/13 – eingehalten werden. Hier ist u. a. eine Mindesthaltefrist im Sekundärmarkt vorgesehen. Zudem dürfen die Schuldtitel nur ausnahmsweise bis zur Endfälligkeit von der Zentralbank gehalten werden. Um im gleichen Zuge die TARGET-Überschüsse auszugleichen, würde der Staatsfonds diese Liquidität über sein Konto bei der Bundesbank (Geldvernichtung) zur Zentralbank eines anderen Eurostaates (*sekundär erzwungene TARGET-Geldschöpfung*) hin zu einer dort ansässigen Geschäftsbank überweisen. Vornehmlich, aber keineswegs zwingend, könnten das Länder mit einem negativen TARGET-Saldo sein, bspw. Italien, Spanien oder

---

[9] Siehe hierzu, teils abweichend, Albrecht (2018) sowie Hansen und Meyer (2019), S. 19 f.

Griechenland. Im Folgenden ergeben sich drei mögliche Verwendungen dieser Guthaben:

- Die Überweisungen werden für Investitionen in diesen Ländern verwendet. Dies können Infrastrukturprojekte im Rahmen eines *Europäischen Solidaritätsfonds* oder Beteiligungen an privaten Unternehmen sein. Die bislang unbesicherten TARGET-Forderungen wären in Realkapital der kreditnehmenden TARGET-Länder angelegt.

- Unter der Annahme, dass die institutionellen Rahmenbedingungen gerade in diesen Ländern wenig produktivitätsfördernd sind, soll das Kapital nach Deutschland für dortige Investitionen im Rahmen eines *Bundesinvestitionsfonds*[10] eingesetzt werden. Um über diese Mittel 'targetlos' in Deutschland verfügen zu können, müssten als weitere Schritte von dem entsprechenden Euromitgliedsstaat Überweisungen in das nicht dem TARGET-System angeschlossenen England und von dort wieder zurück nach Deutschland erfolgen. Diese Lösung würde sowohl die TARGET-Salden zurückführen bzw. auflösen wie auch Investitionen in Deutschland initiieren. Zudem wäre einer Diskussion um die Aufhebung der Schuldenbremse die Grundlage entzogen.

- Dem Beispiel großer (Rohstoff-)Exportnationen folgend, könnte Deutschland seine TARGET-Forderungen, die u. a. aus den Exportüberschüssen resultieren, einem *Zukunftsfonds für spätere Generationen* zuführen. Entsprechende Vermögensanlagen (Stand: Jan. 2020) haben Norwegen (Government Pension Fund in Mrd. US-$: 1122), China (China Investment Corporation 1046; National Social Security Fund 372), Vereinigte Arabi-

---

[10] Siehe die Vorschläge BÜNDNID 90/DIE GRÜNEN für einen Bundesinvestitionsfonds (Bundestags-Drs. 19/16841) und DIE LINKE zu staatlichen Investitionspflichten (Bundestags-Drs. 19/15919 u. 19/14375).

sche Emirate (Abu Dhabi Investment Authority 580; Investment Corporation of Dubai 302), Singapur (GIC Private Limited 453; Temasek Holdings 417), Hongkong (576), Kuweit (534) und Saudi Arabien (Public Investment Fund 347).[11]

Verschiedene *Einwendungen* stehen dem – an sich originellen – Vorschlag entgegen. Mit dem Aufbau eines über Kredit finanzierten Staatsfonds als Nebenhaushalt würde die Bundesrepublik gegen den Geist der *Fiskalregeln* der nationalen Schuldenbremse, der Maastricht-Kriterien und des Fiskalvertrages verstoßen. Durch die Errichtung des Investitionsfonds entsteht ein Nebenhaushalt, dessen Kreditfinanzierung (Passiva) gerade durch die vorgenommenen Investitionsprojekte (Aktiva) im Sinne der Goldenen Regel gedeckt wird. Lediglich in Höhe der Abschreibungen müssten die Kredite getilgt werden. Kritisch zu einer Aufweichung der Haushaltsregeln für Investitionen siehe auch Deutsche Bundesbank (2019), S. 85 ff. Sanktionen oder eine zukünftige Nichtbeachtung dieser Regeln aller EU-Länder könnten die Folgen sein. Andere Eurostaaten, auch die mit negativen TARGET-Salden, könnten diese Methode kopieren. Griechenland und Italien könnten bspw. ihr Rentenproblem über einen entsprechenden Fonds lösen. Das TARGET-Karussell würde eskalieren. Sodann gibt es *Kritik im Detail*:

• Der Ankauf der Staatsanleihen durch die Bundesbank bzw. die EZB setzt eine Fortsetzung des PSPP/PEPP-Programms voraus. Dieser Ankauf ist notwendig, da die als sicher geltenden Anleihen sonst in erheblichem Anteil auch in anderen Euroländern nachgefragt würden,

---

[11] Vgl. die Angaben (Stand Januar 2020) bei Statista (2021).

was je nach Finanzierungsweg den deutschen TARGET-Saldo erhöhen würde.

• Sollten die Mittel als 'Solidaritätsfonds' in die mediterranen Länder fließen, dürften ohne Strukturreformen Negativrenditen entstehen. Zudem existieren für diese Zwecke bereits der EU-Strukturfonds und der 'Juncker Fonds' (EFSI). Deren Mittel werden in großem Umfang nicht abgerufen, da die Planungskapazitäten der Regionen und die erforderlichen Eigenmittel zur Projektrealisierung nicht ausreichen.

• Ein alternativer 'Deutschlandfonds' wäre eine Staatswirtschaft im Umfang von bis zu einer Bill. EUR Anlagevermögen. Anders als etwa in Norwegen, wo der Staatsfonds aus Steuermitteln aufgebaut wurde, sind die TARGET-Salden ggf. wieder aufzulösen. Aufgrund der kurzfristig hohen Schwankungen dieser Salden müsste das Kapital kurzfristig/flexibel angelegt werden, was gerade bei Infrastrukturprojekten kaum möglich ist. Sollten Aktien den Vermögensstock bilden, so würde die Höhe der gehandelten Volumina erhebliche und unerwünschte Kurseffekte bewirken.

Die beiden letzten Kritikpunkte umgeht eine weitere Verwendungsmöglichkeit der TARGET-Guthaben:

• Die Bundesrepublik entschließt sich zu einen *nationalen EU-Hilfsfonds*. Diesen würde die Bundesregierung durch die Ausgabe von Anleihen auflegen, dessen Mittel dann für die bereits bestehenden vertraglichen Verpflichtungen aus den EU-Vergemeinschaftungen ESM, NGEU und SURE verwendet würden. Damit könnte Deutschland die Risiken aus de facto Eurobonds gegen die Ausfallrisiken der TARGET-Forderungen tauschen.

14.3 Rückführung der TARGET2-Salden durch Notenbank-Schuldverschreibungen

Eine Notenbank-Schuldverschreibung *(NB-SV)* ist ein von der Zentralbank emittiertes Wertpapier, das mit einem Zinscoupon ausgestattet ist (siehe hierzu auch Bd. II Kap. 8 sowie Hansen & Meyer, 2021b). Im Rahmen ihrer *strategischen Offenmarktoperation* kann eine Zentralbank eigene Wertschriften zur Abschöpfung von Überschussliquidität einsetzen. Indem Banken den Kaufpreis in Zentralbankgeld entrichten (bspw. P2.1 'Einlagen auf Girokonten'), ersetzt die Notenbank in einem Passivtausch Überschussliquidität des Bankensektors gegen eine weniger liquide Schuldverschreibung (P9.1 'Verbindlichkeiten aus der Ausgabe von EZB-Schuldverschreibungen'). Bei der Abb. 14.1 handelt es sich um die Bilanz der Bundesbank (BBk) als Beispiel für eine NZB. Denkbar sind Laufzeiten von wenigen Tagen bis hin zu einem unendlichen Wertpapier ohne Tilgung.

Neben dem Einsatz als geldpolitisches Instrument könnten NB-SV auch zum *Ausgleich eines TARGET2-Überschusses* eingesetzt werden, um so einem Auseinanderdriften der TARGET2-Salden entgegenwirken. Derzeit sieht die TARGET2-Leitlinie keinerlei Begrenzungen oder spezielle Besicherungen der Salden vor. Die Einführung einer Regel, die es den NZBen der Überschussländer gestatten würde, durch die Ausgabe von eigenen Schuldverschreibungen *(NZB-Bonds)* Vermögenswerte in Defizitländern bis zum Ausgleich eines TARGET-Überschusses zu erwerben, würde die Funktionsfähigkeit des Systems in keiner Weise beschränken. Zugleich würde der Kritikpunkt unbesicherter und nur mit dem Hauptrefinanzierungszins - von ggf. null - verzinster Forderungen entfallen. Allerdings müsste

Aktiva	Passiva
1 Gold und Goldforderungen	1 Banknotenumlauf
2 Forderungen in Fremdwährung an Ansässige außerhalb des Euro-Währungsgebiets	2 Verbindlichkeiten in Euro aus geldpolitischen Operationen gegenüber Kreditinstituten im Euro-Währungsgebiet
3 Forderungen in Fremdwährung an Ansässige im Euro-Währungsgebiet	2.1 Einlagen auf Girokonten (einschließlich Mindestreserveguthaben)
4 Forderungen in Euro an Ansässige außerhalb des Euro-Währungsgebiets	2.2 Einlagefazilität
	2.3 Termineinlagen
	2.4 Feinsteuerungsoperationen in Form von befristeten Transaktionen
5 Forderungen in Euro aus geldpolitischen Operationen an Kreditinstitute im Euro-Währungsgebiet	2.5 Verbindlichkeiten aus Margenausgleich
5.1 Hauptrefinanzierungsgeschäfte	3 Sonstige Verbindlichkeiten in Euro gegenüber Kreditinstituten im Euro-Währungsgebiet
5.2 Längerfristige Refinanzierungsgeschäfte	
5.3 Feinsteuerungsoperationen in Form von befristeten Transaktionen	4 Verbindlichkeiten in Euro gegenüber sonstigen Ansässigen im Euro-Währungsgebiet
5.4 Strukturelle Operationen in Form von befristeten Transaktionen	4.1 Einlagen von öffentlichen Haushalten
5.5 Spitzenrefinanzierungsfazilität	4.2 Sonstige Verbindlichkeiten
6 Sonstige Forderungen in Euro an Kreditinstitute im Euro-Währungsgebiet	5 Verbindlichkeiten in Euro gegenüber Ansässigen außerhalb des Euro-Währungsgebiets
7 Wertpapiere in Euro von Ansässigen im Euro-Währungsgebiet	6 Verbindlichkeiten in Fremdwährung gegenüber Ansässigen im Euro-Währungsgebiet
7.1 Wertpapiere für geldpolitische Zwecke	
7.2 Sonstige Wertpapiere	7 Verbindlichkeiten in Fremdwährung gegenüber Ansässigen außerhalb des Euro-Währungsgebiets
8 Forderungen an den Bund	
	8 Ausgleichsposten für vom IWF zugeteilte Sonderziehungsrechte
9 Forderungen innerhalb des Eurosystems	
9.1 Beteiligung an der EZB	9 Verbindlichkeiten innerhalb des Eurosystems
9.2 Forderungen aus der Übertragung von Währungsreserven an die EZB	9.1 Verbindlichkeiten aus der Ausgabe von EZB-Schuldverschreibungen
9.3 Forderungen aus der Verteilung des Euro-Banknotenumlaufs innerhalb des Eurosystems	9.2 Verbindlichkeiten aus der Verteilung des Euro-Banknotenumlaufs innerhalb des Eurosystems
9.4 Sonstige Forderungen (u.a. TARGET2)	9.3 Sonstige Verbindlichkeiten (u.a. TARGET2)
10 Schwebende Verrechnungen	
	10 Schwebende Verrechnungen
11 Sonstige Aktiva	
11.1 Scheidemünzen	11 Sonstige Passiva
11.2 Sachanlagen und immaterielle Anlagewerte	12 Rückstellungen
11.3 Finanzanlagen	
11.4 Neubewertungsposten aus außerbilanziellen Geschäften	13 Ausgleichsposten aus Neubewertung
11.5 Rechnungsabgrenzungsposten	14 Grundkapital und Rücklagen
11.6 Sonstiges	15 Bilanzgewinn
Bilanzsumme	**Bilanzsumme**
Entstehungskomponenten der Geldbasis (Euro-Zentralbankgeld)	Verwendungskomponenten der Geldbasis (Euro-Zentralbankgeld)

Abb. 14.1 BBk-Schuldverschreibung zur Reduktion eines TARGET2-Überschusses

die Verpflichtung bestehen, entsprechende Aktiva bei TARGET-Absenkungen wieder zurückzuführen. Im Übrigen würde die Konnexität zu den ANFA-Eigenanlagen offensichtlich (Hansen & Meyer, 2019, S. 12 ff.).

Bilanziell würde in der Bilanz der NZB eines Über-
schusslandes – also bspw. der BBk-Bilanz – zunächst ein
Passivtausch stattfinden (vgl. Abb. 14.1). Die emittierten
BBk-Bonds (P9.1) würden auf dem Kapitalmarkt an inländische Geschäftsbanken gegen freie Einlagen (P2.1)
bzw. Banknoten (P1) abgegeben werden. Sodann könnte
die BBk die eingeflossenen Mittel verwenden, um in einem
anderen Euro-Mitgliedstaat Vermögenswerte zu erwerben.
Dies könnten bspw. spanische Staatsanleihen oder eine Beteiligung an einer spanischen Hotelkette sein. Der deutsche
TARGET2-Saldo (A9.4) würde reduziert und gegen die
Position A7.2 'Sonstige Wertpapiere' werthaltig substituiert
(*Aktivtausch*). Entsprechend würde der negative TAR-
GET2-Saldo der Banco de España sinken. Die Zentralbankgeldmenge würde um die ursprüngliche Erhöhung im
Überschussland (*sekundäre Geldschöpfung*) sinken. Zugleich
würde die Zentralbankgeldmenge im Defizitland steigen,
also die *primäre Geldschöpfung* dorthin befördert, wo sie
originär entstand.

Wie das Beispiel verdeutlicht, muss es sich um Schuld-
verschreibungen einer NZB handeln. Diese scheint die
Leitlinie (EU) 2015/510 jedoch auszuschließen, denn in
Art. 2 (Begriffsbestimmungen) heißt es dazu unter Nr. 47:
"'Emission von EZB-Schuldverschreibungen' (issuance of
ECB debt certificates) bezeichnet ein geldpolitisches Instrument, das für die Durchführung von Offenmarkt-
geschäften eingesetzt wird, wobei die EZB Schuldverschreibungen emittiert, die eine Schuldverpflichtung der
EZB im Hinblick auf den Zertifikatsinhaber darstellen". Sie
stellen somit eine Verbindlichkeit der EZB gegenüber dem
Inhaber der Schuldverschreibung dar (Art. 13 Abs. 1). Dies
legt die Schlussfolgerung nahe, dass den NZBen keine eigenen NZB-Bonds gestattet sind. Demgegenüber wären
eigene Schuldverschreibungen der BBk gemäß § 42 Abs. 4
Bundesbankgesetz (BBankG) durchaus möglich.

14.4 Vorschläge für eine TARGET-Reform

Die Leitlinie über ein transeuropäisches automatisiertes Echtzeit-Brutto-Express-Zahlungsverkehrssystem (TARGET2) wurde gemäß Art. 12.1 EZB-Satzung vom EZB-Rat beschlossen. Insofern wäre der Rat auch der Adressat für eine mögliche *Änderung*. Diese würde eine einfache Mehrheit der stimmberechtigten Ratsmitglieder (Art. 10.2 UAbs. 4 EZB-Satzung) benötigen. Aufgrund der Machtverhältnisse im EZB-Rat dürfte ein solcher einschneidender Änderungsbeschluss allerdings nur von außen auf rechtlichem oder politischem Wege erfolgen – ggf. über eine *Änderung der EZB-Satzung*, die als Protokoll (Nr. 4) zum Primärrecht zählt und dementsprechend über das ordentliche Gesetzgebungsverfahren (Art. 294 AEUV) zu ändern wäre.

14.4.1 Periodische Rückführung der TARGET-Kredite auf einen zahlungsabwicklungsbedingten Normalzustand

Ziel einer TARGET-Reform wäre die Wiederherstellung der *Kongruenz von Geldannahmegemeinschaft und Emissionsgemeinschaft.* Hierzu müsste das Zahlungsverkehrssystem vorrangig auf seine ursprüngliche Funktion zurückgeführt werden. Insbesondere wäre die extensive asymmetrische nationale Zentralbankgeldschöpfung abzustellen. Deshalb wären die TARGET-Salden auf einen *zahlungsabwicklungsbedingten Normalzustand* zu begrenzen. So bewegten sich die TARGET-Salden bis einschließlich 2008 für alle Länder unauffällig. Deshalb könnte man für jeden Euro-Mitgliedstaat als Referenz für einen Normalsaldo den Median seiner

TARGET-Salden vom Eintritt in die Währungsunion bis 2009 berechnen. Indirekt hieße das auch, dass das Eurosystem als Kreditgeber der letzten Instanz für Banken und Staaten (Lender of Last Resort, LoLR) zukünftig nicht mehr verfügbar wäre. Da eine monetäre Letztrettung von Staaten vertragsgemäß ausgeschlossen ist, geht es nur um etwaige Bankenrettungen, für die der einheitliche europäische Bankenabwicklungsmechanismus (Single Resolution Mechanism – SRM) mit dem Bankenabwicklungsfonds SRF und dem ESM als Backstop geschaffen wurde.

Aufgrund der hohen Salden müsste die Anpassung angekündigt und mit einem gleitenden Übergang versehen werden, um keine Liquiditätsengpässe entstehen zu lassen. Einen ersten Reformansatz bietet die derzeit *fehlende Knappheit* des Zentralbankgeldes. Deshalb müssten der Hauptrefinanzierungszins wieder über null gesetzt, die Vollzuteilung abgeschafft und die Sicherheiten wieder erhöht werden. Damit würde das derzeit 'freie Kreditgeld' entsprechend knapp und Banken müssten wieder um knappes Zentralbankgeld konkurrieren. Die Zinssätze im Interbankenmarkt würden sich entsprechend ihrer Bonität bemessen. Es würde nicht nur die TARGET-Liquidität zum Hauptrefinanzierungszins teurer und schwerer zugänglich. Zugleich entstehen bei den problembehafteten Banken insbesondere der mediterranen Staaten Anreize, Altlasten abzubauen und für mehr Eigenkapital zu sorgen. Dies würde gleichermaßen einer Kapitalflucht entgegenwirken und auch deshalb die TARGET-Salden zurückführen.

Ein Überziehungskredit, der Höhe nach unbegrenzt, unbesichert, zinslos und mit einer unendlichen Laufzeit ausgestattet, hat einen *Barwert von null*. Als Vermögenswert dürfte er gemäß einer Bewertung zu Marktwerten in keiner Bilanz vermerkt sein. Ähnlich der Praxis in den USA, wo die Salden zwischen den zwölf Distriktnotenbanken jährlich mit marktfähigen Wertpapieren ausgeglichen werden müssen, könnte eine Verpflichtung eingeführt werden, die

TARGET-Verbindlichkeiten gegen *realwertbesicherte Wert-papiere* (Pfandbriefe, Aktien) am Jahresende abzulösen. Mit der periodischen Rückführung der TARGET-Kredite würde ein potenzielles Ausfallrisiko bei einem Euroaustritt redu-ziert. Dies könnte auch über die Verpflichtung der Euro-staaten geschehen, im Falle eines negativen Eigenkapitals ihrer Notenbanken eine Rekapitalisierung vornehmen zu müssen.

Als eine weitere Möglichkeit werden *strikte Obergrenzen* der TARGET-Kredite vorgeschlagen (Sinn, 2018b, S. 36). Diese könnten länderspezifisch als Prozentsatz vom BIP festgelegt werden. Alternativ wäre ein *Strafzins* bei Über-schreiten denkbar, um die Funktion eines unbehinderten Zahlungsverkehrssystems nicht zu gefährden. Außerdem bestände weiterhin die Möglichkeit, sich die Liquidität über den Interbankenmarkt – allerdings auch hier zu stei-genden Zinsen – zu leihen. Hinzu könnten als eine Re-aktion größerer Banken auf diese Einschränkungen Über-legungen zu grenzüberschreitenden Fusionen treten. Die dann länderübergreifenden Geschäftsbanken würden einen Teil der Aufgaben des internationalen Euro-Zahlungsver-kehrs bankintern abwickeln können – ohne Rückgriff auf TARGET-Kredite.

14.4.2 Kapitalverkehrskontrollen und Beschränkung der Intraday-TARGET-Salden

Um a) eine *Kapitalflucht* bei drohendem Euroaustritt eines Krisenlandes und b) einen *Kapitalzustrom* in ein austritts-williges stabiles Euroland, verbunden mit einem kurzfristig sprunghaften Anstieg der TARGET-Salden, unmöglich zu machen, müssten weitere Regulierungen greifen. Dis-kutabel wären *Kapitalverkehrskontrollen bzw. -beschrän-kungen*, "die aus Gründen der öffentlichen Ordnung oder

Sicherheit gerechtfertigt sind" (Art. 65 Abs. 1 b) AEUV).[12] Zum einen könnten dann Obergrenzen für den *täglichen Anstieg* der TARGET-Salden festgelegt werden. Zum anderen könnten auch die *Intraday-TARGET-Salden* limitiert werden, damit die innertäglichen asynchronen Ausschläge bei Ausscheiden eines Mitgliedstaates innerhalb eines Geschäftstages aus der Eurozone kontrollierbar bleiben. Da bislang erst am Ende eines Geschäftstages alle innertäglichen bilateralen Verbindlichkeiten und Forderungen in einem multilateralen Verrechnungsverfahren zusammengeführt und auf die EZB übertragen werden (Novation), müsste zu diesem Zweck bspw. ab einer bestimmten Höhe einer TARGET-Verbindlichkeit bzw. -Forderung eines Landes automatisch ein innertäglicher (Zwischen-)Saldo ermittelt werden. Dann könnte je nach Anlass und Situation der forderungsnehmende Staat ggf. weitere Zugänge blockieren, um einen Missbrauch des Zahlungsverkehrssystems auszuschließen.

Die Verteilung und die Volumina der TARGET-Transaktionen verlaufen im Mittel über den Tag zwar relativ konstant linear (European Central Bank, 2020). Lediglich in der letzten Handelsstunde zwischen 17 und 18 Uhr nimmt die Zahl der Transaktionen ab, während der Einzelwert pro Transaktion dabei erheblich ansteigt. Der Hintergrund dürfte in großvolumigen Interbanken-Überweisungen am Ende eines Tages sowie in geldpolitischen Maßnahmen liegen. Allerdings beträgt die Differenz zwischen dem niedrigsten und dem höchsten TARGET-Volumen pro Tag – berechnet als Durchschnitt über alle teilnehmenden Länder des Jahres 2019 – immerhin 52 %. Saisonal bedingt stieg diese Differenz für den Juni 2019 sogar auf etwa 66 %. Ebenso variiert die Anzahl der Trans-

---

[12]Vgl. Streinz (2012), Rn. 834 u. 928, der diese Norm als durchaus weitgefasst interpretiert, wobei als Schranken ein sachlich zu rechtfertigendes Gebot zum Schutz der Interessen und der Grundsatz der Verhältnismäßigkeit gewährleistet werden muss.

aktionen in Abhängigkeit von Finanzmarkt-Stichtagen oder von Feiertagen. So lag das Maximum der TARGET-Transaktionen für 2019 am 30. Sept. bei 525.075 Transaktionen, während das Minimum am 1. Nov. (All Saints' Day) mit 225.314 Transaktionen vorlag.

Eine *implizite Kapitalverkehrskontrolle*, durchgeführt von einem starken austrittswilligen Euro-Mitgliedstaat, um den Zustrom von Euro-Guthaben aus anderen Mitgliedstaaten abzuwehren, könnte durch *nicht ausgeführte Zahlungsaufträge* (non-settled payments) errichtet werden. Gemeinhin ist diese Kategorie von vernachlässigbarer Bedeutung.[13] Als Ursachen werden fehlerhafte Transaktionen, keine ausreichende Deckung oder eine Limit-Überschreitung beim Auftraggeber (Kunden) angegeben. Da innerhalb eines Austrittstages die grenzüberschreitenden Zahlungseingänge in den 'sicheren Hafen' eines soliden Mitgliedstaates stark anwachsen dürften, was nicht in seinem Interesse liegen dürfte, könnte dieser die Zahlungsanweisungen deshalb auch aus technischen oder formalen Gründen blockieren.

14.5 Zusammenfassung

TARGET2 ist ein Verbund der nationalen Zentralbanken (NZBen) des Euroraumes zu einem einheitlichen Zahlungsverkehrssystem als wesentlicher Bestandteil einer Kapitalmarktunion. In einem multilateralen Verrechnungsverfahren werden alle innertäglichen bilateralen Verbindlichkeiten und Forderungen zusammengeführt und die so entstehenden Salden am Ende eines Geschäftstages auf die EZB übertragen. Damit entstehen entsprechende Verbind-

---

[13] 2019 entfielen auf nicht ausgeführte Zahlungsaufträge durchschnittlich 366 Transaktionen pro Tag mit einem mittleren Gesamtvolumen von 2,0 Mrd. EUR. Dies entspricht 0,1 % der innertäglichen TARGET-Transaktionen und 0,1 % des innertäglichen TARGET-Umsatzes. Vgl. European Central Bank, 2020, S. 27 f.

lichkeiten/Forderungen dieser NZBen gegenüber der EZB, die von erheblichen strukturellen Ungleichgewichten zeugen. Die Überschussländer halten unbesicherte, quasi wertlose TARGET-Forderungen und sind im Fall einer Krise einem hohen Erpressungspotenzial ausgeliefert. Eine Umwandlung der TARGET-Forderungen in werthaltige Anlagegüter wie bspw. einen staatlichen Infrastrukturfonds ist bereits ohne eine Reform der TARGET-Regularien möglich. Auch können die TARGET2-Salden durch Notenbank-Schuldverschreibungen aufgelöst werden. Sodann wäre eine periodische Rückführung der TARGET-Kredite auf einen zahlungsabwicklungsbedingten Normalzustand möglich, indem strikte Obergrenzen eingeführt werden oder aber eine Ablösung gegen realwertbesicherte Wertpapiere vorgenommen wird. Schließlich werden Kapitalverkehrskontrollen und eine Beschränkung der Intraday-TARGET-Salden vorgeschlagen.

Literatur

Artikel und Monografien

Albrecht, H. (14. Oktober 2018). Der Ausweg aus der TARGET-Falle. *Frankfurter Allgemeine Sonntagszeitung*, 32 f.

Deutsche Bundesbank (Hrsg.). (2019). Europäischer Stabilitäts- und Wachstumspakt: zu einzelnen Reformoptionen. *Monatsberichte, 71*(4), 79–93.

Fuest, C., & Sinn, H.-W. (2018). Target-Risiken ohne Euro-Austritte. *ifo Schnelldienst, 71*(24), 15–25.

Hansen, A., & Meyer, D. (2017). ANFA – A national licence to print money within the Eurosystem? *Journal of International Banking Law & Regulation, 32*(12), 513–525. https://leronglu.com/2017/11/14/index-journal-of-international-banking-law-regulation-2017-vol-3210-12/. Zugegriffen am 10.02.2022.

Hansen, A., & Meyer, D. (2019). ANFA und das Zahlungsverkehrssystem TARGET2: Zwei Konzepte zur national-autonomen Geldschöpfung im Eurosystem. *ifo Schnelldienst, 72*(13), 12–22. https://www.ifo.de/publikationen/2019/aufsatz-zeitschrift/anfa-und-das-zahlungsverkehrssystem-target2-zwei-konzepte. Zugegriffen am 10.02.2022.

Hansen, A., & Meyer, D. (2021a). Das TARGET2-System – Gibt es Lösungen? *Unveröffentlichtes Manuskript.*

Hansen, A., & Meyer, D. (2021b). EZB-Schuldverschreibungen – Ein altes Instrument neu wiederentdeckt? *Wirtschaftsdienst, 101*(9), 732–739.

Hellwig, M. (29. Juli 2018). Wider die deutsche Target-Hysterie. *Frankfurter Allgemeine Zeitung*, 20.

Hellwig, M., & Schnabel, I. (2019a). Verursachen Target-Salden Risiken für die Steuerzahler? *Wirtschaftsdienst, 99*(8), 553–561.

Hellwig, M., & Schnabel, I. (2019b). Target-Salden, Leistungsbilanzsalden, Geldschöpfung, Banken und Kapitalmärkte. *Wirtschaftsdienst, 99*(9), 632–640.

Homburg, S. (2019). Debatte über die Target-Salden: Replik: zwei Korrekturen zur Deutung des Target2-Systems von Adalbert Winkler. *Wirtschaftsdienst, 99*(1), 70–73.

Massarenti, M., Petriconi, S., & Lindner, J. (2012/2013). Intraday patterns and timing of TARGET2 interbank payments. *Journal of Financial Market Infrastructures, 1*(2, Winter), 3–24.

Mayer, T., & Schnabl, G. (2020). Post-COVID-19 EMU: Economic Distancing by Parallel Currencies. *Intereconomics, 55*(6), 387–391.

Meyer, D. (2016). Euro-Geldschöpfung durch die Mitgliedstaaten – Gefahren aus nationalem Zusatzgeld. *ifo Schnelldienst, 69*(6), 30–40. http://www.cesifo-group.de/de/ifoHome/publications/docbase/DocBase_Content/ZS/ZS-ifo_Schnelldienst/zs-sd-2016/zs-sd-2016-06/11012016006005.html. Zugegriffen am 10.02.2022.

Siedenbiedel, C. (27. Oktober 2020). Panne im Target-System. *Frankfurter Allgemeine Zeitung*, 25.

Sinn, H.-W. (05. August 2018a). Irreführende Verharmlosung. *Frankfurter Allgemeine Zeitung*, 20.

Sinn, H.-W. (2018b). Fast 1000 Milliarden Target-Forderungen der Bundesbank: Was steckt dahinter? *ifo Schnelldienst, 71*(14), 26–37.

Sinn, H.-W., & Wollmershäuser, T. (2011). *Target-Kredite, Leistungsbilanzsalden und Kapitalverkehr: Der Rettungsschirm der EZB* (ifo Working Paper, No. 105).

Statista. (Hrsg.). (2021). Größte Staatsfonds weltweit nach der Höhe des verwalteten Vermögens. https://de.statista.com/statistik/daten/studie/208474/umfrage/groesste-staatsfonds-weltweit-nach-der-hoehe-des-verwalteten-vermoegens/. Zugegriffen am 21.01.2021.

Streinz, R. (2012). *Europarecht* (9. Aufl.). Heidelberg/München: C.F.Müller.

Theurl, T. (2012). Die Zukunft des Euro. In D. Meyer (Hrsg.), *Die Zukunft der Währungsunion* (S. 61–81). Münster: LIT.

Winkler, A. (2018). Große Summe – großes Problem? Warum die Debatte um die Target-Salden so hitzig ist. *Wirtschaftsdienst, 98*(10), 744–751.

Winkler, A. (2019). Debatte über die Target-Salden: Erwiderung: kaum Korrekturbedarf. *Wirtschaftsdienst, 99*(1), 73–75.

Rechtsquellen

Beschluss der Europäischen Zentralbank vom 29. Juli 2010 über den Zugang zu bestimmten TARGET2-Daten und deren Nutzung (EZB/2010/9) (2010/451/EU).

Bundesverfassungsgericht (2020). Urteil des Zweiten Senats zum PSPP-Programm v. 5. Mai 2020 – 2 BvR 859/15, 2 BvR 980/16, 2 BvR 2006/15, 2 BvR 1651/15 – Rn. 1–237. http://www.bverfg.de/e/rs20200505_2bvr085915.html. Zugegriffen am 07. 05.2020.

Bundesverfassungsgericht. Urteil des Zweiten Senats zum OMT-Programm v 21. Juni 2016 – 2 BvR 2728/13, 2 BvR 2729/13, 2 BvR 2730/13, 2 BvR 2731/13, 2 BvE 13/13. https://www.bundesverfassungsgericht.de/SharedDocs/Entscheidungen/DE/2016/06/rs20160621_2bvr272813.html. Zugegriffen am 19.01.2020.

BÜNDNIS. 90/DIE GRÜNEN. Antrag: In die Zukunft investieren – Kreditspielräume nutzen und erweitern (Bundestags-Drs. 19/16841).

DIE LINKE. Antrag: Initiative von Industrie und Gewerkschaften aufgreifen – Investitionen für ein zukunftsfähiges Deutschland (Bundestags-Drs. 19/15919).

DIE LINKE. Antrag: Öffentliche Infrastruktur erhalten – Investitionspflicht einführen (Bundestags-Drs. 19/14375).

Draghi, M.. Antwort auf die Anfrage QZ-000120/2016 der Abgeordneten des Europäischen Parlaments, Marco Zanni (EFDD) und Marco Valli (EFDD). 18 January 2017. L/MD/17/34.

Draghi, M.. Antwort auf die Anfrage QZ-006, -007, -008 und -010 der Abgeordneten des Europäischen Parlaments, Laura Agea, Fabio De Masi, Hans-Olaf Henkel et al. 11 April 2017, L/MD/17/157.

Europäische Zentralbank. (2007). Leitlinie der Europäischen Zentralbank vom 26. April 2007 über ein transeuropäisches automatisiertes Echtzeit-Brutto-Express-Zahlungsverkehrssystem (TARGET2), EZB/2007/2, 2007/600/EG.

Europäische Zentralbank (2014). Leitlinie (EU) 2015/510 der Europäischen Zentralbank vom 19. Dezember 2014 über die Umsetzung des geldpolitischen Handlungsrahmens des Eurosystems (EZB/2014/60) (Neufassung).

European Central Bank. (2020). TARGET annual report 2019. https://www.bundesbank.de/de/aufgaben/unbarer-zahlungsverkehr/target2/veroeffentlichungen/veroeffentlichungen-758850. Zugegriffen am 04.02.2021.

Gesetz über die Deutsche Bundesbank in der Fassung der Bekanntmachung vom 22. Oktober 1992 (BGBl. I S. 1782), das zuletzt durch Artikel 270 der Verordnung vom 19. Juni 2020 (BGBl. I S. 1328) geändert worden ist (BBankG).

Konsolidierte Fassungen des Vertrags über die Europäische Union und des Vertrags über die Arbeitsweise der Europäischen Union aufgrund des am 01.12.2009 in Kraft getretenen Vertrages von Lissabon (Konsolidierte Fassung bekanntgemacht im ABl. EG Nr. C 115 vom 09.05.2008, S. 13), zuletzt geändert durch die Akte über die Bedingungen des Beitritts der Republik Kroatien und die Anpassungen des Vertrags über die Europäische Union, des Vertrags über die Arbeitsweise der Europäischen Union und des Vertrags zur Gründung der Europäischen Atomgemeinschaft (ABl. EU L 112/21 vom 24.04.2012) m.W.v. 01.07.2013.

Protokoll. (Nr. 4) über die Satzung des Europäischen Systems der Zentralbanken und der Europäischen Zentralbank (EZB-Satzung).

Question for written answer Z-000120/2016 to the European Central Bank, Subject: Disparity in TARGET2 balances, 2016.

Question for written answer Z-000006/2017 to the European Central Bank, Subject: TARGET2 balances in the event of the dissolution of the single currency, 2017.

Schäffler, F. (MdB). Anfrage bzgl. der Intraday TARGET-Salden an den Präsidenten der Deutschen Bundesbank, Jens Weidmann v. 9. Sept. 2020.

Weidmann, J. Präsident der Deutschen Bundesbank, Antwort auf die Anfrage des MdB Frank Schäffler bzgl. der Intraday-Salden v. 29. Sept. 2020.

Stichwortverzeichnis

© Der/die Herausgeber bzw. der/die Autor(en), exklusiv lizenziert durch **311**
Springer Fachmedien Wiesbaden GmbH, ein Teil von Springer
Nature 2022
D. Meyer, *Europäische Union und Währungsunion in der Dauerkrise I*,
https://doi.org/10.1007/978-3-658-35715-3

Printed by Printforce, the Netherlands